外交交渉四〇年
藪中三十二回顧録

藪中三十二［著］

ミネルヴァ書房

六者会合にて

(右から１人目がジム・ケリー米国務次官補、２人目が李秀赫韓国外交通商部次官補、左から２人目がアレクサンドル・ロシュコフ露外務次官)

2007年９月、安倍晋三首相の東南アジア三か国歴訪同行の際に、
インドネシアのスシロ・バンバン・ユドヨノ大統領と

2007年11月、シンガポールでの福田康夫首相と
温家宝総理による日中首脳会談にて

「グローバル寺子屋・薮中塾」の活動

はじめに

一九六九年四月、外務省に入省し、四〇年余、在職した。その四〇年間はアメリカとの経済交渉や北朝鮮問題など、交渉に明け暮れた日々であった。外務省を退官してすでに一〇年が経過したが、この間、大学で教鞭をとり、さらには「グローバル寺子屋・藪中塾」を主宰しながら、若者に外交交渉の経験を伝える日々を送っている。そうした活動を行うなかで、四〇年間の外交官生活をもう少し体系的に整理することが必要だと痛感し、この度、その作業に取り掛かることにした次第である。

よく、学生から「先生、どうして外務省に入ることにしたのですか?」と聞かれることがある。最近の若者は、就職活動にものすごいエネルギーを使っている。企業調査を就活専門書で念入りに行い、二〇社、三〇社と企業訪問を繰り返すこともザラのようである。中にはインターンを数社こなす学生もいる。そんな熱心な若者に対して、「いや、外務省に入ったのは全くの行き当たりばったりのようなもので」と答えると、「嘘でしょう、そんなはずないじゃないですか。やっぱり、昔から外交官に憧れていたのですか」と、なかなか信じてもらえない。

ところが、私の場合、成り行きまかせというか、行き当たりばったりの結果、外務省に入ってしまったのである。私は、大阪の住吉高校からエスカレーター方式のような形で大阪大学法学部に入学した。何しろ、住吉高校から一〇〇人以上が大阪大学に進学していた時代のことである。大学ではESS（English Speaking Society）という英語会話のクラブに入っていた。そして三年生になり、ESSの部長になると、ある大手銀行から、「卒業後はうちにどうぞ」というお誘いを頂いた。なんでも、阪大のESS部長は歴代、その銀行に入行しているとのことだった。今なら信じられないことだが、大学三年生になると、早々に就職先が決まってしまった。就職活動などゼロだった。

ところが、その年の夏、同じESSの仲間が、「こんな試験がある。二人で勉強して受けてみないか」と言ってきた。見ると、外務省の中級採用試験とあり、試験の日は一ヶ月後に迫っていた。その友人は経済学部の学生で、「僕が経済を教えるから、一応、君は国際法を教えてくれ」と私に言い、手回しよく、合宿先としてお寺まで探していた。

「ふーん、外務省の試験か」

「面白そうだから、受けてみようよ」

「そうだな、ま、受けてみるか」

そんなやりとりで、外務省の試験制度も何も知らないで、一ヶ月後に試験を受けることになった。しかし、いざ試験の日が迫ってくると、言い出しっぺの友人が、「僕は、受けないことにするわ」と言い出した。なんだか、狐につままれたような気分だったが、私は、一度決めたことはやり通す性格なもので、一人、試験場に向かったのだった。何しろ、一ヶ月の付け焼き刃、受かることはないだろうと思っていると、しばらくして外務省から合格通知が来てしまった。ただし、合格通知を見ると、「この試験は資格試験ではありません。採用試験ですので、今回の合格は今年限り有効です」と書いてある。

要するに、外務省に入りたければ、大学を中退してこい、ということのようだった。今時の学生であれば、外務省のシステムを徹底的に調査したに違いない。すると、外務省に入るには外務省採用上級試験と外務省採用中級試験があり、中級試験であれば、地域の専門家になり、運よく行けば大使になる道が開かれている、しかし、外務省幹部になるには上級試験を合格する必要がある、といったことが直ちに判明する。

そこで、大学を中退し中級試験合格者として外務省に入るのか、それとも、四年生の時に外務省上級試験を受験するのが良いのか、さらには、元々の大手銀行に入るのが得策なのか、種々検討するはずである。いや、こうしたことは、何も今時の就活に詳しい学生でなくても、じっくり考えるべき問題であろう。何しろ、人生を左右する大きな決定である。

ところが、当時、大阪大学から東京の官庁に進む人はほとんどおらず、外務省のことを聞くにも先輩も皆無、全くの情報砂漠だった。そこで、あまり深刻に考えずに、「ま、いいか。外務省というのも面白そうだな。とにかく人生経験だ、行ってみるか」とあっさり阪大退学と外務省入省を決めてしまった。まさに、行き当たりばったりの外務省入省だった。

翌一九六九年四月、外務省に入省した。配属になったのはアジア局南東アジア第二課というところで、フィリピン班に入れられた。右も左も分からない東京で、世田谷区桜上水の外務省独身寮と外務省を往復する生活が始まり、見よう見まねで外交文書の書き方なども習い始めた時のことだった。

上司だった山口洋一首席事務官に呼ばれ、「薮中君、この試験を受けてみてはどうだ」と言われた。みると、今度は外務省採用上級試験とあった。しかし、その試験日は六月中旬で、あと一ヶ月もなかった。

「いや、これは試験が迫っていて、無理だと思いますが」

「しかし、受けてみるだけ受けてみたらどうか。仕事の方は定時に退庁すればいいから」

またもや、成り行きだった。そこまで言われて断るわけにもいかず、一応受けてみることにした。一ヶ月しかない。日中は外務省で勤務して、午後六時に退庁、桜上水に着くのが午後七時。急いで夕食を取り、八時から深夜まで、経済原論、国際法、外交史など受験科目を文字通り、一夜漬けである。この時の勉強方法は、速読し、ポイントをノートにとる、最後にそのノートに書いたことだけを頭に入れる、というものだった。一ヶ月はあっという間に過ぎ、気がつくと、試験会場にいた。そこには大学時代から「外交官試験研究会」といったグループで何年も勉強してきている東京の大学の学生がたくさんいた。「いや、これはダメだ」と改めて自分の浅はかさを恥じたものだった。

ところが不思議なことに一次の筆記試験に奇跡的に合格した。続く口頭試験では、「自由貿易のメリットは?」と専門の先生から聞かれると、本に書かれていた内容をそのまま暗記したように回答し、苦笑されてしまった。しかし、山を張った箇所にその後も質問が集中し、ついに合格してしまった。

まさに奇跡の連続だった。

後日談になるが、この時に作った私のノートを阪大ＥＳＳの後輩に引き継ぎ、そのおかげかどうかは確かではなかったが、阪大ＥＳＳから続いて三人、外務省に上級職で入省した。そのうちの一人、直接にノートを引き継いだ神余隆博君が後にドイツ大使になっている。

今、思うと山口さんとの出会いが運命的だった。山口さんに出会っていなかったら、その後の外務省生活は全く違ったものになっていた。あるいは、途中で違った道に進んでいたかもしれない。それにしても、山口さんがどうして上級試験を受けてみては、と勧めてくださったのか、不思議な話だった。最後はミャンマー大使をされたが、とても洒脱な方だった。こうして、私の外務省生活が本格的にスタートすることになった。

外交交渉四〇年　薮中三十二回顧録

目次

第六章　アジア大洋州局長就任
——拉致問題・核・六者会合——

次世代の若者へのメッセージを込めて

第一章　新米外交官、奮闘す——在外研修から日米航空交渉まで

1　アメリカでの在外研修

コーネル大学での厳しい学生生活

一九六九年（昭和四四年）の外務省上級試験合格者は二五名だった。この同期の仲間とは「獅子の会」として毎年二回、同期会を開催するなど、今も仲良くしている。外務省では、入省後は二年間の在外研修に出ることになる。語学の修得を主な目的とした在外研修であり、中国語研修の人は「チャイナ・スクール」、ロシア語研修の人は「ロシアン・スクール」といった呼ばれ方をするが、私の場合はアメリカ研修だった。総勢二五名、この内訳は、アメリカ、英国が各六名、フランスが五名、ロシア、中国、ドイツが各二名、スペイン、アラビア地域が各一名であり、それぞれ将来への夢を抱いて旅立ったのだった。

アメリカ研修の六名は大学院に進む人、あるいは小さな名門カレッジで学生生活を楽しむ人、さま

ざまだったが、私の場合は日本で大学を卒業していなかったので、大学三年に編入し、卒業することを目指した。向かった大学はニューヨーク州にあるコーネル大学。アイビー・リーグの一つで、ニューヨークといってもニューヨーク市からはバスで五時間もかかる田園地帯にあった。五大湖の一つ、オンタリオ湖の南に五本の指のように流れる湖、フィンガー・レイクスがあり、その一つ、カユガ・レイクのほとりにある大学だった。キャンパスの中に大きな滝があり、全米でも有数の美しいキャンパスとして知られている。

しかし、ここでのキャンパス生活は厳しかった。大学三年生、周りは二〇歳前後の若者で、日本人はただ一人。そして卒業するために単位を取得しなくてはいけない科目がある。政治学一〇一、歴史一〇一といった、アメリカの学生は一年生の時にとる科目が曲者だった。毎週のように各科目について一冊のリーディング・マテリアルが出された。二〇〇頁近い本を一週間に三冊くらいのスピードで読まなくてはいけない。さらに困ったことに、クラスに行って授業を聞くが、先生の早口で喋る英語が全くわからなかった。これはショックだった。一応、日本の大学でESSにも入っていたので、少しは英語に自信もあったが、最初の一学期は、まるで授業についていけなかった。絶望的になりながら、必死で本を読んだ。しかし、二〇〇頁もある本を読みこなすことが出来ない。そして周りのアメリカ人学生の様子を窺い、親しくなった学生に全部読んでいるのかと聞くと、ニヤッと笑って、最初のイントロと最後の結論を読めばいいのさ、と教えてくれた。なるほどと納得し、少しは気が楽になり、先生の英語も二ヶ月も経つあたりから何とか聞きとれるようになった。

この時の苦労が、その後の人生で大いに役立った。英語の本の速読が出来るようになり、斜め読みも得意になった。今も『ニューヨーク・タイムズ』や『ワシントン・ポスト』といった英字新聞に毎日目を通しているが、それが苦にならないのは、この時の特訓のおかげだった。こうして、何とかコーネル大学を無事に卒業できたが、ずいぶんと試験などで苦戦をしたのか、その後、数年間、試験で不合格となる夢を見たものだった。

ハップニング続きの大陸横断

そんな厳しい学生生活だったが、楽しい思い出も沢山ある。夏には二〇〇ドルで買ったオンボロ車でアメリカ大陸を横断した。この時、コーネル大学で教鞭をとられていた数学の大家、伊藤清先生のところでご馳走になったりしていたが、伊藤夫人から「そんな車でアメリカ大陸横断などはとても無理だ」と言われ、結局、伊藤先生が使っていたガレージで車の点検をしてもらうことを条件にして、許して頂いた。そこでガレージに行き、修理代として八〇ドルもかかってしまったが、「これで、大丈夫。サンフランシスコまで行けるよ」というのがガレージのおじさんの一言だった。

ナイアガラの滝から、シカゴを経由し、その後は平坦な大地をひた走り、サウスダコタにあるマウント・ラッシュモア記念公園では、映画『北北西に進路を取れ』の舞台となった四人の大統領の巨大な胸像を眺めながらキャンピングした。その後、ワイオミングに入り、グランド・テイトン国立公園でもテントを張った。アメリカの国立公園は、その規模の雄大さ、自然の美しさ、どれも素晴らしいが、なかでも、グランド・テイトンは山並みが美しく、格別で、「シェーン！カムバック！」という声がこだまするようだった。ワイオミングから南下すると、ユタ州のソールトレイクでひと泳ぎした。まさに塩分の濃い湖だった。そしてサンフランシスコが近づいてきた。

ニューヨーク州、イサカを立って八日目で目指す西海岸が眼下にあった。「無事、大陸横断だ」と思ったら、車が煙を吹き出していた。「これはヤバイ」と焦ったが、その時に思い出したのがイサカのガレージのオヤジさんの言葉だった。「これでサンフランシスコまで行けるよ」、そうか、片道切符を保証してくれたに過ぎなかったのだ、と思っても後の祭りだった。騙し騙し、オンボロ車を走らせ、サンフランシスコのガレージへ。日系人の人だったが、「お金は持っているかい？」と案じてくれた。よほどの貧乏学生と思われたようだった。この夏はＵＣバークレイでサマースクールを取り、再び、ニューヨークに向かって愛車を走らせたのだった。

大陸横断、帰路もハップニング続きだった。ロサンゼルスから砂漠地帯を東に走り、ラスベガスに到着、夜はエルビス・プレスリーショーを楽しんだ。そこまでは良かったが、朝になって、いざ出発と愛車のペダルを踏むと、まるで反応しない。ちょうどガソリンスタンドがあって、お兄さんに来てもらうと、割と簡単に修理してくれた。「ああ、砂漠の中でなくて良かった」と安堵したが、さらに東に進み、セントルイスで高速を降りたところで、今度はブレーキが効かなかった。古い電気ブレーキがまるで降りない、焦って前方を見ると、また、ガソリンスタンドがあり、その横に砂山があった。これだ、と思い、砂山にめり込んだところで車がストップしてくれた。二〇〇ドルの車がどこまでも厄介だった。そしてセントルイスを過ぎると、必ずと言っていいほど、パトカーが追っかけてきた。ソールトレイクで泳いでいた時に、ニューヨークのプレートが珍しいのか、後部のプレートが盗まれてしまった。西部では何事もなかったが、東部に入ると、何度もパトカーに停められてしまった。「アメリカ人がプレートを盗んだんだ」と文句を言い、車検証を見せて解放はされた。

ところが、ワシントンDCでニューヨークに向かう高速に入ったところで、また、パトカーが「ストップしろ」とサインを出してきた。こちらは慣れたもので、コンパートメントから車検証とパスポートを取り出し、車を降りると、なんと、前と後ろにパトカーが停まっていて、前後、二人の警官がピストルを構えてこちらに手を挙げろ、と叫んでいた。「いや、これはヤバイ」、まるで映画の一シーンだ。慌てて、手を上に上げ、外交旅券を指し示したが、まるで効果がなかった。車検証をチェックして、ようやくピストルの脅しから解放されたが、結構、緊張したものだった。

どうして、ここまで貧乏学生だったかというと、外務省の制度的な問題があった。在外研修員は、どの国に行こうと、一律、月三五〇ドルが研修員手当として給付されていた。ところがコーネルの授業料が年間三〇〇〇ドル、つまり月三〇〇ドルの計算になり、それに寮の部屋代が一〇〇ドル、これで、もう赤字である。何も食べていないし、本も買っていない。結局、親からの支援を受けての生活だった。ところが、フランスやスペインに行った仲間は授業料が無料、それでも同じ研修員手当を受けていたので、スペインに行った研修生は町長の次くらいの収入だったそうである。

「これはあまりに不合理だ」と憤慨したものだった。その後、私は人事課に配属になった時に、直ちに在外研修員手当の見直しを行うことにし、フランス研修などの人たちからは抵抗もあったが、原則、授業料は実費とする改革を行ったのだった。

2　珍しい転勤命令——揺れる韓国へ

金大中事件

一九七三年五月、無事、コーネル大学を卒業した。ワシントンの大使館に連絡し、六月からの勤務先を尋ねると、「まだ、全くわからない」とのことだった。多くの場合、ワシントンの大使館勤務になるか、あるいは本省に戻されることもあった。「どうなるのかな」と思っていると、その翌日に韓国への転勤命令が本省から届いた。アメリカでの研修の後、韓国にいくケースはこれまでなかったので、少し面食らったが、「これも面白い」と思い直して韓国への渡航準備に取り掛かったのだった。

一九七三年六月にソウルに着任、経済協力の担当官だった。もともと韓国は農業が主体で、一人当たり国民所得が四〇〇ドル台だった。今でこそ鉄鋼、石油化学、造船、電子、自動車など有力産業がひしめいているが、当時はその育成に着手したばかりであり、日本が大いに協力の手を差し伸べていた時代だった。

このため、経済協力担当官として着任した当初は、大いに韓国側から歓待されたものだった。なかなか居心地が良いところだなと思っていると、着任から二ヶ月目に大事件が起きた。金大中事件である。韓国の民主活動家でのちに大統領となる金大中氏が東京のホテル滞在中に韓国中央情報部（KCIA）により白昼堂々と拉致されたのである。金大中氏は一九七一年の大統領選挙で朴正熙大統領の対抗馬として立候補し、接戦を演じた。これに危機感を覚えたのが朴政権であり、その一味が東京滞在中の金大中氏を拉致したのだった。金大中氏は船で運ばれ、海に投下されようとしたが、これを察知したアメリカ政府がストップをかけた。これで金大中氏は一命を取り止め、無事ソウルに戻った、というのが事件のあらましである。

この事件が日本との間でなぜに大問題になったかと言えば、東京のホテルから韓国の国家機関が自国民を拉致するというのが、明白な日本に対する主権侵害だったからである。そこで日本政府は韓国側の謝罪と原状回復を要求し、これに応じない間は経済協力を凍結するとした。原状回復というのは「金大中氏を東京に戻せ」ということであり、韓国側はこれを拒否。そうなると、経済協力もストップし、経済協力担当官だった私の仕事もなくなってしまった。

韓国着任二ヶ月後のことである。しかし、この時の韓国勤務はその後の外交官生活で大変に貴重な二年間だった。上司に岡崎久彦さんという博識の方がいて、名著『隣の国で考えたこと』を出版されたが、同書の構想を練られている間の聞き手役を務めたのが私だった。そして日本と韓国との古い歴史を勉強させてもらった。岡崎さんは古本屋に行っては、日本統治時代に出版された歴史書や漫画本を買ってきて、私に読むように勧めてくださった。韓国には三人の英雄がいる、それは、「金庾信、李舜臣、安重根」の三人だ、というのも、その時に教えてもらった。金庾信は新羅の将軍で白村江の戦いで倭国軍を破った人、李舜臣は、豊臣秀吉が起こした文禄・慶長の役で朝鮮水軍を率いて活躍した将軍で、今もソウルの中心街に銅像が立っている。そして、安重根は伊藤博文をハルビンで暗殺した人間であり、日本では大罪人だが、韓国では英雄となっている。いずれも日本との関係が深い人物であり、「日本に一矢報いた」というのが英雄としての評価になっているとのことだった。

今日でも、日本と韓国との関係は難しい。日本人の多くは、「なんと韓国人はしつこいのか。いつまで過去のことにこだわるのか」と呆れ、韓国人の気質を批判する。日本人には、「水に流す」という特色がある。自然と共生し、災害にあっても、誰を恨むわけでもなく、自然の恐ろしさをそのままに受け止める。ところが、韓国の人は、過去の出来事にどこまでも拘る。「水に流す」という気質は存在しない。この韓国の人の気質、物の考え方を少しは理解できるようになったのは、この時の韓国勤務のおかげである。韓国では、日本統治時代を「日帝三六年」と言い、一番の屈辱の歴史と受け止めている。一番の屈辱の歴史だから忘れるわけがない。そして韓国在勤当時、韓国の寺にゆくと、「ここは豊臣秀吉の軍勢が攻めてきた時に焼き払われた」という立て札が立っていた。豊臣秀吉の時代が今も息づいていて、現代と繋がっている。執念深いと言えば、これほど執念深いこともない。

日本では豊臣秀吉の時代に朝鮮出兵があったこと、その詳細を人々がどこまで知っているだろうか。おそらくは、歴史教科書の一行程度の扱いで知っているくらいであろう。豊臣秀吉という人は、まことにスケールの大きい人で、日本を統一した後は、明を征服することを計画、その手始めに李氏朝鮮に服属を求めたが、拒絶され、小西行長や加藤清正など諸大名からなる遠征軍を派遣したのである。

この日本軍はあっという間に中国国境近くまで北上、朝鮮国王は明の援軍を仰ぎ、その後は膠着状態が続いたのだった。七年にも及ぶ遠征軍は豊臣秀吉の死で終わりを告げ、日本ではほとんど忘れ去られた過去のことだが、侵略された韓国では、未だにその傷跡が生々しく残っているのである。

文世光事件——大使のボディガード

韓国勤務では、もう一つ大きな事件に遭遇した。翌一九七四年八月一五日に起きた文世光事件である。これも、どうして日本と韓国の間で大きな事件となったのか、不思議といえば不思議な事件である。文世光という在日朝鮮人の人が大阪の派出所から拳銃を盗み、韓国に渡った。そして、独立記念日の八月一五日に祝賀式典のある朝鮮ホテルで朴正熙大統領の暗殺を試み、大統領は無事だったが、横にいた陸英修夫人が射殺された事件である。この事件をめぐり、日本に責任があるかどうかと日本政府高官が記者から問われ、「法的にも同義的にも責任はない」と答えたところ、その翌日からデモ隊が大使館に押しかける事態となった。日本の警察から盗まれた拳銃で射殺されたからといって、日本政府に責任があるわけではなく、責任は韓国警察の警備の失敗にある。しかし、日本と韓国との関係の微妙なところがここでも顔を出した。

このデモは官制デモで、主な企業にデモ参加者が割り振られていたようだった。平和的なデモだったが、困ったことに朝の九時半から夕方の六時まで大使館から一歩も出ることができず、弁当持参の日が続いた。ところが一ヶ月が経ったところで異変が起きた。デモ隊が大使館に突入してきたのである。大使館の警備がデモ隊の乱入を制止できず、館内に乱入してきた。そこで私に新たな任務が命ぜられた。上司の岡崎さんが「藪中君、大使のボディガードを」と言うのである。大使室は三階にあり、階段をデモ隊が上がってくる音が聞こえる。階段と大使室のフロアは板の扉があるだけである。「いや、これは困ったことになった」と焦りながら、部屋の隅にあったゴルフバッグからアイアンを取り出し、「いざとなれば、これで向き合うのかな」と覚悟を決めたのだった。この時、デモ隊は階段を屋上まで駆け上がり、日章旗を焼いて行ったが、大使室にまでは乱入して来ず、ことなきを得たのだった。

こうした事件に遭遇した大使館勤務だったが、その後の外交官生活にとって大いに勉強になった二年間だった。

3　重要案件続きの北米局勤務

両陛下御訪米――雨儀か、晴儀か

一九七五年五月、二年の韓国勤務を終え、日本に戻った。配属になったのが北米局北米第一課だった。ここは日本とアメリカ、カナダとの政務関係を担当する部署だったが、まず配属されたのは両陛下御訪米準備室であり、この日から一〇月まで、ただただ、旅行エイジェントのような仕事をすることになった。「韓国でボディガードをしたかと思うと、今度は旅行エイジェントか」と苦笑しながら、仕事についた。しかし、これはただの旅行ではない。何しろ、両陛下が初めてアメリカを訪問されるわけであり、アメリカでは、真珠湾攻撃当時の天皇が来るということを意味し、日本、アメリカ双方にとって大イベントだった。

私が着任した時には、概ね、日程が出来上がっていた。それを見ると、ニューヨークで大リーグ観戦とあった。天皇陛下がスポーツ好きなところを見せて、アメリカ人に好感を持ってもらおうという作戦だった。これを見て、私はすぐに、「いや、野球じゃない、アメフトだ」と思った。私の頭の中ではアメリカで一番人気のあるスポーツはアメリカンフットボールだった。それは、コーネル大学に留学していた時の経験が強烈だったからだった。食うや食わずの貧乏学生、しかしアメフトの試合を見ないと、みんなの話題についていけない。ところがコーネルのアメフトの試合がなんと入場料五ドルだった。バッドワイザー六本が一・九九ドルの時のことである。一方で野球は無料であり、「アメフトの方が圧倒的に上だ」というのが私の頭に強烈に染み付いた記憶だった。そこで日程変更を提案し、天皇陛下にアメフトをご覧いただくことになった。

御訪米の日が近づき、天皇陛下にアメフトのルールを御進講する段になった。この日のために、アメフトのルールを三ページの紙にまとめ、陛下にお届けしていた。そして実際の御進講となった時、なんと、はるか先輩の駐米大使と儀典長が説明役をやると言い出し、泣く泣く引き下がったのだった。

一九七五年九月三〇日、特別機はアメリカに向けて飛び立った。この時の両陛下御訪米で最大の試練がホワイトハウスでの歓迎式典だった。時差調整をかねてウイリアムズバーグに一泊された後、いよいよホワイトハウスでの歓迎式典の朝を迎えた。ホワイトハウスでの歓迎式典では、ジェラルド・フォード大統領が天皇陛下を出迎え、天皇陛下と大統領を前にして、日本国歌「君が代」の演奏、儀仗兵の閲兵と一連の行事が執り行われる。多くの来賓が見守る中で行われるこの歓迎式典は、両陛下御訪米のメインイベントであった。

この歓迎式典は午前一〇時に予定されていて、ウイリアムズバーグを九時に出発し、ヘリコプターでワシントンに向かう予定だった。その朝、八時半にワシントンにいるホワイトハウス行事担当の公使から私に電話がかかってきた。「薮中君、これだけ雨が降っているから、雨儀でいくよ、いいな」と聞いてこられた。雨儀と晴儀、耳慣れない言葉だが、ここは決定的に大事な決断だった。晴儀だとホワイトハウスの芝生の上での歓迎式典となり、「君が代」演奏から儀仗兵の閲兵まで、華やかに式典が執り行われ、テレビ映りも最高である。ところが、雨儀だとホワイトハウス内の狭いロビーで執り行われ、全く絵にならない。

「さて、どうしたものか」。電話を受け取り、瞬間頭を巡らせた。本来なら、直属上司の北米局長にお伺いを立てるところだが、何しろ時間がなかった。「よし、ここは山本岩雄侍従に相談しよう」というアイデアが閃いた。山本侍従は天皇陛下のお近くに仕えておられたが、気さくな方で、今までも相談に乗ってもらっていた。

「山本侍従、ワシントンは今、雨が降っていて、仕方なく雨儀で行くと言ってきていますが」

「薮中さん、大丈夫、晴れますから。晴儀で行ってください」

この山本侍従の言葉をワシントンの公使に伝えると、「今、雨が降っているのだぞ」ときつい口調でお叱りを受けた。しかし、ここは腹を括るしかないと思い、「晴儀でお願いします」と言い返したのだった。その後の一時間は冷や冷やものだった。結果は、陛下の乗られたヘリコプターがワシントン上空に着くあたりから、雨が止み始め、式典の始まる時には薄日が差してきたのだった。

こうして順調にスタートした両陛下御訪米はアメリカ各地で大歓迎を受け、心配したパールハーバーの後遺症もなく、最高に素晴らしい二週間の旅行となった。もちろん、天皇陛下はアメフトもご覧になったが、どこまでルールを理解されたかは定かではなかった。

「とても日本語がお上手ですよ」

外務省での仕事で、よく言われるのがサブとロジという言葉だ。サブはサブスタンスの略で、中身がある、ということ、ロジはロジスティクスの略で、これは足回りの仕事、つまり、要人の訪問の際に宿舎の手配や、車を手配する仕事などを指している。両陛下御訪米は究極のロジの仕事である。これをやったおかげで、その後、ことロジについては、外務省で何も怖いものがなかった。

もっとも、パーフェクトに準備したはずのロジだったが、一つ大きな手違いが起きた。一〇台からなる両陛下の車列が宿舎を出発し、天皇陛下は自然科学で有名なスミソニアン博物館をご訪問になり、そこから皇后陛下は五台の車列で東洋美術のフリアー・ギャラリーに向かわれることになっていた。皇后様の車列には侍従次長はじめ、皇后様の通訳の方などが同行することになっていた。

ところが、皇后様のお乗りになった車は動き出したが、後続の車が一台もついて行かない。私は最後列の車に先輩の大使館員と乗っていた。これはどうしたことだ、と慌て、とにかく我々が乗っている車の運転手に「ゴー、レッツゴー」と号令をかけ、シークレット・サービスが止めに入ろうとするのを振り切って出発した。いや、困った、皇后様お一人にしてしまった、あり得ないことが起きてしまったのだ。とにかく、運転手を急かせ、フリアー・ギャラリーに向かった。ようやく着いたところで、「薮中君、君が皇后様の方に向かってくれ、僕は連絡役をするから」と先輩から言われてしまった。先輩の方が英語は上手なのになあ、と恨めしく思いつつ、一〇メーター先におられる皇后様の方に向かって走り出した。その時、頭に浮かんだのは、「東洋美術の通訳って出来るかな」ということだった。

とにかく玄関にたどり着くと、すでに皇后様は出迎えた館長とご挨拶を始められたところだった。仕方なく、僕は「よくおいでになられました」と言っておられます、と適当な言葉を言い始めた。すると皇后様は、にっこり微笑まれながら、「とても日本語がお上手ですよ」とおっしゃった。いやはや、汗が滴り落ちるほどの失態だった。今でも名前をよく覚えているハロルド・スターン館長は日本美術の専門家であり、日本語が達者だったのだ。しばらくして、後続の車列が到着し、慌ただしく侍従次長や通訳の方が入ってこられたが、私の方からは「日本語で館長がご説明になっていますから、大丈夫です」と告げたのだった。

前代未聞の事態――ロッキード事件

両陛下御訪米が一段落したところで、ワシントンから爆弾が降ってきた。ロッキード事件である。一九七六年、二月四日、アメリカ上院外交委員会多国籍企業小委員会（チャーチ委員長）の公聴会で巨額の賄賂が日本に渡ったことが明らかになった。この公聴会からの半年間は、ロッキード事件に明け暮れた日々だった。何しろ、日本の元総理大臣が訴追されるかもしれないという前代未聞の話である。日米間で初めて捜査共助が行われることになり、外務省では私が全ての事務を担当し、ワシントンの大使館に法務省から出向していた原田明夫参事官と緊密に連絡を取り合いながら作業に当たったのを昨日のことのように覚えている。東京地検の堀田力検事がロサンゼルスに乗り込んで、アメリカ人から証言録取をするといったこともあり、何から何まで初物尽くしの事態だった。

日本の国会では、アメリカからの捜査共助に関する回答が来ないからといって、衆議院予算委員会の審議がストップしてしまった。荒船清十郎予算委員長は外務省の北米局長に「一体、いつになったらアメリカからの返事が来るのだ」とえらい剣幕で怒鳴りちらした。そうした時、法務省の安原美穂刑事局長に質問がいくと、おもむろに立った安原局長は指をポキンと鳴らす癖があり、そのポキンという音で予算委員会のざわめきが静まった。外務省の局長答弁の時とは違う空気感に驚き、「フーン、刑事局長っておっかないのだな」と思ったものだった。

一九七六年はアメリカの大統領選挙の年でもあった。私は北米第一課でアメリカ内政の担当もしていた。ロッキード事件が進む中での作業だったが、アメリカの大統領選挙をしっかりフォローしようと張り切り、一九七六年の一月から「大統領選挙レポート」を毎月作成し、省内に配布することにした。そして二月号で特集したのが、ジミー・カーターだった。「ジミー・フー」(Jimmy Who?)、無名のジミー・カーター前ジョージア州知事を大々的に特集したレポートはヒット商品となった。何しろ、ジミー・カーターが予備選挙で頭角を現し始める前のことであり、日本では無名に近い存在だった。私がカーターを二月に特集したのは種本のおかげだった。『Congressional Quarterly』というアメリカ議会専門の雑誌があり、これが面白く、丹念に読むことにしていた。そこが特集したのが「ジミー・フー」で、その内容がよくできていて、これに早速飛びついたのだった。このレポートを出した後に、カーター候補がいくつかの州の予備選挙で勝利を収め、有力な候補が選挙戦から撤退していった。

このレポートのおかげで、「大統領選挙レポート」は結構読まれるようになり、ニューヨークで開かれた民主党全国大会にも出張させてもらった。一週間にわたる民主党全国大会、アメリカの一大政治ショーを実際にこの目で見ることができたのは、アメリカを知る上で貴重な体験だった。そして無名だったカーターさんが一一月の本選挙でジェラルド・フォード大統領を破り、大統領に就任したのだった。

水疱に帰した日米航空交渉

私が外務省で携わった最初の外交交渉が日米航空交渉だった。外務省というのは面白い役所で、日米航空交渉は相当に重要な日米間の交渉だったが、担当したのは外務省に入って五年も経たない若い事務官である私と松尾沢さんというベテランのアシスタント、たった二人だけだった。北米第一課長の渡邊幸治さんは日米間の政務の仕事で超多忙であり、北米局参事官が上におられたが、実務は我々に任せきりだった。

日米間の航空問題について、日本側の認識は日米航空協定の現状が、路線、以遠権、輸送力の全てにおいて日本側に不利であり、不平等な協定だというものだった。そして、不平等な状況の是正が日本側の悲願だった。確かにアメリカからは当時、パンアメリカン航空、ノースウエスタン航空、コンチネンタル・ミクロネシア航空など複数の航空会社がアメリカ各地から日本に乗り入れていて、羽田の発着便のスロットもふんだんに持っていた。一方、日本側は日本航空一社が羽田からアメリカのニューヨークやサンフランシスコなどに乗り入れているだけであり、アメリカ国内での乗り入れ地点拡大や以遠権の確保などを強く要望していた。

一九七六年一〇月から始まった航空交渉は、成田空港の開港を控えての交渉であり、アメリカの航空会社は羽田から遠い成田に移ることに乗り気ではなかった。一般に、航空交渉は当時の運輸省航空局が主体となって交渉に当たることになっていたが、アメリカとの航空交渉だけは外務省も直接に交渉に関与することになっていた。そこで担当官となった私は、必死になって航空協定の中身や航空産業のこと、日米間の航空問題の論点を勉強していった。何しろ、交渉に当たって、その中身を十分に知っておかないと相手にもしてもらえない。

勉強していくと、二つのことに行き当たった。一つは、アメリカの航空会社が日本国内で大きな権益を持っているという現実だった。圧倒的な企業力と戦後からのアメリカの巨大な力がそこにはあった。空港のスロット数、つまり発着枠は航空会社にとって死活的に重要なもの、金の成る木だったが、アメリカの航空会社に与えられたスロット数は他を圧していた。成田空港に移転するに際して、「もう少し公平な形でスロットの配分を行う必要がある」と強く思った。今一つの問題は、日米間の輸送力その他における不公平の是正問題だったが、この不公平を是正するには、日本も日本航空一社ではなく、複数の航空会社が日米路線に参入すれば良いのではないかと感じた点であった。

日米航空交渉の対処方針の原案は私が書き、それが運輸省に回り、さらには日本航空の担当者も同席して議論が始まる、というのが当時のやり方だった。運輸省の交渉責任者は航空局審議官の山地進さんだった。この方は懐の深い人で、にこにこしながら、「いや、外務省からこんな案が出てきましてね」と言って、複数企業の参入案なども入った文面を日本航空で航空交渉のドンと恐れられた木村稔専務に見せるのである。木村さんは顔を真っ赤にし、「こんなものは」とこちらを睨まれる。「何を素人が」という感じだったのだと思う。ま、そうしたやりとりをしながら、日本側の対処方針について、うまく着地点を見つけるのが山地さんのやり方だった。おそらく、当時、私などは日本航空でひどく評判が悪かったはずである。

この日米航空交渉は一九七八年三月、成田空港開港の直前に大詰めの交渉となった。日本からは高島益郎外務審議官をヘッドに外務省と運輸省双方からなる大代表団がワシントンに乗り込んでの交渉となった。路線、以遠権、輸送力、各々で日米双方が厳しい折衝を重ね、徹夜に近い日々が続き、二週目に入った交渉は大詰めに近づいていた。そこにとんでもないニュースが飛び込んできた。三月二六日のことである、成田空港の管制塔が破壊されたというニュースだった。成田空港開港に反対する行動隊が管制塔を占拠し、管制用機器を破壊したのだった。これで予定していた成田空港の開港が延期となり、同時にワシントンでの航空交渉もあっけなく頓挫したのだった。一年半かけてやってきた交渉が水疱に帰することになった。何ともやりきれない思いで帰国の途についたのだった。

その後、ロッキード事件に全日空が巻き込まれたこともあり、全日空の国際線進出が遅れたが、一九八六年、全日空の国際線進出が決まり、成田・ワシントンＤＣ便が就航した。ちょうど私自身、ワシントン勤務から日本に帰国する時で、その直行便に乗りながら、日米航空交渉を思いだし、妙な巡り合わせだなと思ったものだった。また、その後、北米第二課長時代に三年間で三二回、ワシントンへ出張したが、ニューヨーク経由ではなく、ワシントンへの直行便はずいぶんと身体に楽で、大変に助かったものだった。

第二章　対日貿易摩擦の最前線で——本省人事課から経済局国際機関第一課へ

1　外務省定員五〇〇〇人計画策定

「せめてイタリア並みに」

一九七八年四月、北米局勤務の後は、人事課に配属になった。人事課というのは、当然のことながら、人事を司ることが一番の仕事だが、私のポストは総務班長で、人事は所管外だった。上級職の職員が配置されたのは初めてだったが、外務省の定員増が大きな仕事なので、これを担当してくれとのことだった。

早速、外務省の定員拡充七カ年計画の策定に当たった。当時の外務省の定員は、本省と在外公館を合わせ、外務省の電話番号〇三―三五八〇―三三一一と同じ三三一一人だった。この三三一一人を七年で「せめてイタリア並みの五〇〇〇人」にしたい、というのが謳い文句だった。外交的には「せめてイタリア並みとは何事か」とイタリアからクレームがつきそうだったが、そうしたことにお構いなし、定員増にまっしぐらだった。

しかし、一九六九年に総定員法ができ、公務員全体の数が減少する中で、「さあ、外務省の定員を増やしてください」と言っても、容易ではなかった。「外務省は遅れてきた青年だな」とよく言われたものだった。一九六〇年代、高度成長で公務員の定数が大幅に増大している時に、ひとり、外務省は少数精鋭路線を旨としていて、全く定員が伸びなかった。これは吉田茂御大の影響が大だった。吉田茂元総理大臣は外務省の大先輩であり、総理を辞された後も外務省に影響力を持っていて、その口癖が「少数精鋭」だったそうである。しかし、一九七〇年代に入り、G7サミットがスタートし、大使館の数も世界各地に大きく増大していった。とても少数精鋭、などと言っていては仕事にならない時代が到来していた。

そうは言っても、総定員法の下で定員増大を要求しても、「外務省は何を考えているのだ」と門前払いをくらうことが多かった。「外交の仕事が増えているようで、分からないでもないが」と理解を示してくださる人もいたが、「原則は原則、外務省だけを増やすわけにはいかない」とつれない対応が普通だった。しかし、「せめてイタリア並み」は譲れない、ドン・キホーテのように突き進んでいったのだった。この取組みが少しずつ実を結び、今日、外務省の定員を調べたら、六三五一人になっていた。イタリア並みどころか、三三二一人の時代からほぼ倍増の数字になっていて、感慨も深いものがあった。

休暇制度と研修制度改革

しかし、一日中、定員増の仕事があるわけでもない。「何をするかな」と思って、人事課の所掌事項を見渡してみると、昭和三〇年代に決められた省令や規則がそのまま残っていた。まず取り組んだのが休暇制度の改革だった。在外公館勤務では三年に一度、休暇帰国が認められている。そして開発途上国にあるハードシップ・ポストについては、一日を二倍にカウントし、一・五年で休暇帰国が認められていた。さらに、極めて厳しい環境にある地域については、健康管理休暇という制度も出来ていた。ところが、休暇帰国を取った場合は、国家公務員に認められた年次休暇は取ることが出来ず、また、休暇帰国と健康管理休暇も同じ年には取れない、となっていた。しかし、大使館の仕事は要人訪問などで忙しく、時期が来ても休暇帰国の権利を行使できないことが多かった。また、大使館の中には、大使が館員に特別に休暇を許可するというような雰囲気が残っているところもあった。このため、休暇帰国予算が毎年一億円以上、使用されず、大蔵省に返還していたのだった。

これでは、本来の休暇帰国制度や健康管理休暇の趣旨が生かされていないことになる。休暇帰国の本来の趣旨は、館員の健康に配慮すると共に、日本国内の事情にも精通するためのものだった。そこで、①年次休暇は休暇帰国と関係なく取得できる、②権利が発生しても館務の都合で休暇帰国できない場合には、その分、次に回すことができることにした。例えば、総理訪問の準備で休暇帰国の権利が発生していても半年は休暇帰国を取れない、といったことがよくあった。その場合、その半年は次の休暇帰国のカウントに回せるようにしたのだった。

大使館は小さな世界で、特に高圧的な大使がいると、館員が休暇を申請しづらい雰囲気があるようだった。しかし、この変革で休暇帰国は大使が特別に許可するものではなく、館員の権利だという考え方が定着したようで、休暇帰国申請が大幅に増大した。この結果、改革翌年には休暇帰国予算が不足する事態にまでなったが、これが本来の姿だと内心、喜んだものだった。

研修制度についても改革した。それまで、中級職員については在外研修が一年だったが、全員、二年研修とした。また、在外研修員手当てについては、授業料の実費負担制度に改めた。これは先に述べた私自身の辛い経験によるものだった。

通訳官制度も新たにスタートさせることにした。それまでは、英語やフランス語の良くできる職員を一本釣りの形で通訳に当たらせていたが、語学に堪能な特定の職員に総理通訳などが集中する結果になっており、その人の次は誰がやるのか、制度的な担保がされていなかった。そこで、通訳官という名称を与え、語学毎に職員をプールすることにした。

とりわけ頻度の高い英語通訳について、個人の力量だけに頼るのではなく、少し専門的な訓練を取り入れることが出来ないかと考えた。そこで試しに自分でサイマル通訳養成コースに行ってみることにした。個人的には結構な出費だったが、「上級コースはプロの通訳を養成します」という謳い文句のコースに入った。同時通訳で名を馳せた村松増美さんや小松達也さん、さらには知り合いの横田謙さんなどが講師をされていて、先方も外務省の人が受講に来たということで興味津々のようだった。コースは非常に充実しており、これは外務省の通訳官にとってもいいコースだと判断し、少しアレンジした形で外務省職員専用の通訳官養成コースを作っていただき、毎年、何人かが受講することになった。

この人事課時代に、もう一つ新しい取り組みがスタートした。栗山尚一人事課長が、「藪中君、今度の上級試験から女性職員を採用しようかと思うけど、どうかな」とおっしゃった。「それは素晴らしいことじゃないですか。ぜひ採用しましょう」と応じ、一九七八年四月、外務公務員上級試験に合格した二名の女性事務官が入省した。一九五八年に入省された黒河内久美さん以来、二〇年ぶりのことだった。その後、毎年二名ほどの女性職員が上級試験を合格して入省することになり、幹部職員にも女性が進出してきた。近年、女性職員の比率が増えてきていたが、二〇二一年入省予定の総合職合格者三二名のうちでは、女性が一八名で男性一四名、女性が男性を大きく凌駕する時代になっている。まさに隔世の感があり、女性活躍時代が霞ヶ関では確実に起きているのは喜ばしいことである。

2 国際機関第一課での電電公社問題

「GATTの宇川」との出会い

一九八〇年二月、人事課の後は経済局国際機関第一課に配属になった。この課にはGATT（関税と貿易に関する一般協定）の専門家と称する人が沢山いて、みなさん、一家言あり、おっかないと評判の課だった。GATTの条文は短いが、様々の判例のようなものの積み重ねがあり、これを理解しないと相手にされないムードがあった。また、多角的貿易交渉がジュネーブを舞台として行われ、その担当もこの国際機関第一課だった。

この課に配属になったのが一九八〇年、ちょうど東京ラウンド交渉がまとまり、膨大な合意文書を国会にかけ、承認してもらう時だった。この作業の中心はジュネーブでの交渉を終えて、国会審議のために帰国した宇川秀幸経済局審議官だった。まさにGATTの落とし子のような人だった。省内でも「GATTの宇川」として知られ、恐れられていた。この宇川さんについて国会を走り回った。

私自身は、宇川さんが特に恐くなく、はっきり自分の考えを伝えていた。ある日、「宇川審議官がお呼びです」と課の人が慌てふためいたような口調で伝えてきた。ちょうど急ぎの仕事をしていた時で、「今は忙しいから、後で伺うと言っといてください」と言うと、課の人は凍りついてしまった。「何ということを言うのか、あの宇川審議官がお呼びなのに」といった感じだった。宇川審議官は帰国子女で、英語は省内でもピカ一。ところが外国育ちの人にありがちな合理主義者で、無駄なことは言わない、挨拶も苦手、ストレートに物をいうタイプだった。それが「おっかない」という評判を生むことになったようだ。ところが、こちらが合理的に考えてダメなことはダメ、と言えば、「ああ、そうか」となる。

この宇川さんとは、その後、彼がジュネーブ大使となった時にその下で仕事をすることになった。これからの話と前後するが、一九九一年、夏のことである。この時、私はロンドンにある国際戦略問題研究所の研究員で出ていたが、ジュネーブ代表部への転勤の内示があったばかりだった。七月にロンドンでのG7サミットがあり、出張してきた本省の先輩が、「薮中君、今度、ジュネーブに行くことになったらしいけど、あれは僕の人事じゃないからね」などとおっしゃった。要は、宇川大使の下での勤務は大変で、そうした人事となったことを申し訳なく思ってのことのようだった。これには僕もたまげてしまった。そんな言い訳をされても何の慰めにもならない。そして当の本人はジュネーブへの転勤をさして嫌だとは思っておらず、ましてや、宇川大使の下で働くことについて、特段、何とも思っていなかった。だから、「ジュネーブでの仕事、ウルグアイ・ラウンド交渉は大事だから、頑張ってくれ」と言えばいいものを、えらく言い訳じみたことを言われて閉口したのだった。事実、ジュネーブ勤務となってからは、大使夫妻と三人でゴルフをご一緒することも多く、嫌な思いはまったくといっていいほど、なかった。

迫られる市場開放

さて、この宇川審議官と一緒に仕事をすることとなったのが一九八〇年の日米電電公社調達問題だった。一九七〇年代後半、日米間において、鉄鋼やテレビ、自動車が貿易問題の争点となり、日本は輸出自主規制などの対応を迫られていた。この時、アメリカ側は日本への電気通信機器の売り込みにも強い関心を持ち始め、政府高官が電電公社を訪問した。そこで対応した電電公社総裁が「アメリカから買えるものは雑巾、バケツくらいだ」と発言したと伝えられ、アメリカ側が強烈に反発した。そして電電公社の調達に狙いをつけて日本に市場開放を迫ってきたのだった。当時の電電公社は日本の富士通、日本電気（現NEC）、日立製作所、沖電気など、いわゆる「ファミリー企業」から通信機器を調達していた。そこへ「雑巾、バケツ」発言に激昂したアメリカ側が闘志を燃やし、猛牛のような勢いで日本にアタックしてきた。

アメリカ側の作戦は、東京ラウンドの政府調達協定の対象に電電公社を含めろ、という要求からスタートした。電電公社を政府調達協定の対象に含めるとなると、調達手続きを政府調達協定に基づいて行う必要があり、大幅に透明性を高め、競争入札制度を取り入れる必要があった。それは電電公社がやっていたファミリー企業からの調達の実態とは全く異なるものであり、大騒ぎになった。「雑巾、バケツ」発言がえらく高くつく結果となった。アメリカは「透明性と公正な競争機会の確保」を旗印にして迫ってきた。そして日本において長年の慣行から積み上がってきたファミリー企業からの調達は、「透明性に欠け」、「公正な競争機会から程遠い」システムだと主張した。調達システムを変えろと言う主張は、ファミリー企業システムの解体につながるものだった。

実際の交渉をどう進めるか？電電公社の調達制度を透明性のあるものにしなければならない。その一方で、電電公社のチームからは、「電気通信機器の調達は、価格だけで決めることは出来ない。電気通信システム全体の整合性を取る必要があり、公社が要求するスペックにあったものでなければいけない。このため、アメリカが言うような単純な公開入札は馴染まず、絶対に受け入れられない」といった悲鳴が聞かれた。そこで、電電公社の方々とタッグを組んで、アメリカとの交渉の対応ぶりを念入りに相談した。この時に学んだことは、日本側の専門家の考えを徹底的に聞き、理解を深め、信頼関係を築くことが重要だ、ということだった。これは宇川審議官から教わった大変貴重な教訓だった。そして電電公社のプロの方と一体感を持ってアメリカとの交渉に当たった。

アメリカ側は、電電公社のやり方を不公正で排他的なものと決めてかかっていた。アメリカには十分に透明性のある手続だと納得させ、同時に、電電公社の要求する電気通信システムの特殊性を確保する方途を編み出さねばならなかった。それが新電電公社調達手続となって実現していった。鍵となったのは、「調達に当たっては、電気通信システムの整合性を確保するため、価格に加え、諸要素を総合的に判断する」という考え方の導入だった。日本側では、AT&Tなどアメリカの電気通信企業の調達方式なども調査しておいたのがよかった。アメリカでもそうした考え方を取り入れているはずだと強く主張し、何とか電電公社も受け入れることが出来る内容に落ち着いた。その代わりと言っては何だが、一定金額以上の電電公社の調達については、東京での公示と同時に、「ニューヨークにおいて、英語で公示する」というとても負担のかかる仕組みとなってしまった。

この電電公社調達問題がはしりとなり、その後の日米交渉では「公正で、透明性のある調達手続の導入」が求められることになった。アメリカの要求する「公正で、透明性の高い制度」は、どうにも、日本の仕組みとは相容れないことが多かった。しかし、日本の経済力が高まり、国際経済の中で日本企業が大きな勢力となり、産業によっては、次々とアメリカ企業を打ち負かしてゆく。そうした状況になると、「閉鎖的で、仲間内だけで商売をする、その際に大事なのは普段からの付き合いであり、公示などと言った手続はあくまで形だけのもの」といった旧態然とした日本システムは通用しなくなってきたのだった。

3　在インドネシア大使館への赴任

福田ドクトリンとASEAN人造りセンター

六年間の外務本省勤務のあと、一九八一年八月、今度は在インドネシア大使館に赴任することになった。インドネシアはASEAN諸国の中でも圧倒的に人口が大きく、中核的な存在である。一九八一年当時、インドネシアの人口は一億五〇〇〇万人、一方、発言力のあるシンガポールの人口は当時、二五三万人である。インドネシアの人から、「スマトラにトバ湖という湖があるが、そのトバ湖の中に小さな島がある。シンガポールはその小さな島と同じ面積なのだ」とよく聞かされたことがある。「あのちっぽけなシンガポール」という意味であり、自分たちがいかに大きいかと自慢するときのセリフだ。これは、なかなかに興味深い言葉であり、「あんな小さな島と同じ大きさのシンガポールが威張っている」といった反発が裏に潜んでいる。実際、インドネシアは経済開発が思うように進まず、一人当たりGDPは五六六ドル、一方、シンガポールはその一〇倍の五五九六ドルにも達していた。

日本とインドネシアとの関係は、一九五八年に日本・インドネシア平和条約が締結され、戦争中に日本が与えた損害及び苦痛を償うため賠償も支払い、緊密に発展してきていた。少なくとも、それが日本側の理解だった。しかし、一九七四年、当時の田中角栄首相がインドネシアを訪問した時に、強烈な反日暴動に見舞われるという事件が起きた。「昔は鉄砲、今度は札束で日本はわれわれを征服しようとするのか」という批判の嵐だった。その後、この時の騒動の実態は反日運動というよりも、反政府運動だったと分かったが、それでも、日本関係者にとっては衝撃であり、改めて東南アジア諸国との向き合い方の重要性を認識させられる契機となった。

そして、一九七七年に発出されたのが福田ドクトリンだった。当時の福田赳夫首相が①日本は軍事大国とならず、②ＡＳＥＡＮ各国と心と心の触れ合う信頼関係を構築する、③日本とＡＳＥＡＮは対等なパートナーであり、日本はＡＳＥＡＮ諸国の平和と繁栄に寄与する、の三点からなる福田ドクトリンを発出し、ＡＳＥＡＮ重視の姿勢を明確に打ち出した。この福田ドクトリンは戦後の日本の平和外交の中核をなす政策と言えよう。ＡＳＥＡＮ諸国はこの政策を高く評価し、その後の日本とＡＳＥＡＮとの友好と協力の関係の基礎を作り上げていった。

私が勤務した一九八一年当時は、この福田ドクトリンの具体化を推し進めた時期であり、ＡＳＥＡＮの人造りに貢献する政策が実施に移された時代であった。ＡＳＥＡＮ諸国、一カ国に一つの人造りセンターが作られ、機械、溶接、電子、冶金など様々の分野で職業訓練を行い、ＡＳＥＡＮ諸国の実務者はどの国のセンターにおいてでも研修を受けることができる仕組みができ上がった。このＡＳＥＡＮ人造りセンターは、その後のＡＳＥＡＮ諸国の目覚しい経済発展に少なからぬ貢献をしたと私は思っている。

インドネシア経済は石油・天然ガスの産出が豊富ではあったが、一九八二年のＯＰＥＣによる石油の二割減産やその後の原油価格の値下がりなどから苦しい経済運営を迫られていた。そして非石油部門の育成戦略を模索していたが、その中で期待が高まったのが森林資源だった。それまで、日本などにかなりの生産量を丸太で輸出してきたが、これを全て製材輸出に切り替えようとする方針が打ち出された。丸太輸出禁止の動きである。これは当時の日本にとってかなりの衝撃であったが、経済担当官だった私は、むしろ日本としても協力していくべきだと考え、本省には積極的にインドネシアでの合板など製材産業の育成を進言したのだった。

総じて、インドネシアでの勤務は楽しいものだった。当時のジャカルタは今と違い、まだまだ経済発展の途上にあり、昼時でも、ランチに出かける際に大使館の向かいにあるホテルまで、大通りを歩いて渡ったものだった。激しく自動車が行き交い、ラッシュ時の渋滞も凄まじい今日の状態からはとても信じられないほどのんびりしていた。その分、生活環境は注意が必要で、水道の蛇口から真っ赤な水が出ることもあった。そして停電は日常茶飯事だった。飲み水はアクア水という飲料水を購入していた。館員の中には神経質で、お風呂にまでアクア水を使っていた人もいたが、逆にこうした人が赤痢にかかってしまうという事件もあった。私などは鈍感で、ゴルフ場でかき氷を食べるという危ないことまでしていたが、時折、下痢をするくらいで、何とか無事に過ごすことが出来た。

短かったジャカルタ勤務

ジャカルタ勤務が一年半も経たない時に転勤の内示がきた。ワシントンへの転勤命令だった。これには温厚な山崎敏夫大使が「藪中君、おかしいよな。一ヶ所三年勤務のローテーション政策を一緒に作ったのにねえ」と仰って、首を傾げられた。人事課時代の上司、官房長だったのが山崎大使で、その時に「在外勤務は一ヶ所三年を原則にする」という方針を打ち出したのだった。それまで総合職の職員については、一ヶ所二年の勤務形態が多かったが、これでは現地に慣れるのに半年はかかり、ようやくエンジンがかかってきたと思うと、もう転勤となる、それではあまりに非効率だ、という事で原則三年ローテーションを打ち出したのだった。その原案を書いたのが私で、人事課長、最終的には官房長の判断で政策化されたのだった。その起案者と決裁者がいる在インドネシア大使館に一年半での転勤という命令が来てしまった。山崎大使が「本省に文句を言うよ」と言われ、結局三ヶ月延び、インドネシアは一年十ヶ月の勤務となった。

4　精鋭揃いの在米大使館経済班へ

通商代表部（ＵＳＴＲ）と「売れないセールスマン」

一九八三年七月、ワシントンに着任した。在米大使館の経済班勤務である。前任はその後、いく度も前任・後任の関係となる田中均さんだった。田中さんは、とにかくやり手で、その後任となるのは、けっこう荷が重かった。当時、日米経済関係をめぐるアメリカ側の不満が高まってきていて、大使館の中でも経済班は一番しんどく、同時に注目度も高かった。経済班の班長、国広道彦公使の下、外務省からは池田右二参事官、私と石川書記官、そして経済官庁からは多くの精鋭が揃っていた。田中さんのやり方を踏襲することになったが、班長の国広公使は全体の統括に加え、対外関係で出張っていく。そして参事官は班内のマネージャーのような役目で公電の整理をし、業務を班内で振り分けるのが主な仕事。外回り、つまり議会に出かけて行き、議会スタッフと面談し、ＵＳＴＲ（通商代表部）と折衝するのは私の役目だった。

日米経済関係でアメリカが口にするのが二つ、一つは日本市場の閉鎖性であり、今一つは対日貿易赤字の大きさであった。この対日貿易赤字が急激に増大していったのが、ちょうど私がワシントンに勤務した三年間だった。一九八〇年の対日貿易赤字は一〇四億ドル、それが一九八三年には一九三億ドル、八四年には三三五億ドル、八五年は四六二億ドルにまで拡大し、八六年にはついに五五〇億ドルと五〇〇億ドルの大台を超えてしまった。この間、アメリカの対日輸出は二二〇億ドル前後で推移し、日本の対米輸出だけが急激に増大した。結果として、日本からの輸入が日本への輸出の三倍と言う大きな片貿易となり、アメリカの議員や政府の交渉担当者は、異口同音に「五〇〇億ドルの貿易赤字をどうしてくれる」と日本に迫ってきた。

アメリカの日本への非難は日を追うごとに強くなっていった。ワシントンで対日貿易問題が火を吹くとき、火元はアメリカ議会である。貿易関係者が日本への要求を突きつける場合、まず直接の当事

摩擦の系譜

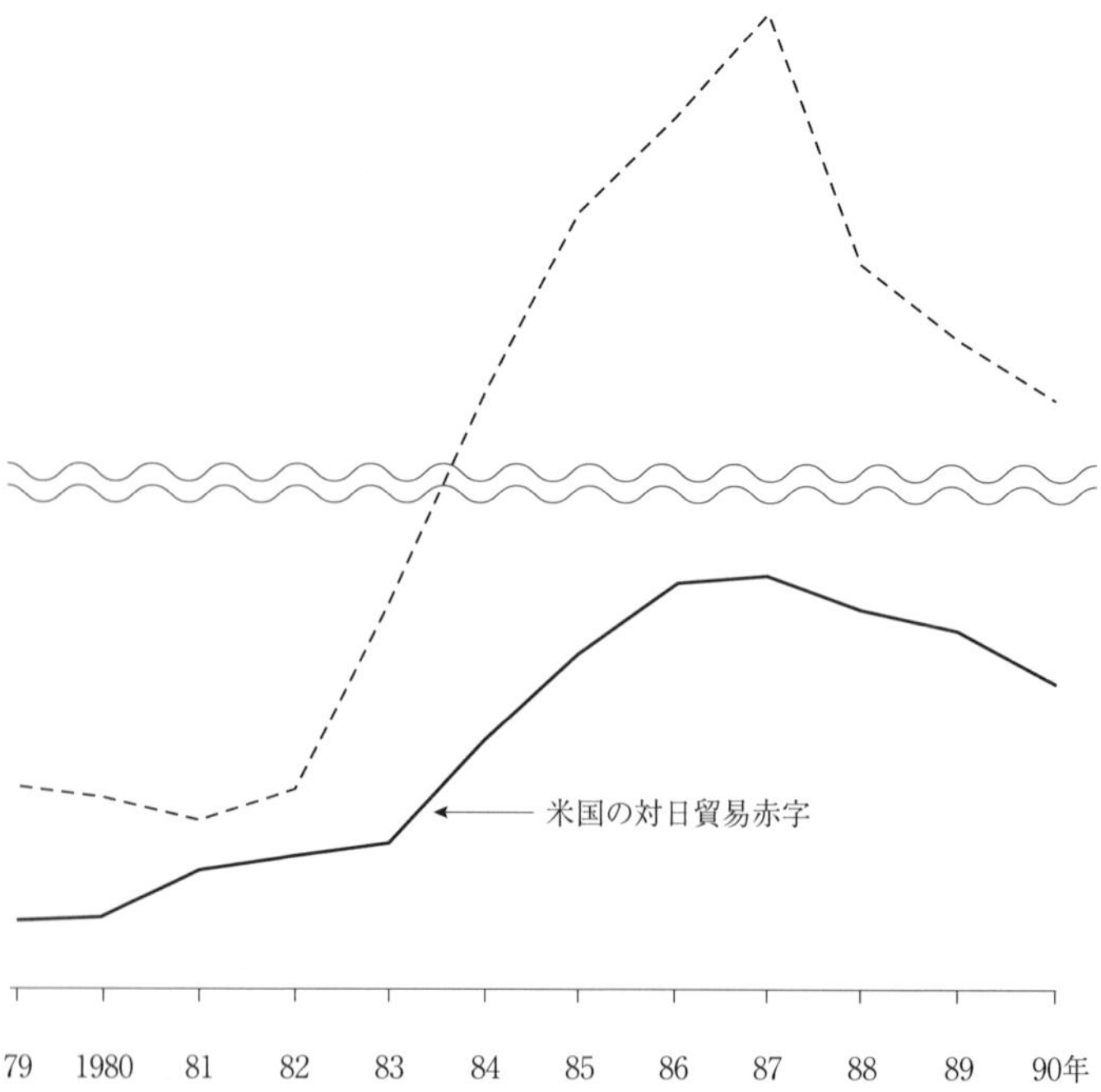

経済摩擦

第三期経済摩擦

電電調達

自動車

工作機械

金属
バット
金融
（円・ドル問題）

牛肉
かんきつ

MOSS
（電気通信
エレクト
ロニクス
林産物
医薬品）
半導体

関西
新空港
（東芝
機械
事件）

建設市場
牛肉
かんきつ
投資
知的所有
権
科学技術

ＦＳＸ
電気通信
スーパー・
コンピュータ
衛星
林物産
構造問題

（日本の産業政策）

（日本市場の閉鎖性）

（為替調整）
（内需拡大）

（マーケット
・アクセス）
（技術問題）
（サービス問題）

（ハイテク摩擦）
（構造問題）

図1　日米経済

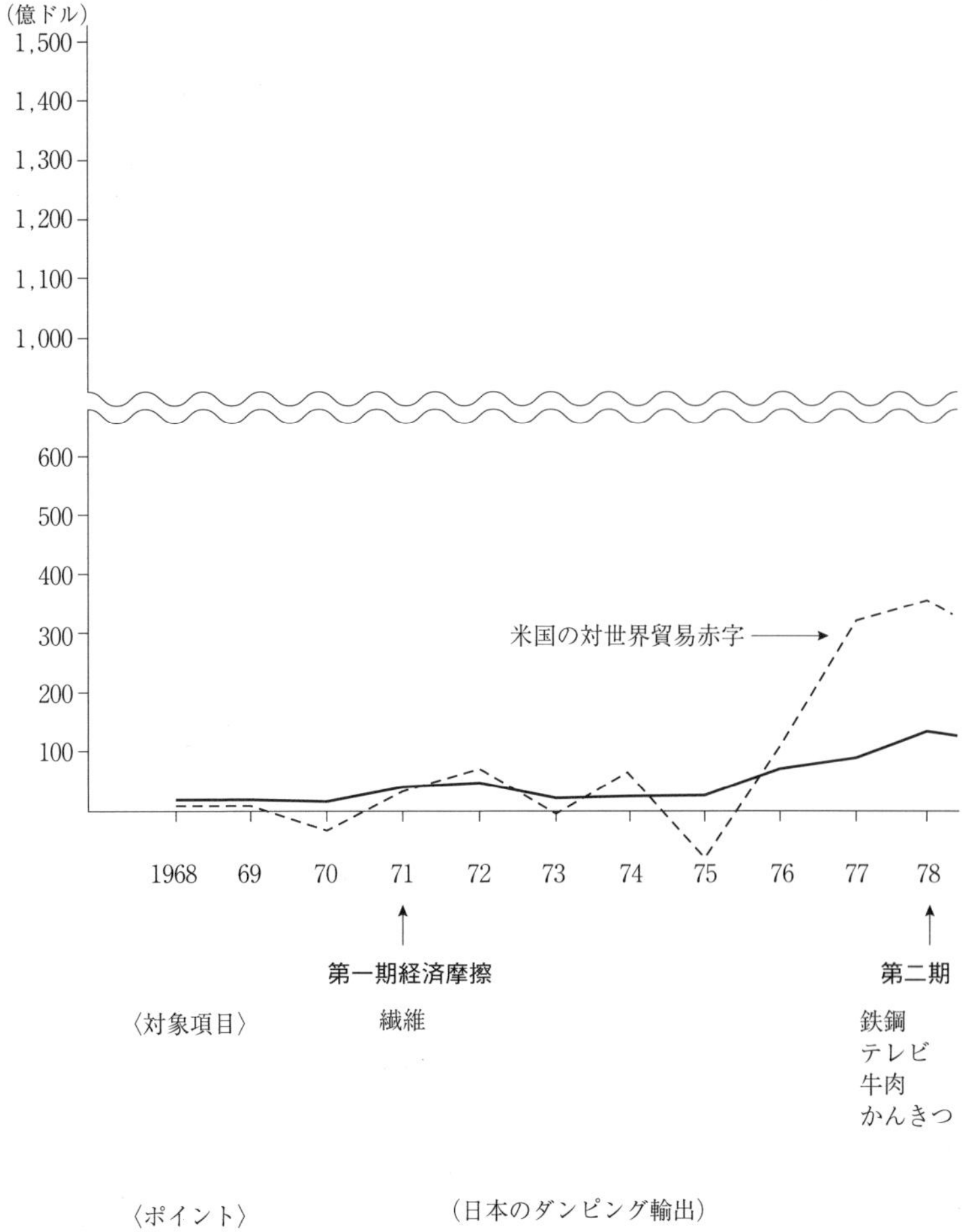

出典：筆者作成。

者、農業問題であれば、農民団体、自動車問題であれば自動車業界代表が議会に働きかけを強めていく。アメリカにおいて貿易問題で議会が力を持っているのは、関税の引き上げ権限が議会にあるためである。行政府の通商代表部（USTR）は一九七四年通商法により誕生した機関であり、アメリカ議会が産みの親だった。したがって、USTRは議会の動きに極めて敏感だった。

そのアメリカ議会の中で貿易問題について圧倒的に重要な委員会が二つある。上院財政委員会と下院歳入委員会であり、私の重要な仕事はこの二つの委員会の主要スタッフと仲良くなり、いつでも連絡が取れ、お互いに率直に話ができる関係を築くことだった。生き馬の目を抜くようなワシントンでは、多くのロビイストが主要委員会のスタッフに群がり、「日本の市場が閉鎖的だ、日本の貿易慣行はアンフェアーだ」と働きかけ、対日非難決議を委員会で通そうとする。これがUSTRを動かす一番手っ取り早いやり口である。スター議員は議場でのスピーチの巧みさで名を売っていくが、法案や決議案の整理は議会スタッフに任せきりであり、議会スタッフが議会を動かしていると言っても過言ではない。各議員にスタッフが何人もついていて、スタッフの権限が極めて大きいので、主要な議員のスタッフを押さえる必要がある。さらに重要なのが上述の上院財政委員会と下院歳入委員会のスタッフであり、彼らが議会の花形スタッフだった。

国益をかけたランチ

さて、こうした花形スタッフにどうやって近づき、親しくなれるか、これがワシントン勤務の勝負どころである。前任者からの引き継ぎは、原則「なし」の世界だ。個人企業のようなもので、自分でコツコツ開拓していくしかない。大使館が雇っているロビイストもいるが、彼らに頼っているようでは話にならない。貿易問題の花形スタッフはそれでなくても引っ張りだこで、多忙を極めている。彼らに、「会ってやるか」と思わせるには、「こいつと会って話をすれば、何かしら役立つ」か、あるいは、「面白いやつだ」のどちらかが不可欠である。しかし、急に話し方がうまくなる訳でもない。しかも、東京から来るメッセージは、「日本は市場開放をしっかりとやっていて、閉鎖市場ではない」といったもので、目新しいものはなかった。「これが新たな市場開放パッケージだ」と言ってみても、相手は全く関心を示さず、まるで「売れないセールスマン」だった。

さて、どうやって攻めるか。ワシントンでのお決まりのパターンはランチに誘うことである。この誘いに乗ってくれるかどうか、これが第一関門だ。日米貿易担当の大使館員だと言えば、一度くらいは会ってくれる。何しろ、対日貿易問題がアメリカ議会でもメイン・トピックであり、どんな奴が担当しているのか、顔くらい見ておこうと思うようだ。そして委員会の部屋に挨拶にゆく。ここで少しは気の利いたことを言い、「面白そうな奴」という印象を残さなくてはならない。そして間をおかず、ランチに誘う。議会からも近く、ホワイトハウスの隣に位置する「メゾン・ブランシュ」、まさに白い館が人気のレストランだ。ランチどきは、ロビイストや各国の大使館員が競うように議会スタッフやＵＳＴＲの幹部職員を招待するので、超満員である。入り口近くの席が新米の定位置である。レストランでは案内役が力を持っていて、どの客をどの席に座らせるか、案内役の胸先三寸であり、大事な客は当然のことながら奥まった席に案内される。さあ、何とか奥の方の席にならないものか、普段から観察していると、男性の案内役と女性の案内役がいて、女性はオーナーの娘さんだと分かってきた。ここは何とかオーナーの娘さんに気に入ってもらうしかないな、と思って、年末には外務省から送られてきた人気のお花のカレンダーを持って行ったりする。それでもさほど効果はなかったが、ワシントンに着任した年の冬、近場でスキーに行くと、この娘さんがいた。「しめた」と思い、近づいてお話しする。その後は、メゾン・ブランシュに行くと、彼女がすうーっと奥の席に案内してくれるようになった。我が大使館の公使連中が入り口近くにいるのを横目に、奥まで案内される。この効果は抜群で、議会スタッフなどは、「おお、やるな」という感じで一目置いてくれるようになった。

ずいぶんと単純で、馬鹿げた話のように聞こえるが、これも真剣勝負、このランチの席で、議会審議の見通しを探り、少しは日本の主張に耳を傾けさせる。日本の国益をかけたランチである。少なくとも、当時、そんな気持ちで相手と向き合っていた。下院歳入委員会の貿易主任スタッフ、ルーファス・ヨークサとはこうして出会った。三〇歳を少し超えたくらいと若かったが、貿易スタッフとして下院では強い影響力を持っていた。彼と出会い、結構、波長があったのが幸運だった。二度ほどランチに招き、その後はいつ電話をかけてもすぐに電話に出てくれ、アポイントメントもすぐにOKとなった。ヨークサは楽しい男で、「日本に行った時は、ヤクザと言われてしまった」などと言って笑っていた。ヨークサは英語のスペリングが「Yerxa」で、それがヤクザの発音に近かったことから起きたエピソードのようだった。そんな話をしながら、仲良くなり、地方の小さなホテルで開かれた彼の内輪の結婚パーティにも呼ばれ、まるで古くからの学友のような関係になった。

この当時、貿易案件で直接に担当したのが電電公社の民営化問題だった。それまで電電公社の調達は政府調達協定の対象とされ、前述したとおり、電電公社調達手続に則って行われていた。しかし、民営化されれば、政府調達協定の対象ではなくなり、煩わしい電電公社調達手続に則って行う必要はなくなる、というのが日本の立場だった。しかし、五〇〇億ドルという巨額の対日貿易赤字を抱えた米国が簡単に了承するはずもなかった。まずは、本当に民営化されるのか、政府の関与があるのではないか、という点が議論の対象となった。民営化後も政府が大株主として残り、郵政大臣の許認可の権限が残ると分かると、「そんなのは民営化ではない」と反撃してくる。そうしたやりとりを経て、電気通信事業法が成立し、第二電電や日本テレコムが長距離電話サービスに参入することになった。この第二電電への端末メーカーとして米国のモトローラ社も日本市場に参画する道が開かれた。この時、東京からワシントンに直接に出向いて交渉に当られたのが郵政省の小山森也事務次官であり、小山さんはお付きの事務方を伴わず、単身、米国と話をするスタイルを取られ、私が通訳を兼ねて同行することが多かった。

一九八五年当時、電気通信機器とサービス、医薬品と医療機器、電子機器、及び林産物の四つのセクターについて、対日市場アクセス改善のための協議（ＭＯＳＳ協議）が日米間で開かれることになった。米国は一九七四年通商法三〇一条を振りかざし、日本の市場開放を迫ってきた。市場開放しなければ対抗措置として関税を引き上げると迫ってくるので、日本側も米国が満足する市場開放措置を取るべく必死だった。大使館員だった私は、米側の狙いはどこにあるかを探り、本国に情報を流すのが主な仕事だった。協議案件となれば、東京からの出張者とＵＳＴＲや商務省の担当官との交渉になるが、その前に、建前ではなく、本音で米側が何を欲しているかを的確に探りあてなければいけなかった。

一方、こうした純粋の貿易問題とは異なる案件もあった。ある日、国防省の次官補代理から呼び出しがあった。当時、民営化したＮＴＴがクレイ社のスーパー・コンピューターを調達しようとしていたが、これに国防省が待ったをかけてきた。それはＮＴＴにおいて、スーパー・コンピューターへのアクセス管理が十分ではないという疑いからであった。一九八七年当時、スーパー・コンピューターはまさにスーパーな存在で、世界中に何台あり、そのスーパー・コンピューターに誰がどれだけアクセスするかをアメリカは神経質にチェックしていた。理由は簡単で、長時間、スーパー・コンピューターにアクセスする者がいれば、核開発が疑われるということだった。それだけスーパー・コンピューターは特別な存在だった。今のスマホが当時のスーパー・コンピューターに劣らない性能だという話を聞くと、隔世の感があるが、当時は真剣そのものだった。国防省の懸念、つまりＮＴＴがスーパー・コンピューターを調達した場合、ＮＴＴがしっかりとした管理を行い、不審者が長時間にわたってスーパー・コンピューターにアクセスすることはないかどうか、そのことにつき、日本側の保証を欲しいというのである。

この種の話は東京の本省や郵政省、さらにはＮＴＴにつないでみても、米側が納得する答えが来ないことは目に見えていた。私からは、東京の意向を踏まえ、「そんな心配は無用だ。ＮＴＴの社内に不審者が入り込み、長時間、スーパー・コンピューターにアクセスするなどということはあり得ない」と言ってみるが、それだけでは答えにならない。そこで、何が必要なのか、やりとりを重ねていくと、先方も何らかの形式が大事で、ＮＴＴによるスーパー・コンピューター調達を阻止しようとは考えていないことが分かってきた。結局、この問題は、私が「不審なアクセスが行われないよう、しっかりとした管理が行われる」という趣旨の一筆を書き、その紙を国防省次官補代理の机の中にしまっておく、という形で処理することができた。この国防省次官補代理は前任の田中さんから引き継いだ人脈であり、普段からランチなどを共にしていることが役立ったのだった。

ダンフォース上院議員の対日宣戦布告

三年間のワシントン勤務で最も衝撃を受けたのが、一九八六年五月、帰国を前にしての上院公聴会だった。その日は金曜日だったが、ジョン・ダンフォース上院議員が日本との貿易に関する公聴会を開いた。通常、アメリカ議会で金曜日の公聴会というのは異例である。金曜日には地元に帰る議員が多く、どうせ公聴会と言っても、数人いる程度で、何かのアリバイ作りで開くのだろうと軽く考えていた。ところが、金曜の午前一〇時、公聴会が開かれる部屋に入っていくと、溢れる熱気に驚かされた。超満員だった。議員もダンフォース上院財政委員会貿易問題小委員長のほか、数人いて、さらにロビイストやメディア関係者が群がっていた。そこでダンフォース小委員長が行った日本弾劾スピーチは激しかった。「日本は不公正な国だ。自国の市場は閉鎖しながら、アメリカに輸出攻勢をかけ、次々にアメリカ企業が倒れていく。これ以上、このような不公正は許されない。アメリカは断固、日本に対抗していく。日本が不公正な貿易慣行をやめないなら、アメリカは直ちに対日制裁を行う！」という宣戦布告だった。その口調が激しく、とても同盟国に対して言う言葉とは思えなかった。

ダンフォース上院議員の対日宣戦布告を頭に刻み込んで、ワシントンを去ることになった。

ワシントンの三年間は、対日貿易摩擦の最前線という厳しい雰囲気の中で、仕事に振り回された日々だったが、いくつか懐かしい出来事もあった。日本大使館とアメリカ国務省の東アジア部がソフトボールの試合をした時のことである。ワシントン・モニュメントの下の芝生の上での試合だったが、大使館が一点リードで迎えた最終七回裏、国務省チームのポール・ウオルフォウイッツ国務次官補がヒットで出塁した。ワンアウト一塁、私はサードベースを守っていたが、そこへ鋭いライナーが飛んできた。これをキャッチ、矢のようなボールを一塁に投げた。ここまではよかったが、そのボールが一塁に戻ろうとしたウオルフォウイッツ次官補の耳をかすめたのである。一瞬ひやっとしたが、ボールは無事、一塁手のグラブに収まり、試合終了となった。彼はその後、ネオコンの論客として知られるようになり、世界銀行総裁まで歴任したが、そうした人の頭を直撃していたらどうなっていたのかと、冷や冷やした経験だった。

ソフトボールの話に加え、テニスでも冷や汗をかくことがあった。一九八五年、徳仁親王殿下が英国でのご修学を終えられ、帰途、ワシントンにお立ち寄りになった時のことである。日本大使公邸にあるテニスコートでテニスをされることになり、私は徳仁親王殿下（もちろん、現在の天皇陛下である）とペアーを組ませていただくことになった。相手の二人も大使館員だったが、コートサイドには松永信雄大使ご夫妻をはじめ、多くのギャラリーがいて、日本からの雑誌カメラマンも多く見守っていた。そして、最初のボールが私のところに飛んできたが、これをミスしてしまった。この瞬間、コートサイドから聞こえたため息に私は立ちすくんでしまった。その後は、私はできるだけボールから遠ざかることにし、殿下の見事なプレイで勝利を収めることができたのだった。

第三章　怒涛の日米交渉——経済局国際機関第二課長、北米局北米第二課長として

1　ウルグアイ・ラウンド交渉の前哨戦——OECD農業報告書作成

新たな分野へ

一九八六年八月、三年間のワシントン勤務を経て、本省に戻った。最初に就いたのは経済局国際機関第二課長というポストで、パリに本部があるOECD（経済協力国際機構）の担当だった。当時、この課は経済局の調査課という性格も兼ねていて、経済局長のスタッフのような仕事もしていた。というのも、OECDが国際経済問題のシンクタンク的な役割を果たしていたからだった。多角的貿易交渉であるウルグアイ・ラウンド交渉がちょうど始まったばかりだったが、この交渉の中で、サービス貿易や知的財産権を巡る貿易問題といった新しい分野の交渉について、OECDはパイロット的な作業を行い、ジュネーブでのウルグアイ・ラウンド交渉につなげる役割を果たしていた。このため、国際機関第二課がサービス貿易や知財貿易についての日本政府の基本方針をまとめることになり、私自

身も新たな分野の勉強に取り組むことになった。

重要な一文を挿入

また、ウルグアイ・ラウンド交渉では農業問題が本格的に取り上げられることになったが、その下準備として、OECD農業報告書がまとめられ、一九八七年五月に開かれるOECD閣僚理事会で採択されることになっていた。当時、OECDでは、この農業報告書の内容に大きな注目が集まっていた。というのも、この農業報告書がウルグアイ・ラウンド交渉の前哨戦となっていたからである。閣僚理事会を前に局長レベルの会合があり、ここで農業の自由貿易原則を打ち出そうとするアメリカやオーストラリアに対し、日本は、農業保護の必要性を強調していたが、その日本の立場を報告書に反映させるのが我々の仕事だった。かなりアメリカとガンガンやりあった。そして「農業貿易には、フード・セキュリテイなど非経済的要素も勘案する必要がある」という一文を入れることに成功した。その後、フード・セキュリテイ、つまり「食料安全保障」という言葉が頻繁に出てくることになるが、その先駆けがこのOECD農業報告書だった。

OECDでは環境問題も扱っていた。国際機関第二課では、役所に入ったばかりの研修生が環境委員会の担当官であり、その当時の研修生が小和田雅子さんだった。そう、皇后陛下である。当時は多くの事務官が夜中まで働いていて、小和田研修生も例外ではなく、帰宅が午前二時、三時になることもあるようだった。このためご家族も心配されたかも知れなかったが、小和田研修生はしっかりと仕事をこなし、立派な環境問題ペーパーを作り上げたのだった。当時、土曜日は半ドンの時代で、年に一度、土曜の昼過ぎから一泊の課内旅行があり、この年は箱根への旅行だったが、今となっては懐かしい思い出である。

2 燃え上がる「KANKU」（関空）問題

「日本はアンフェアだ」

一九八七年一一月、日米経済問題を担当する北米局北米第二課長に就任した。この時も田中均さんの後任だったが、着任の日から怒涛の日々が始まった。ちょうどアメリカの商務長官が訪日した日で、挨拶回りをする余裕もなく、日米交渉の現場に放り込まれた。最初の交渉は関西新空港建設問題に端を発した建設市場参入問題だった。関西新空港建設問題は、アメリカの建設関連企業が関心を持ち、日本側へ打診したことから始まった。しかし、アメリカ企業の参入要請に対する日本側の答えは、ただ一言、「NO」だった。というのも、その当時の日本の建設市場では、外国企業の参入など想定しておらず、日本での入札に加わるには、日本の建設免許をとり、日本国内で相当の工事実績を積んでおく必要があった。アメリカ企業の中で日本の建設免許をとり、日本国内ですでに相当の工事実績を持っている企業などは皆無であり、日本側の事務方としては、アメリカ企業から参入要請があっても、実質「NO」の回答とならざるを得なかった。

ところが相手が悪かった。第一に対日貿易赤字を何とかしろと燃えているアメリカ相手であること、それに加え、アメリカの総合建設業の大手、ベクテル社が関心を持っており、ベクテル社はアメリカでも大きな政治力を有する世界企業だった。当時の国務長官、ジョージ・シュルツ長官は前職が同社の社長だったし、キャスパー・ワインバーガー国防長官も同社の副社長だった。そうしたベクテル社の政治力を背景に乗り込んできたアメリカに対し「NO」と言ったものだから、ワシントンで関西新空港建設問題が燃え盛ってしまった。私がワシントンを離れる直前のことだったが、いつものように議会に足を運ぶと、降って湧いたように何人もの議会スタッフが「KANKU」と叫んでいた。いわく、「日本企業はアメリカ国内で多くの建設プロジェクトに参入しているのに、アメリカ企業が日本の建設プロジェクトに入ろうとすると、門前払いをくわされた、これはアンフェアーだ」という主張だった。そして、「KANKU」が日本市場の閉鎖性の象徴となってしまった。

日米間で象徴的案件となると、まことに厄介である。いくら理を尽くして説明しても相手は納得しない。この時も、日本企業がアメリカで年間三〇〇〇億円の工事実績があると言っても、トヨタなど日本企業がアメリカで工場を作る際に日本の建設会社が工事を請負うか、あるいは日本の建設会社自らが手がけたリゾート開発であって、アメリカの公共事業への参入は金額にして九〇億円、比率で言えば三%足らずだった。そうした事実を説明しても、相手は一向にお構いなく、「日本はアンフェアーだ」を繰り返すばかりだった。このKANKU問題は、一九八七年九月、ニューヨークで開かれた中曽根・レーガン会談でも取り上げられるまでに政治問題化した。結局、この関西新空港建設問題については、日本国内での実績がない会社であっても、外国での実績を日本国内の実績と等しく評価すること、また、詳細な入札手続きを定めることで決着したが、電電公社の「雑巾、バケツ」発言と同様、最初の日本側の木で鼻を括ったような対応が高くついたケースだった。

ところが、事はこれで終わらなかった。アメリカ側は関西新空港プロジェクトだけではなく、日本国内のすべての大型プロジェクトに参入の道を開いて欲しいと言い出したのである。この時期、世界的に見て、日本が一番魅力のある建設市場に見えたようである。確かに、東京テレポート、東京湾横断道路、関西文化学術研究都市、テクノポート大阪、六甲アイランド、そして各地の空港プロジェクトと大型プロジェクトの建設計画が目白押しで、まさに黄金のジパングと映ったのかもしれなかった。しかし、実態は、絵に描いた餅のようなものもあり、実施主体も国がやるものもあれば、地方公共団体や第三セクターと様々であり、政府が責任を持ってアメリカと協議するのには馴染まない性格のものが多かった。

対処方針策定

しかし、「出来ない」、「無理だ」と言うだけでは、とてもアメリカを納得させる事はできなかった。「NO」と聞くだけで、アメリカ側はますます戦闘モードになり、日本が参入を認めないのなら、アメリカから日本企業を締め出すぞ、という態度にすぐに出てきた。さて、どうしたものか、この時の建設省の対応は対米交渉のやり方として、見事なものだった。建設省の幹部の方々は、異口同音に

「自分たちはアメリカとの交渉なんて全くやったことがない。だから、外務省の専門家に交渉は任せます」と言われた。そうした形をとり、表の交渉は外務省に任せつつ、しっかりと腹固めをされていた。要は、アメリカに何か差し出し、満足させる必要がある、しかし、最低限、守らなくてはいけないことがある。それは指名入札という制度の維持だ、というものだった。

総理官邸の小沢一郎官房副長官を交渉の責任者として、建設省と運輸省、外務省の幹部で対策が練られた。そこで固まった日本の対処方針は「日本の指名入札制度は維持する。しかし、日本の制度に不慣れな外国企業に習熟の機会を与えるため、特定のプロジェクトについては外国での実績を同等に扱う」というものだった。このアプローチの肝は、「ＮＯ」というのではなく、提案する方式をとったことだった。つまり、「どうぞ、参入してください。日本の市場は内外無差別、オープンなものです。ただ、不慣れな外国企業には日本の制度に習熟してもらうため、特別の配慮をしましょう」というプロポーザルをアメリカに対して行った。すると、アメリカ側も怒りだすわけにもいかず、協議に応じてきた。こうなれば、しめたものである。お互いに落としどころを探ることになる。

とは言っても、居丈高のアメリカ相手に交渉することは容易ではなかった。アメリカの事務方が日本にやってきて、日本の指名入札制度を説明するところから始まった。日本側は建設省の審議官や課長さんと私、相手は米商務省の次官補代理である。このアメリカの代表が何とも無礼な男だった。建設省の説明を遮り、「どうせ、日本の制度は談合に決まっている」と言わんばかりの態度で、日本の制度がいかにアンフェアーなものかと決めつけてきた。次官補代理の失礼な話をサイマルの方が通訳しようとした時、私は思わず、「そんな話は通訳しなくてよい」と叫んでしまった。これには、日本側の誰しもがびっくりしたようで、建設省の課長さんで、その後、戦友となった木下博夫さんから、「いや、藪中さんも外交官でしょう!?びっくりしました」と何度も言われたものだった。この時の叫びが、交渉上の高等なテクニックだったか、あるいは単純な憤りなのか、自分でも恥ずかしながら判然としない。ただ、この男はあまりに失礼だ、という気持ちが腹の中で溜まりに溜まり、ついに沸騰点に達したことは間違いなかった。この商務省の次官補代理は民間ビジネスマンとして何年か日本に住んでいた人で、それがアメリカ政府の高官となり、とかく日本を見下すようなところがあった。日本側がアメリカ政府と誠心誠意付き合うのは、相手が日本にとり大事な国だからだが、困ったことにその大国アメリカの貿易問題の交渉者の中には二流、三流の人も少なくなかった。そうした人ほど、自分が偉いのだと勘違いして横柄な態度を取るのだった。この事件のとき、まさか日本側からそんな怒りがぶつけられるとは夢にも思っていなかったのだろう、呆気にとられたようだった。私のほうは、何もなかったかのように、日本側の説明を促し、協議を進めていった。すると、相手も少しは丁寧な態度を取るようになり、無事、この場は収拾されたのだった。

三〇一条発動

さて、本当の交渉は、特例入札手続の内容と、どれだけのプロジェクトを特例プロジェクトとするかであった。まずは実務者間で特例入札手続の内容を詰めることになった。公共事業に関する日本のシステムは、登録、格付け、指名入札の三段階からなっていたが、アメリカにはこうしたシステムは全く存在せず、誰でも入札に加わることができた。したがって、いくら日本の制度を説明してもアメリカ側の頭に入らない。「なぜ登録なんて必要なのだ？」と振り出しに戻ってしまう。このため、日本のシステムをできるだけ明快、かつ詳細に書き上げる作業が必要になり、格付け基準項目を細かくすべて書き出した。そして日米間の交渉が続けられ、深夜にようやく纏まったかと思ったら、翌朝、アメリカ側が態度を急変し、「やはりダメだ」と言い出す。要はアメリカの交渉団が議会関係者などに説明したら、ダメ出しされたようだった。アメリカの中には、特定プロジェクトに限って特例を設けるのではなく、すべての日本のプロジェクトをオープンにせよ、という声が根強く残っていたのだった。

交渉は暗礁に乗り上げ、アメリカ政府は三〇一条の発動に踏み切った。これは対日制裁という宣戦布告だった。しかし、そのアメリカも直ちに制裁をするのではなく、実際には三週間後に制裁に踏み切ると言ってきた。いわば時限付きの脅しだった。いずれにせよ、誠意を持って交渉してきた我々日本側にとっては憤懣やる方ない対応だった。「冗談ではない。制裁するのなら制裁してみろ」という憤りが日本側で強まった。しかし、一九八八年三月のこの時期、アメリカの貿易赤字総額は史上最大の一五二一億ドル、そのうち対日赤字が五六三億ドルに上り、アメリカ国内で重大な政治問題化していた。ここで建設市場問題が決裂すれば、アメリカ国内の保護主義勢力を勢いづけること必至の情勢だった。「ここは日本の大きな国益のためにも、今一度解決のために汗をかこう。しかし守るべき原則は守り、できない事はできないという方針は貫こう」というのが日本政府内の一致した考え方となった。

対米交渉は三月中旬からワシントンで再開され、日本側は小沢官房副長官が訪米、アメリカ側は交渉責任者として百戦錬磨のマイク・スミスUSTR次席代表を指名してきた。強面の二人の対決である。まるで「真昼の決闘」のような雰囲気だった。大柄のスミス大使は机をたたき、大声で迫ってくる。これに対し、小沢さんは「できないことはできない」とつっぱね、あまり多くを語らない。両者、半日くらいは睨み合う状況が続いた。小人数会合となり、同席していた私も気が気ではなかった。しかし、その間にアメリカ人がよく口にする「ケミストリーが合う」、つまり「ウマが合う」雰囲気が出てきた。

残された問題は二つ。一つは入札期間で、日本としては、これまで通り公示から一〇日間前後が望ましいとの立場だった。しかし、アメリカ側はそんな短い期間に何百億円もの入札準備ができるはずがないとして、アメリカにおける通常の入札期間である六〇日を要求してきた。結局、これはお互いに折り合い、四〇日で決着した。あとは、どのプロジェクトを特例プロジェクトにするかである。まさにこれには政治判断が必要だったが、アメリカが強い関心を持つ空港プロジェクトなどに加え、最後はNTTビルを追加することで決着した。スミス大使と小沢さんが固く握手したのを見届け、合同記者会見の運びとなった。ようやくほっとしていると、アメリカ側が、また一つ、追加の要求をしてきた。内容はたいしたものではなかったが、小沢さんも「いい加減にせい」という感じだった。部屋の前ではテレビカメラと大勢の記者が待ち構えている。いや、まいったな、と怒りを通り越して、呆れ果てたが、折角ここまできたものをぶち壊すわけにもいかない。アメリカ側とさらに三〇分、別室で話し合い、ようやく決着した。そしてテレビカメラの前に進むと、数分前まで強面だったスミス大使が満面の笑みを浮かべ、「大変よい合意ができた」と言っていた。いや、いかにもアメリカ人らしいなと笑ってしまった。

「Last DANGO in DC」

こうして日米間の建設市場についての交渉は完結した。この建設市場交渉をどのように評価すべきであろうか。本来、建設市場が二国間の貿易交渉の対象となるのかどうか、疑問のあるところである。GATTの場では、東京ラウンド交渉を通じて出来上がった政府調達協定がある。これは中央政府が行う調達について内外無差別原則を適用すべし、というものであり、その対象となる調達機関が定められている。今回、建設市場問題で対象とされた諸プロジェクトはその政府調達協定の対象にはなっていない。したがって、アメリカ側が日本のこうした諸プロジェクトに参入したいと言ってきても、これを認める必要のないものだった。しかし、五〇〇億ドルを超える巨額の対日貿易赤字を旗印に市場開放を迫られると、「NO」とはねつけるわけにもいかなかった。また、日本の建設プロジェクトのやり方についても、オープンで、正当なものだと胸を張るわけにはいかない事情もあった。何しろ数百億円の巨額プロジェクトであっても、公示から入札まで一週間しかなく、公示があってから準備をするのではとても間に合わない。日本企業は公示になる前から役所に足を運び、情報を入手し、万端の準備を整えている。そうしたやり方をアメリカ側に説明しても、相手は理解できないか、あるいは、それこそ談合だ、と非難するに決まっていた。事実、「KANKU」（関空）と並んで「DANGO」（談合）がワシントンで有名になっていた。

そこで日本側の作戦は、一定のプロジェクトについては、特別手続の対象にし、アメリカ企業の参入を容易にするとともに、その他のプロジェクトは従来のやり方を継続するというものであった。結局、アメリカ側も、それで自分たちの利害は手当てされたと判断し、日本側提案の枠組みを基本的には受け入れたのだった。話し合いを重ねるうちにアメリカ側からは「自分たちに日本の談合に加われ、ということか」などと冗談まじりに言われたこともあった。そして最終合意が出来上がり、文書をまとめるためにワシントンに出張に行った際、マイケル・ファーレン商務副次官が夕食に招いてくれ、「Last DANGO in DC」とプリントしたTシャツをプレゼントしてくれた。この当時、人気の映画にマーロン・ブロンド主演『Last Tango in Paris』があり、それを引っ掛けたものだったが、なかなかアメリカも洒落たことをするものだ、と感心したのだった。

3　牛肉・かんきつ問題

一〇年越しの政治案件

一九八八年三月、建設市場問題がようやく解決した日、小沢官房副長官と入れ代わりに佐藤隆農水大臣がワシントン入りし、牛肉・かんきつ交渉が本格化した。この牛肉・かんきつ問題は一〇年越しの政治案件だった。牛肉とオレンジ、これはアメリカでは代表的な農産物である。朝にフレッシュなオレンジジュースを飲み、昼はハンバーガーがアメリカの定番である。一九七〇年代に入り、日本からの工業品の集中豪雨的な輸出攻勢に遭い、アメリカは、牛肉とオレンジの輸出を認めろと日本に迫って来た。ところが、日本では、牛肉は畜産農家の壁が厚く、とても輸入を認める雰囲気にはなかった。オレンジも、日本のかんきつ農家にとっては大敵であり、輸入反対コールが沸き起こっていた。

一九七八年、中川一郎農水大臣とロバート・ストラウス通商代表の間で激しい交渉が繰り広げられ、牛肉は年間一万六八〇〇トンの輸入から始め、八三年には三万トンに増大すること、オレンジジュースの輸入は八三年に六五〇〇トンとすることが合意された。その後、一九八四年に第二次交渉がもたれ、牛肉輸入について年間六九〇〇トンずつ増やすことが合意された。この時、アメリカの方は、輸入枠交渉はこれが最後であり、四年後の一九八八年には完全自由化が実現すると内外に表明していた。

そして、いよいよ自由化に向けての本格交渉の時期が一九八八年にやって来た。ちょうど、ジュネーブを舞台にウルグアイ・ラウンドの農業交渉が始まっており、アメリカは農産品の自由化を最も重視していた時であり、日本への農産品の攻勢は一段と激しさを増していた。

しかし、日本国内では第一次合意から一〇年経った時点でも、「自由化反対」の主張は全く変わっていなかった。これでは日米間で折り合いがつくはずはなかった。佐藤隆農水大臣の訪米でも何の進展もなく、アメリカはGATTへの提訴に踏み切ったのである。建設協議の時は交渉が行き詰まると、アメリカは三〇一条提訴という手段に踏み切ったが、今回は日本の輸入制限が明白なGATT違反であるとの確信から、GATT提訴の道を選択した。そして、一九八八年六月、日米首脳会談が開かれるのを前にして、クレイトン・ヤイター通商代表が来日し、大詰めの交渉がもたれることになった。

激しい応酬

「日本人の腸は小さいから、そんなに牛肉を食べられないのだ」といった迷言が訪米した日本の議員から放たれ、アメリカの顰蹙を買ったこともあった。そして激しい応酬が繰り広げられた交渉がついに最終段階に到達した。この時、農水省で牛肉問題を総括していたのが京谷昭夫畜産局長だった。この人は、とてつもなく腹の座った方だった。牛肉問題と言えば山中定則議員と言われ、山中議員の了承を取り付けないと一トンたりとも動かないと言われていた。しかし、京谷局長は私を秘書兼通訳のように引き連れ、アメリカ側と直に取引をされた。何しろ、あの恐ろしい、と怖がられた山中定則議員をして、「京谷が言うのなら仕方ない」と言わしめた京谷さんである。「薮中さん、いつものように言っといてください」と言うだけで、細々とは言わない。そして、アメリカとの核心交渉に入っていく。この交渉スタイルにアメリカ側も動かされたに違いない。結局、①自由化はする。②移行期間中は輸入量を年間六万トン増やす。③しかし、畜産農家の保護が必要で、自由化した一九九一年度は関税を七〇％とし、九三年度には五〇％に引き下げていくことで合意が見られた。この牛肉問題は京谷畜産局長だからこそ解決できたのだった。

日米牛肉・かんきつ交渉　実質合意を迎えて
（左が農林水産省真木秀郎審議官、右がUSTRマイク・スミス次席代表）

オレンジは三年後、オレンジジュースは四年後に自由化されることが決まった。一九八八年当時、日本で飲むオレンジジュースは本当のオレンジジュースではなく、みかんジュースとのブレンドが義務付けられていた。「ブレンドの方がおいしいですよ」と農水省の人に言われたことがあり、それは消費者が決めることでしょうと私も思わず反論したことがあった。

「アメリカやオーストラリアから安い牛肉やその他の農産物が入ってくると、日本の農業は崩壊する」とよく聞かされたものだった。古くはさくらんぼがそうだった。そしてさくらんぼの輸入は、日本のさくらんぼシーズンではない時期のみと限定したこともあった。アメリカからの輸入品が日本に入るようになり、日本の農産品はどうなったか。今日、さくらんぼについては、佐藤錦がアメリカからのチェリーと共に市場に並び、佐藤錦の方が遥かに高価で人気がある。牛肉も国産牛と輸入牛は全く異なる商品のようにして売られ、共存している。国産牛は当然のように輸入牛より高価だが、人気は高い。農家の努力でより美味しいものが提供され、輸入品と堂々と対抗できる状況を見ると、うれしくなってくる。

日米間の二大摩擦案件であった建設市場問題と牛肉・かんきつ問題が解決したことで、ひとときの静けさが日米間に訪れた。しかし、一九八九年に入ると、再び暗雲が立ち込め始めた。というのも、アメリカ全体の貿易赤字は一九八七年をピークに改善に向かい始め、特にEUとの貿易収支は一九八七年に二〇六億ドルの赤字だったのが、一九八九年にはアメリカの黒字に転換していた。ところが対日貿易赤字だけは一向に改善せず、五〇〇億ドル台のまま推移していた。このため、アメリカ国内では、日本市場が異質であり、異質な国には自由貿易と異なるルールを適用すべきだという、いわゆる「日本異質論」が登場し始めた。この「日本異質論」は一部の学者やジャーナリストにとどまらず、コダック、ハネウエル、アメリカンエクスプレスといった日本と大きな取引のある大企業のトップからも聞かれるようになった。

これは荒っぽい議論だった。「アメリカは常にフェアーであり、アメリカと異なるやり方をする国はアンフェアーだ」といった思い込みがアメリカにはある。この時も、「日本は普通ではない国だ。そういった国には普通でないやり方で対応すべきだ。日本には公正なルール遵守を求めるのでは不十分であり、制裁を振りかざし、日本のシステムを変えていかなければならない」といった主張に発展していた。

こうした対日批判を背景にして、一九八九年五月、突如、浮上したのがスーパー三〇一条の認定だった。アメリカ議会が日本を狙って立法したのがこのスーパー三〇一条であり（一九八八年包括貿易法）、米通商代表部（ＵＳＴＲ）はこの法律に基づき、スーパー・コンピューター、人工衛星、林産物の三品目を対日交渉優先項目に指定したのである。このスーパー三〇一条の仕組みは、対象優先項目を指定し、交渉を相手国に要求する、そして一定期間内に成果が出ない場合には制裁を課すという、一方的で、理不尽なものだった。

日本政府は、このスーパー三〇一条の対日決定に対し、「アメリカ政府の決定は遺憾である。日本政府は制裁を前提とした交渉には断じて応じない。ただし、日米間に問題があればいつでも話し合いには応じる」という談話を発表した。私は主管課長としてこの対応を主導したが、この対応について、「日本にしては珍しく毅然とした態度だ」という評価が聞かれた一方、「どうせなら、もっとカッコよく、交渉には断じて応じないという姿勢を貫くべきであり、ただし書きの〝問題があれば話し合いには応じる〟は不要だ」という批判もあった。たしかに、ただし書きがない方が格好も良く、一つの見識ではあった。しかし、この時、ただし書きを追加したのは、アメリカの保護主義圧力が極度に高まっており、協議を拒否すれば、対日制裁が課せられるのは必至だったからである。当時、アメリカ市場は日本の主力輸出産業にとって不可欠の重要市場であった。また、日米貿易収支は改善の方向に向かい始めており、この時点を乗り切ることが出来れば、保護主義を回避できるという期待もあった。このため、「制裁を前提とした交渉には応じない」と筋は通しつつ、「話し合いには応じる」という中途半端と映るような対応をとることにしたのだった。

4　自動車電話か、セリュラーフォンか

電子通信市場をめぐる攻防

スーパー三〇一条対象に指定された三品目については、直ちに交渉がもたれることはなかったが、一九八九年春、緊急案件として急浮上したのは自動車電話問題だった。電気通信市場については、すでに述べてきたように、日米間で様々な交渉がもたれてきた。一九八〇年代はじめの電電公社調達協議、一九八五年の電電公社民営化、一九八六年のMOSS協議などである。一九八九年春に急浮上した自動車電話問題は、このMOSS協議に関連したものだった。MOSS協議ではアメリカ側が自動車電話に関し、アメリカのモトローラ社の方式を採用するように求めてきた。これに対し日本側は、日本においてすでにNTT方式が普及しているので、モトローラ方式は採用できないとして難色を示し、妥協の産物として、日本全土で既にサービスを行なっているNTTに加え、東京及び名古屋ではNTT方式の日本移動通信、東京及び名古屋以外の地域ではモトローラ方式を採用する第二電電の参入が認められた。

当初、モトローラもこの地域分割方式に異を唱えず、一九八九年には関西地域を中心に第二電電がモトローラ方式の自動車電話サービスを開始しようとしていた。ところが、いざ実際にサービスを開始しようとすると、東京、名古屋地域のマーケットが圧倒的に大きく、これらの地域に進出できないのでは事業の成長も望めないと判断したようであった。そこでモトローラ社が繰り出した戦法はアメリカ議員への働きかけであり、「モトローラは日本でアンフェアな取り扱いを受けている。NTTは日本のどこでも事業ができるのに、モトローラはトーキョーで事業ができない」という訴えだった。これは分かりやすい訴えであり、この時期、日本を訪れたアメリカの議員は口々にこの問題を取り上げ始めた。

議会の圧力を受けたUSTRは、優先課題として自動車電話問題の解決を日本に迫ってきた。しかし、日本側の担当者は、米側の主張は全くおかしいとして強く反発した。というのも、MOSS協議の際に日本側は、「モトローラ社が日本に進出したいのであれば、日本で展開されているNTT方式に適合した製品を作り、売り込めば良い。それをせずにアメリカのモトローラ方式をそのまま持ち込もうとするのはおかしい」と主張、その後、特別の配慮として、モトローラ方式の参入を東京、名古屋以外という地域限定で認めることにしたという経緯があったからである。事実、MOSS合意をモトローラ社およびアメリカ政府も当初は評価していた。それを今さら東京への進出を認めろというのか、それこそMOSS合意に反した要求だ、という理屈が日本側にはあった。

アメリカ側も、理詰めで反論されると少しは怯んだ。そこで持ち出してきたのがMOSS合意は尊重する、しかし、大阪でモトローラ製の移動電話を使っている利用者が東京に出張に行った時などに東京でも使えるようにしたい、そのために東京で五メガの周波数を割り当てて欲しい、という主張だった。

冗談のような実話

問題は、ここからだった。日米の電気通信の専門家の間で、常識というか、通信機器についての知識が全く異なっていたのだ。このため、冗談のようなやりとりとなり、相互不信だけが強まった。

米側「大阪の利用者が東京に出張に行った時に、モトローラ社製のセリュラー電話を使えるようにして欲しい」

日本側「それは全く問題ない。大阪で使っている自動車電話にアダプターをつければ東京でも問題なく使える」

米側「そのアダプターってどのくらいの大きさだ？何キロくらいだ？」

日本側「せいぜい五キロくらいだ。自動車電話だから、そのくらいの重さのものを自動車に取り付けるのは問題ないはずだ」

米側「いや、待ってくれ。自分たちの言うセリュラー電話はスーツの胸に入る小さな電話なのだ。だから、それに五キロのアダプターなど問題外だ」

日本側「スーツの胸に入る？自動車に固定した電話ではないのか？」

米側「違う。モトローラ社の最新電話はスーツのポケットに入る小さなものなのだ」

これでは話がかみ合わないのも無理はなかった。USTRの担当者は郵政省の専門家と話し合った後、私のところに来て、憤慨しながら、「話にならない。なんとかしてくれ。そうでないと、対日制裁が本当に発動されるのだ」と泣きついてきた。一九八九年当時、日本では携帯電話という言葉は未だなく、自動車電話しかなかった。大型乗用車に威風堂々と載せられた電話機、要人は自慢げに乗用車から電話する、そんな特別なものだった。ところが、アメリカではまさに携帯電話が普及し始めていたのだ。モトローラ社の新製品、マイクロタックはポケットに入る超小型の電話機だったが、日本の郵政省の電気通信部の人たちには見たことも聞いたこともないマジックのような存在だった。だから、郵政省の人は大真面目に「大阪の人が使いたいのなら、アダプターをつければ良いだけだ、五キロと少し重いが、自動車に載せるのだから、大して問題ではないはずだ」と考えていたのだった。そこでアメリカ側からマイクロタックを見せられても、ピンとは来ず、アダプターの一点張りだった。

冗談のような話だが、これが実話である。日本では「自動車電話問題」として理解されていたが、アメリカ側は「Cellular Phone」と呼んでおり、その実態は「大きく重い自動車電話」ではなく、胸ポケットに入る小型電話、今の「ガラケー電話」である。これでは話が噛み合わないはずである。

アメリカ側からマイクロタックを見せられた私は、これはなんとか知恵を出さないといけないなと思い、郵政省の人に話をしてみたが、「アメリカが要求する五メガの周波数割り当てなどは問題外だ」とつれなかった。当時の日本では、周波数の割り当ては郵政省の中の電波部長が一手に受け持っていて、私が常にお話しをしていた電気通信部長も実態がよくわからないようだった。

歯車が噛み合わない交渉

こうして日米間での対立が解けず、一九八九年四月、アメリカ政府は包括貿易法一三七七条に基づき、「MOSS合意違反」の認定を行い、一ヶ月以内に制裁を発動すると通報してきた。アメリカお得意の制裁予告付きの脅しだった。こうしたアメリカのやり方に対しては、「突っぱねておけ」という強硬論も強かった。というのも、日本側は何らMOSS合意に違反するようなことは行っておらず、また、追加の周波数をよこせと言われても、ない袖は触れない状況にあったからだった。

しかしながら、「アメリカ市場が日本企業にとっては死活的に重要であり、制裁措置は何としても避けたい」というのが、いつもながらの日本側の本音だった。そこで、これまでの対米交渉と同様「とにかくギリギリやれるところまではやる。しかしダメなものはダメと言おう」という方針が日本政府部内で固まり、対米交渉は、小沢官房副長官が総責任者として当たることとなった。建設市場問題と同じ構図であり、当時の竹下内閣では小沢官房副長官が圧倒的な力と存在感を持っていた。かくして一九八九年六月一九日からワシントンで日米交渉が開始される運びとなった。アメリカ側は強面のスミス大使が引退しており、かわって物静かな弁護士、リン・ウイリアムズUSTR次席代表が交渉舞台に登場した。

この日米交渉は出だしから歯車が噛み合わなかった。交渉責任者の個性が違い過ぎ、波長が全く合わなかった。単刀直入に、「アメリカが欲しいのは何か、はっきり言え」と言う小沢副長官。これに対し、「アメリカは対等でフェアーな競争機会が欲しいだけなのだ」と格好をつけるウイリアムズ次席代表。しかし、交渉の肝となるのは周波数の割り当てだった。当時、自動車電話用の周波数として、NTTには全国各地で一五メガが割り当てられており、これに加えて東京・名古屋では日本移動通信に一〇メガ、その他の地域ではモトローラ方式を採用した第二電電に一〇メガが割り当てられていた。

アメリカは本音では「東京で最低五メガ欲しい」ということのはずだったが、ウイリアムズ氏はなかなか数字を言わず、小沢さんのイライラが溜まってきていた。日本側としても、東京で五メガを捻出するのは容易ではなく、そのためには相当の力仕事を必要としていた。しかし、アメリカ側がストレートに「五メガ欲しい」と言わないものだから、交渉は進まなかった。

ワシントンのウオーターゲイト・ホテルで行われた交渉は一週間を過ぎてもらちがあかず、私はウイリアムズ次席代表の下で実務を担当するグレン・フクシマ氏に「いい加減に米側の最終的な交渉ポジションを示せ」と迫ったが、彼も要領が得なかった。交渉は一〇日目を迎え、ついに日本側において、東京で五メガを捻出し、これが最終オファーだとアメリカに提示した。この五メガは、日本移動通信に割り当てられていた一〇メガから二メガを引き剥がし、さらに三メガを新たに捻出するというウルトラ技だった。すると今度は二メガと三メガの周波数帯が離れていては困る、とアメリカ側が言い出す始末だった。

そして六月二七日の深夜に異変が起きた。時計の針は午前四時を回っていたが、ウイリアムズ次席代表が一言の挨拶もせず、静かに部屋を出て行ってしまったのである。あと一歩のところにきていた交渉、一〇日間、毎晩遅くまで渡り合い、交渉が大詰めに向かった時のことだった。このリン・ウイリアムズ氏の静かな退場劇には唖然とするしかなかった。日本側では小沢さんと郵政省の幹部、それに私が顔を見合わせ、「一体どうなっているのか」と狐につままれた感じだった。私はグレンに電話し、「どうしたのだ?」と問い詰めると、グレンは「リンは疲れ果てていたのだ。決して決裂ではない」と弁明したが、あまりの展開に呆れ果てるしかなかった。そして日本側では午前四時過ぎから記者会見を開き、小沢副長官は「日本側の最大限の努力にもかかわらず、合意に達しなかった。アメリカ側の反省を強く求める」と発言し、数時間後には帰国することとなった。

すると、その二時間後、朝の六時にアメリカ側から連絡が入り、カーラ・ヒルズ通商代表と松永信雄駐米大使も加わってさらに一日、交渉することになった。そして、最後はアメリカも日本案を基本的に受け入れたのだった。

これが日本は自動車電話問題と言い、アメリカはセリュラー・フォンと言う問題の顛末だった。その後は一気に携帯電話が普及することとなった。一九七九年に日本で自動車電話が導入され、一九八九年までの一〇年間でわずか二四万台の普及に留まっていたが、その後は飛躍的な勢いで携帯電話が普及して行った。この問題では日本にMOSS合意違反はなかったと言えるが、元々のMOSS合意、つまり、モトローラ方式を首都圏以外で認める、という地域限定方式に無理があり、「NTTは日本全土で事業が行えるのに対し、モトローラ方式は首都圏で事業が認められないのはアンフェアーだ」

という主張は通りの良い議論だった。やはり、制度はシンプルでわかりやすいものでなくてはいけない、これが日本側の反省点であった。

5　スーパー三〇一条三案件

一方的で理不尽な制裁

先に述べた通り、一九八九年五月にアメリカ政府は、スーパー・コンピューター、人工衛星、林産物の三品目をスーパー三〇一条に基づく対日交渉優先項目と指定していた。このスーパー三〇一条の仕組みは、優先項目として指定されると、交渉を相手国、つまり日本に要求し、一定期間内に成果が出ない場合には制裁を課すという一方的で理不尽なものであった。そこで日本政府は制裁を前提とした交渉には断じて応じない、ただし、日米間に問題があればいつでも話し合いには応じるという姿勢で臨むことにしていた。

アメリカ政府も一応は日本の立場に理解を示し、一九八九年九月に開かれた日米貿易委員会の場で、その他の貿易問題とあわせて、この三分野を取り上げてきた。つまり、制裁を前提としたスーパー三〇一条交渉ではなく、通常の日米間の懸案の一つとして取り上げ、解決を目指す姿勢を示したのだった。そうであれば、日本側としても話し合いに応じないわけにはいかず、貿易委員会のフォローアップ作業という形で専門家会合がもたれることになった。

アメリカ政府が何故にこの三分野をスーパー三〇一条項目に指定したのか。考えてみると、おかしな取り合わせである。何しろ、鳴り物入りで立法化されたスーパー三〇一条、その第一弾であり、どの品目が指定されるのか、ワシントンでも大きな関心を集めていた。結果的に指定された三品目のうち、スーパー・コンピューターは日米間のハイテク摩擦の象徴として選定されたわけで、一応、理解はできるところである。今で言えば、二〇二〇年、米中対立の中でファーウエイが五G（第五世代移動通信システム）をめぐるハイテク戦争で象徴的にターゲットされたのと似たようなところがある。一九八九年当時、日米間でハイテク競争が新たな摩擦案件として登場し、半導体、エレクトロニクス、HDTV（高品位テレビ）などで日本企業が優位に立ち、アメリカは大いに焦っていた。その時代でも、スーパー・コンピューターはアメリカ企業が優位に立っていたが、日本企業もいっせいに参入し始めていた。アメリカの代表的なスーパー・コンピューター企業であるクレイ社は従業員二〇〇〇名足らずの比較的小さな会社であり、日本の大手コンピューター企業の参入は脅威と受け止められ、何としても日本の進出を食い止めたい、そんな思いがスーパー三〇一条案件として指定された理由であったと言えよう。

人工衛星もハイテク分野として分類は可能だが、少し貿易案件からは遠い存在であった。人工衛星の研究開発は主権国家として当然の権利であり、どこの国でも国家的事業として推進しており、そのやり方について自由貿易の立場から注文をつけるというのはおかしなことであった。当然のことながら、スーパー三〇一条指定に対し、日本の衛星関係の当事者からは戸惑いと憤りが表明された。日本が人工衛星の開発を国家プロジェクトとして推進するのを何故アメリカがストップしようとしたのか、今日まで判然とはしていない。同盟国が人工衛星の開発を進めるのには何の問題もないはずである、そう思うのが甘いのかどうか、当時、アメリカ側に真意を質したが、まともな答えは返ってこなかった。アメリカ側の優等生的な答えは、「日本政府が人工衛星の研究開発を推進するのは全く問題がなく、日本の宇宙開発政策に口出しする考えはない、問題は、商業目的の通信衛星を研究開発衛星のなかに組み込んでいることだ」というものだった。ここでもＮＴＴが登場し、アメリカ側はＮＴＴの調達に絡んで人工衛星問題を考えていることがはっきりしてきた。

林産物は、他のハイテクがらみ案件とは全く異なり、林産業に関わるローテク案件だった。この林産物をアメリカがスーパー三〇一条案件に加えたのは、分かりやすい理由からだった。アメリカ政府の貿易問題に関する意思決定で議会の影響力が極めて強い。スーパー三〇一条権限も議会による通商法改正から生まれたものである。そして議会の中で強い影響力を持つ議員が関連している事案は要注意である。ＵＳＴＲも議会、とりわけ上院財政委員会と下院歳入委員会には弱く、その委員長の発言は大きな力を持っている。この時、上院財政委員会の委員長がオレゴン州出身のボブ・パックウッド議員であり、地元の主力産業が林業となると、これほどわかりやすい構図はなかった。要するにアメリカ経済にとり重要な産業というわけではなく、単に有力な議員の関心案件、という構図だった。これも冗談のような話だったが、「パックウッド」というのは「木材を包み込む」という意味であり、そのパックウッド上院議員が林産物をスーパー三〇一条案件に押し込んだのだった。

アメリカ政府が貿易問題で注文をつけるときの理屈も不可解なことが多い。この林産物などは、その最たるものだった。「日本の建築基準法が厳しすぎて木材の利用が制限されている。このためにアメリカからの林産物の輸出が伸びない。日本の建築基準法は貿易障壁だ」という理屈だった。「はたしてこれが天下のアメリカという国が主張するような立派なロジックか」と呆れてしまったが、「泣く子と地頭には勝てぬ」の類である、とにかく協議には応じることにした。私自身も建築基準法を随分と勉強したものだった。そして日本は広大な面積を有するアメリカとは違い、狭い国土に建物が所狭しと立て込んでおり、人一倍、火災などには神経を使う必要がある、従って、耐火基準も厳しくならざるを得ないのだと延々とアメリカの交渉者に説明するという不思議な貿易交渉となった。

米中貿易戦争に見る残像

このスーパー三〇一条三案件は、「制裁の下での交渉ではない」という建前は堅持しつつ、実務的な話し合いを行い、なんとかお互いが受け入れられる解決策を見出すことが出来た。①スーパー・コンピューターについては、政府関係の調達について内外無差別の調達方式をとることで合意、②人工衛星については、商業目的の通信衛星は政府が行う開発衛星には組み込まず、商業ベースで調達する、③林産物については、防火地域外では木造三階建てを認める、といった内容の解決策だった。

アメリカが制裁を振りかざして交渉を迫ってきた案件について、実質的には交渉に応じ、解決策を見出すというやり方が正しかったのかどうか、当時もそのやり方に対し批判があった。私は交渉担当者として、アメリカ市場の重要性に鑑み、日本から見ても妥当と言える内容であれば解決を目指すのが正しい選択だと考え、交渉に当たったわけで、概ね、合理的な解決策が見出されたと考えていた。

しかし、今、振り返ってみると、人工衛星についてはアメリカの要求を入口で突っぱねるべきではなかったかと思うことがある。人工衛星は打ち上げ回数も限られており、政府・宇宙開発事業団の研究開発衛星とＮＴＴの通信衛星を切り離すことで、結果的には、政府の研究開発に遅れが生じることになったのではないか、そう思うからである。協議に応じない場合、何らかの制裁措置は取られただろうが、国家としての衛星開発の重要性を考えると、貿易面で多少の制裁措置が取られても止むを得ない対価ではなかったかと思う次第である。

また、この当時のスーパー三〇一条三案件に係るアメリカ政府の動きと今日の米中間の貿易戦争の動きにかなり似通った面が見受けられる。アメリカは自国の優位性がチャレンジを受ける時、一定のところまでは我慢するが、一線を超えると、激しく反発し、全面戦争の勢いで相手に戦いを挑んでくる。一九八九年の日米間では、まさに日米貿易戦争前夜の雰囲気があり、そこでは日本のハイテク産業の勃興を阻止するため、スーパー・コンピューターや人工衛星に目をつけ、激しくチェックしてくる。それは、今、まさに米中間で起きているハイテク戦争である。同時に、アメリカ政府の意思決定の中では農林業の持つ政治的重要性は高く、日米間では牛肉・かんきつ問題から林産物までが大きな政治案件として取り上げられた。同様に、今の米中貿易戦争でも大豆の対中輸出が大きな政治案件をなっているのも日米貿易戦争を彷彿とさせるものがある。

このように一九八九年の日米貿易摩擦と二〇一九年の米中貿易戦争には共通点が見られるが、その一方で、日本政府と中国政府の対立ぶりには大きな違いも見られる。日本は何としても対日制裁は回避したいとの強い思いで交渉解決に向けて全力で努力したが、中国は制裁に対しては制裁で対抗するという姿勢を示している。日米間には安全保障の絡みがあり、また、アメリカ市場の重要度が日本と中国では異なる（アメリカ向け輸出が、一九八九年の日本総輸出の三四％を占めたのに対し、二〇一七年の中国総輸出に占めた割合は一九％）ことはあるが、日中両国の対応ぶりの違いには興味深いものがある。

第四章　日米構造協議——無我夢中の長い長い交渉

1　GHQ、再来か

「もう我慢できない」（Enough is enough）

一九九〇年、日米間の最大の交渉の舞台となったのが日米構造協議だった。アメリカでは、一九八〇年代半ばから日米間の貿易不均衡が容認しがたいまでに大きくなり、主要な米国産業が次々に日本企業の輸出攻勢により敗退していくことに対し、「もう我慢できない（Enough is enough）」、「今、ここで日本企業の進出を食い止めないとアメリカの未来はない」といった悲鳴にも近い叫び声が聞かれるようになっていた。そして、日本政府に対し、農産品から医療機器、電子機器、通信機器など多くの分野で市場開放を要求してきた。これに対し、日本政府はアメリカ側の要求を受け入れ、貿易協議に応じ、懸案解決に努めてきた。

しかし、アメリカの対日貿易赤字は一向に減らない。「EUとの貿易不均衡は解消に向かっているのに何故だ」という疑問と怒りの声がワシントンで充満してきていた。そこで出てきたのが、先にも触れた「日本異質論」だった。「いくらアメリカ側で努力し、相手の市場開放を実現しても対日貿易赤字が減らないのは日本が異質な国だからだ。日本には構造的な問題があり、単に関税などの貿易障壁を取り除いても問題は解決しない。日本の構造を根本から変える必要がある」というのが「日本異質論」論者の主張であった。

表1　アメリカの貿易バランス

（単位：億ドル）

	1987年	1988年	1989年	1990年
対世界赤字	1,521	1,186	1,093	1,010
対日本	−564	−518	−491	−411
対 EC	−206	−91	+11	+61

出典：商務省統計。

まるでマッカーサーのＧＨＱが戻ってきたような勢いだった。一九八九年五月二五日、ちょうどスーパー三〇一条の決定を行った日にジョージ・ブッシュ大統領は声明を発出し、構造調整に関する事項について日本と交渉すると発表した。そのイニシャテイブはＳＩＩ（Structural Impediment Initiative）と名づけられたが、直訳すれば「構造障壁に関するイニシャテイブ」となり、あくまで日本の構造問題を障壁としてとらえ、その障壁を取り除こうというのである。これには私も驚いた。「おい、待ってくれよ。日本の構造だけが問題ではないだろう」と思わず叫び声を上げていた。そして、「アメリカの巨額の貿易赤字はアメリカ自身に責任がある。巨額の財政赤字、十分な貯蓄をせず、投資というか消費ばかりするから、貿易赤字になるのだ」と理屈の上での反発もあった。

ブッシュ政権の説明では、日本の構造問題そのものをスーパー三〇一条の対象とすべしとの意見が議会にあったが、そうした強硬意見を抑え、スーパー三〇一条の枠外と断った上で日本に構造問題に関する交渉を提案してきたとのことだった。

「それは、アメリカ内部の話でしょう」として米提案を蹴ることも検討したが、そうなるとアメリカ国内の対日強硬派が一段と勢いづき、構造問題を三〇一条の対象にすべしといった主張が俄然強まることが予想された。そこで日本側としては、構造問題を議論するのであれば、日米双方の問題を取り上げなくてはならないとし、「協議は双方通行」という逆提案を行った。これはアメリカとして予想していなかったようだったが、日本提案は理屈のある提案であり、さすがにアメリカも「ＮＯ」とは言えず、日本案を受け入れたのだった。

さらに日本側からは、構造問題は各々の国の国内問題であり、外国政府と「交渉する」ものではないこと、また、構造問題の解決が国際収支の大幅な改善に直ちにつながるものではないことの二点を強調し、米側も一応これに理解を示したのだった。

日本国内の抵抗勢力

こうして一九八九年の夏、日米構造協議が開始されることになった。最初の作業は、構造協議で何を取り上げるか、という問題だった。実際は、ここから交渉が始まっていた。アメリカ側は、準備周到、直ちに六項目の対日指摘事項を提示してきた。それらについてアメリカ側は、「何も目新しいものではない。これらの改革は『前川レポート』で指摘されてきたものだが、日本国内の抵抗勢力の反対で実現できていないのだ」と強調した。

「前川レポート」は一九八六年四月、前川春雄日本銀行総裁を座長とする国際協調のための経済構造調整研究会が当時の中曽根康弘総理に提出した報告書であり、構造改革に必要な項目と処方箋が取りまとめられていた。しかし、多くの問題は日本の長年の慣行に基づくものであり、また、利害関係が複雑に絡み合っているため、遅々として改革が前に進んでいない問題だった。

こうしてアメリカが指摘したのが以下の六項目だった。

①貯蓄・投資パターン（恒常的に貯蓄過多であり、経常黒字を生み出す結果となっている。国内の公共投資を増大すべきである）

②土地利用（土地利用の効率を高めることにより、土地と住宅の異常なまでに高い価格を改善すべきである）

③流通（流通面での構造的障壁が外国製品の参入を阻害している。特に大店法により大型ストアの出店が厳しく制限されており、是正が必要だ）

④価格メカニズム（日本は安い価格で輸出し、国内の価格は高止まり。日本製品でも海外で買う方が安い。こうした価格メカニズムを是正すべし）

⑤排他的取引慣行（日本国内の企業間取引は排他的であり、外国企業を含め、新規参入が困難だ。これも改めるべきだ）

⑥系列（日本の企業グループが新規参入の大きな障壁だ。これも是正すべし）

アメリカを攻めるべし

　これに対し、アメリカ側の構造問題を取り上げる作業は容易ではなかった。日本国内の各役所は、自分のところにアメリカからボールが飛んでこないようにするのが何よりの関心事であり、ボールが飛んできた場合でも、できるだけ傷口を小さくすることにしか関心はなかった。関係省庁の課長会議で私の方から「さあ、アメリカを攻める弾を考えましょう。言われっぱなしでは相手がますます図に乗ってくる。攻めが大事、攻める弾を考えましょう」と言っても、さっぱり反応がなかった。

　アメリカ最大の構造問題は貯蓄不足だ、というのは国際的にみても常識だった。ＯＥＣＤ（経済協力開発機構）の構造問題に関する報告書においても、アメリカについては、貯蓄不足による財政赤字が最大の構造問題だと指摘されていた。そこで、「アメリカの財政赤字、貯蓄不足を指摘しましょう」と関係省庁会議で提案してみたが、大蔵省は「この構造協議ではマクロ経済は取り扱わないことになっている」と言って、頑として首を縦に振らなかった。これでは勝負にならないと思い、危機意識を共にした通産省の河野博文課長と一緒になって、アメリカの財政問題を取り上げるべく内々の準備を始めたのだった。

　そして、本番の日米構造協議が始まり、アメリカ側の対日指摘事項を見ると、第一項目で日本の貯蓄過剰問題が提起されていた。「マクロ経済は取り扱わないと言っていたが、いったい、どうなっているのか」と問い詰めるべく、大蔵省の方を見ると、さすがにバツの悪そうな表情だった。そこでようやく外務省・通産省の共同ペーパーが日の目を見ることになった。

こうして日本側が提起したアメリカの構造問題は以下の七項目だった。

①貯蓄・投資パターン（アメリカの貯蓄不足こそ問題。巨額の財政赤字と貯蓄率の低下が経常収支の赤字を生み出しており、その是正が最も重要）
②企業の投資活動と生産力（アメリカ国内の生産能力を増大すべし。海外からの投資規制も問題）
③企業ビヘイビア（アメリカ企業は長期的視点にたった経営ではなく、近視眼的すぎる）
④政府規制（アメリカ政府の諸規制にはバイ・アメリカンなど国際貿易を阻害するものあり。各種の輸入制限措置も問題であり、撤回すべきだ）
⑤研究・開発（アメリカが競争力を強化するには、研究・開発にもっと力を入れるべし）
⑥輸出振興（アメリカの輸出振興努力は全く不十分）
⑦労働力の教育・訓練（アメリカの競争力強化には労働力の教育・訓練が不可欠）

この日本側指摘に共通していることはアメリカ企業の競争力不足であった。「十分な努力をしないで諸外国にもっとアメリカ製品を買えと言ってもダメだ」そんな強い思いが込められていた。

アメリカの焦りと苛立ち

構造協議の第一回会合は東京、第二回会合はワシントンで開かれたが、十分な議論が戦わされた感じではなかった。双方ともに指摘された構造問題について、現状の説明に時間がとられ、改革の方向性について議論するまでには至らなかった。このため、アメリカ側からは構造協議の進捗状況について焦りと苛立ちが聞こえてきた。アメリカ側からすれば、この構造協議は研究目的の専門家会合ではなく、「大きな構造改革の処方箋を書く」ための会合であり、議会に「対日問題で大きな変化が起きる」というメッセージを出す必要があった。ところが、日本側の説明ではそうした危機意識が全く共有されていないとして、日本側に強い不満を述べるようになっていた。一九九〇年四月には議会で第二回目のスーパー三〇一条の認定があり、「構造協議は失敗だ」といった評価となれば、対日構造問題をスーパー三〇一条の対象とせざるをえなくなる、というのがアメリカ政府関係者の共通した認識だった。

そして一九九〇年二月に東京で第三回会合が開かれた。アメリカ側は、日本の指摘した対米構造問題指摘事項について、率直に自らの問題点を認め、直ちに改善策に取り組む姿勢を示した。例えば、貯蓄不足と大幅財政赤字について、マル優に類似した制度の創設を打ち出し、財政赤字削減についてもグラム・ラドマン法の強化案など、具体的な改革案を提示した。正直言って、日本側指摘をこれだけ正面から受け止め、改革案を提示してくるという対応には驚いた。どうせ、日本側の指摘など二次的なものとして軽視するだろうと見ていたからだった。

これに対し、日本側の対応は非常に慎重で、米側から指摘された項目について、「特段、問題はない」とか、あるいは、「すでに具体的な対応策が講じられている」といった応答が多かった。多くの場合、構造問題を指摘された所管省庁からすれば、「問題がある」と認めることに抵抗感があった。日本では、役所は適宜適切に問題に対処しており、今、この時点では「問題がない」か、あるいは、「すでに対応策を講じており、今後とも引き続き適切に対処していく」というのが基本的な行動様式だった。

例えば、アメリカから指摘された「土地利用」について見ると、日本国内ではここ数年来、大都市地域の住宅・宅地促進対策、土地税制の総合的見直し、土地評価の適正化、借地・借家法の見直しなど種々の対策がすでに検討されてきている。そうした内容をアメリカ側が理解せず、直ちに具体的、かつ大胆な措置をとれと言われても、とても対応できるものではない、という思いが日本側関係者の間で強かった。

アメリカ行政府の責任者の多くはキャリア官僚ではなく、ポリテイカル・アポインティー（政治任命）である。彼ら（彼女ら）は、前の政権がやったことは間違いだったと批判するのは日常茶飯事であり、政策の継続性などには無頓着だった。一方、日本の役所にとっては、政策の継続性が何より大事であり、今までの政策が間違いだったなどと批判することは考えられないことだった。

これでは日米間で問題意識を共有することが不可能であり、アメリカ側が納得するような結果を出すことは至難だった。案の定、一九九〇年二月の第三回会合はアメリカの強い失望感が表明される場となった。「こんなことでは、とてもアメリカ議会を納得させることは出来ない。対日制裁は必至だ」というのがアメリカ側の一致した見解だった。

2　異例ずくめの日米首脳会談

「まるで開戦前夜」

構造協議第三回会合が終了した一九九〇年二月二三日の夜、突然、ブッシュ大統領から海部俊樹総理に電話がかかってきた。ブッシュ大統領は、この電話で、「今の日米関係は極めて厳しい。まるで開戦前夜の雰囲気がワシントンを覆っている。なんとか日米関係をマネージしなくてはならない」と強調した。そして、一週間後に日米首脳会談がパームスプリングスで開かれることになった。これは異例中の異例の出来事である。いくら緊密な同盟関係といっても、日本の場合、アメリカとの首脳会談はもっとも大事な外交行事である。通常は少なくとも一、二ヶ月かけて首脳会談の準備をするものであり、準備期間が一週間というのは前代未聞のことだった。

異例ずくめの首脳会談である。三月一日、アメリカ西海岸の保養地パームスプリングスの空港に海部総理一行が到着すると、空港にはブッシュ大統領自らが出迎えに来ていた。元首であるアメリカの大統領が日本の総理を空港で出迎えるなどということは考えられないことである。そこにアメリカ側の強い危機意識がにじみ出ていた。空港から会談場所になったカントリークラブに直行し、第一回の首脳会談を持ち、翌日の第二回目の首脳会談まで二人の首脳はじっくりと話しあった。ブッシュ大統領は、「自分は日米関係を大事に思っている。しかし、このまま放置すると日米関係は大変なことになる。アメリカ議会は爆発寸前で、もし構造協議やスーパー三〇一条案件で良い成果が出なければ、対日制裁措置を取らざるを得なくなる」と切々と訴えかけた。

パームスプリングスから帰国した海部総理は構造協議の進展と個別貿易問題の解決を内閣の最重要課題と位置づけ、総理が先頭に立って問題解決に取り組む決意を表明した。期限は四月二日、アメリカ議会がスーパー三〇一条の決定をする前のギリギリのタイミングだった。ちょうど一ヶ月しかない。この間にスーパー三〇一条関連の三案件の交渉を行い、それと並行して、本丸の構造協議で回答を出さなくてはいけなかった。

アメリカが指摘してきた対日六項目の構造問題は、長年、日本国内で改革の必要性が指摘されてきたが、既得権益が立ちふさがり、一向に改革されてこなかった問題だった。その回答を一ヶ月で出す作業である。しかもアメリカから見て「大いに進展があった」と評価されるものでなくてはならない。この不可能と思える作業をともかくスタート台に立たせたのは小沢自民党幹事長の豪腕だった。小沢さんは石原信雄官房副長官に対し、「自民党部会に報告する必要はない。政府の方で、この案で大丈夫、アメリカを納得させることが出来る、というものを作ってくれ。それを自分のところへ持ってきてくれたら、党の方は自分が処理する」と断言した。その場に私も同席したが、それは大変に頼もしい限りだった。日本のそれまでの政策決定プロセスといえば、各省庁、土地利用であれば建設省や農水省、大店法なら通産省が一義的に政策立案を行い、それを自民党の建設部会や商工部会に相談する。そこでは事業者の主張とのすり合わせも行われ、政府原案が大幅に弱まる、というのが通常のプロセスだった。自民党議員はまさに各部会で存在意義を発揮し、事業者の意見を汲み上げることで恩を売り、同時に役所にも顔を利かせるわけで、この部会プロセスは自民党議員が族議員として力を発揮する源泉だった。その部会プロセスをスキップしろ、というのだから、これは自民党内のクーデターだった。この後、何年か経って、小沢さんがバッシングを受けることになるが、こうした豪腕が多くの議員の恨みを買ったことが一因ではなかったかと思われる。しかし、この時は、この豪腕なくして前進は不可能だった。

構造協議の対日六項目について、まずは所管省庁で責任を持って処方箋を書いてくるように、という指示が閣議で各大臣に下された。そして、これも異例な政策決定プロセスであるが、各省の事務次官が石原官房副長官のところに処方箋を持参するという仕組みが出来上がった。石原官房副長官のスタッフのような形で私が同席し、各省庁の事務次官が持ってきた案文でアメリカ側を納得させることができるか否か判断し、何度も差し戻す作業が続いた。まさに戦後では初めての大改革、それが突貫作業で行われた。こうして、対日指摘事項のうち、高度の政治レベルでの判断が必要なものとして、公共投資の規模と大店法の取り扱いが残されたが、それ以外の事項、具体的には、土地利用、価格メカニズム、排他的取引慣行、系列などについては、これで十分と思える内容が固まってきた。

アメリカ流のプレゼン方法

一九九〇年三月半ば、日米間で作業状況のすり合わせを行うことになり、私がワシントンに出発しようとしたその日、日本経済新聞が「日本政府原案」なるものをすっぱ抜いてしまった。一大スクープである。しかも念のいったことに、「この案ではアメリカは不満足だろう」などという解説までついていた。「これは国賊ものだ」と怒りに震えたが、とにかくアメリカ側に日本案の説明をすることにし、予定通りワシントンに向かった。

私からは、「この日本側案は、総理の指示の下、前代未聞と言えるトップダウンの作業をしてまとめたものだ。公共投資と大店法の扱いはさらに検討中だが、その他は全てここに回答がある」と強調した。これに対し、ベーカー国務長官の補佐官ロバート・フォーバー氏が、「ヤブナカさん、しかし日本の新聞によれば、日本側でもこの内容では不十分だと考えているようだが」と言われてしまった。「それは全くの誤りだ」と熱をこめて反論し、フォーバー補佐官もこちらの勢いに問題解決の真剣度を見たようで、具体的な議論に入ってきた。

半日かけて、日本側が用意した案文を説明したが、フォーバー補佐官の反応は、「これではダメだ」だった。「なぜだ?」と聞くと、「日本案では、現状に問題はない、という表現が多すぎる。これでは日米間で構造協議をやる必要がなくなる。また、もう既に手を打っているという表現も散見される。そんな表現なら、アメリカ議会が、なるほど、よくやっていると評価するはずがない」というものだった。

このやりとりをする内に、中身が不十分というわけではなく、表現の仕方に問題があることがわかった。アメリカを納得させるには、まず、「問題があることを率直に認め」、続いて、「問題解決のため、こうした大胆な措置をとることにした」という書き方に改めなければいけない。その作業をフォーバー補佐官と二人で丸一日がかりで行った。出来上がった案文を見ると、中身を変えている訳ではないのに、まるで違った作品が出来上がったように思えた。なるほど、これがアメリカ流プレゼン方法なのかと妙に納得したのだった。

この私の訪米の際に、アメリカがスーパー三〇一条案件に指定したスーパー・コンピューターについての話し合いも行った。三月二三日、その日は金曜日だったが、USTRのオフィスで朝から会合を始めた。課長の私が首席交渉官であり、各省庁の実務者が揃っていたが、アメリカ側はこの陣容では決着するはずがないと踏んでいたようだった。何事も日米間では次官級、あるいは政治レベルでの話し合いをしないと問題が解決しないと見ていたようだった。そして、夕刻になり、アメリカ側はそわそわし始めた。週末で、早く家に帰らなくてはいけない、そんな雰囲気が伝わってきた。こちらとしては、冗談ではない。ブッシュ大統領が「開戦前夜」と言い、日本側も全力を挙げて問題解決に乗り出しているのに、週末だから早く家に帰ろうなどというのはもってのほかだ。そんな怒りがこみ上げてきた。どうも、こうした時は私の表情が一変するようで、「ふだんは温和なミスター・ヤブナカが怒っている」というのは衝撃だったようである。こうして日本側の本気度が先方に伝わり、相手も妥協点を見出す姿勢に転じてきた。この日米作業の結果、翌日の土曜日に最終合意に漕ぎ着けることができた。「日米合意」、その一報が、週末だったが、ブレント・スコウクロフト大統領補佐官を通じてブッシュ大統領に報告されたと聞き、日本側の真剣度も少しはアメリカ側に伝わったかと嬉しくなった。

最後の詰め

構造協議の取りまとめ作業はワシントンで四月二日から行われることになった。それまでの日米間の打ち合わせ作業でかなりの問題は整理され、残ったのが高度の政治案件とされた公共投資の規模と大店舗法の問題だった。

公共投資については、当初、大蔵省はこの構造協議では取り扱わないことでアメリカと了解があると言っていたが、何のことはない、アメリカ側は構造協議において最大の懸案事項としてガンガンと攻めてきていた。アメリカ側は、「貯蓄・投資バランスが日本では貯蓄過剰になっており、それが恒常的な経常収支の黒字を生んでいる、その処方箋は公共投資を大幅に拡大することだ」という考え方で一貫していた。日本の公共投資は過去一〇年間、横バイ状況にあり、国民総生産（GDP）比率では年々低下し、一〇％だったものが、七％台に低下していた。そこでアメリカ側はこの比率を一〇％に戻せと要求してきていた。大蔵省は、「この問題は自分たちで処理する」として外務省の介入は頑として認めなかった。

結果は、今後一〇年間で総額四三〇兆円という巨額の公共投資を行うこととなった。その前一〇年間の公共投資総額は二六〇兆円であり、その一・六五倍という巨額のコミットメントを行ったことになる。一九九〇年当時、日本の財政は極めて健全で、全体として黒字だった。それが今は世界一の財政赤字国になってしまったが、その始まりはこの構造協議でのコミットメントだった。「もっと違ったやり方があったのではないか。大蔵省のアメリカ財務省との信頼関係とは何だったのか」と大いに疑問に思ったものだった。もっとも、この時の四三〇兆円という巨額の公共投資のコミットメントが、アメリカ側に大きなインパクトを残したことは間違いなかった。

大店法の直接の問題はアメリカのおもちゃ企業、トイザラス社の対日進出だった。日本進出を図ろうとしたトイザラス社を待ち受けていたのが大店法だった。当時、日本の大型スーパーでも進出に一〇年はかかると言われていた。地元企業との調整が大きなハードルで、容易に地元の賛同が得られず、結果的に出店は延び延びとなり、計画から出店まで一〇年かかるのが普通だった。同じハードルがトイザラス社を待ち受けていたが、彼らが悠長に一〇年も待つはずはなかった。そこで駆け込んだのがアメリカ議会であり、その圧力を受けてアメリカ政府は日本に大店法の廃止を求めてきたのだった。しかし、通産省が大店法の廃止を約束する訳にはいかなかった。日本中の中小の商店は大型スーパーマーケットの出店に大反対であり、大店法の廃止はそうした多くの商店を敵に回すことになる。すったもんだのあげく、結局この問題は出店要請があれば一年以内に出店を可能にする、ということでとりあえずの決着を見た。

この二つの政治案件が解決したところで日米構造協議は峠を越した。ワシントン時間で四月三日の夜、日本では四月四日の朝だが、日米構造協議の結果について閣議了解を取る段取りとなっていて、総理以下、全ての閣僚が閣議室でワシントンからのゴーサインを待っていた。しかし、ここでもアメリカ側は最後の最後まで細かな表現にこだわり、この日は決着を見なかった。「申し訳ありません。いまだ最終合意には至りませんでした。延長戦に入りました」と私から石原官房副長官に電話連絡した。「いいよ、いいよ。ま、しっかりやってくれ」という落ち着いた石原副長官の声に救われた思いがした。

延長戦も激しいやり取りとなったが、四月五日の夜、ようやく日米双方の妥協点が見出され、総理官邸で待機中の石原官房副長官にすべての作業が完了しましたと報告した。一夜明けたワシントンでは、テレビや新聞が日米構造協議の模様をトップニュースで伝え、「日米経済協議の成功」を大きく報じていた。長い、長い、一ヶ月だった。

ニューヨーク・タイムズが日本の努力を素直に評価するとともに、日本が指摘したようにアメリカこそ財政赤字の削減や競争力の強化に努力すべきだと報じていたのには溜飲を下げる思いだった。

激しかった日米経済摩擦の総括

一九八〇年代半ばから一九九〇年まで、日米経済摩擦の最前線で仕事をし、北米第二課長の三年間は事務方の責任者として対米交渉に当たった。その当時は無我夢中だった。「日米経済摩擦が日本の直面する最大の外交課題だ」と言われた時代であり、連日のように新聞のトップを飾っていた。「アメリカ、日本に市場開放を要求」「アメリカ、日本に貿易制裁の脅し」といった形でアメリカからの対日圧力が報じられ、「日本、またアメリカに譲歩」「日本、アメリカの制裁に屈す」といったパターンが繰り返された。多くの日本人は「なんてアメリカは横暴なのだ」と怒ったはずであり、同時に「日本政府は情けない。いつもアメリカの圧力に負けてばかりだ」と政府への批判を強めたことと思う。

私自身は、アメリカにおいて対日批判が激しくなる状況をワシントンでつぶさに見てきていた。「来るべき日本との戦争」といったおどろおどろしいタイトルの本が出版され、日本に寛大だったアメリカは過去のものとなっていた。アメリカは一九五〇年代から日本の経済成長に力を貸してきた。常にアメリカ市場は日本に開放されており、日本からの輸出攻勢でアメリカ企業が次々と敗退していっても、「消費者にとって良いことだ」と言い、繊維産業を除いては、競争力で劣った産業を保護することはなかった。こうして、一九七〇年代にテレビ、ラジオなどの家電産業がアメリカから姿を消し、鉄鋼業も衰退していった。それでもアメリカ政府はアメリカの産業を保護する措置は取らなかった。せいぜいが、日本に対し輸出の自主規制を求めたくらいであった。

そうしたアメリカ政府の寛容な姿勢が本格的に変化したのは、一九八〇年代に入ってからである。一九八〇年代初めに工作機械や半導体といった産業の「コメ」までが日本企業の攻勢に悲鳴を上げ始めた。そして決定打となったのは自動車だった。日本が「コメは日本の文化だ」といって米の輸入自由化を拒否すると、アメリカは「自動車はアメリカの文化だ」と応じたことがある。まさにアメリカにおいて、自動車はアメリカ文化そのものだった。自動車メーカー、ビッグ3のGM、フォード、クライスラーはアメリカを代表する超優良企業だった。そのビッグ3の一角、クライスラーが倒産の憂き目にあった。すべては日本からの輸出攻勢によるものだった。少なくとも、アメリカ人はそう考えていた。これでは、アメリカも日本に甘い顔をしておれなくなった。このままだと、日本企業にアメリカは席巻されてしまう。そうした恐怖感がアメリカ人の間に湧きあがり、「Enough is enough」、「もう沢山だ、今こそ日本の攻勢にストップをかける時だ」という声がアメリカ中に拡大していった。その時のキーワードは「日本はアンフェアーだ」というものだった。「日本は自分ところの市場は閉じておいて、一方的にアメリカに略奪的な輸出攻勢を仕掛けてくる」という批判だった。アメリカ人は、自分たちがフェアーだと信じていて、他国との関係で貿易赤字になると、相手がアンフェアーだと決めつけることが多いが、日本に対しては、その思いが特に強かった。「何しろ、あのパールハーバーの日本だ」と急に太平洋戦争の開戦時、真珠湾攻撃の記憶まで蘇って来るから厄介だった。

アメリカからの対日批判に手を拱いていては、対日制裁が実施に移されるのは時間の問題だった。そうした時に対米経済交渉の担当者となったが、私の確固とした信念は、「アメリカ市場は日本経済にとり死活的に重要なものだ、だから、何とか制裁を回避し、関係をマネージしなくてはならない」というものだった。

その信念のもと、①アメリカ政府と向き合い、問題の解決に努める、②しかし、日本として譲れない原則はあり、それは断固守る必要がある、③また、アメリカとの交渉では一方的に防御姿勢で臨むのではなく、相手を責めることも大事だ、④その上で、問題解決のため、積極的な解決策を提示していく、そうした四つの交渉原則を持って、対米交渉に当たってきたつもりだった。果たして、そうした信念が現実の交渉でどれだけ生かされたか、厳しい歴史の審判を仰ぐしかないが、私自身は、ある程度は役割を果たせたのではないかと思っている。

対日戦略の参謀は誰か

その一方で、アメリカの対日戦略を振り返ると、違った様相も見えてくる。アメリカの中で対日交渉の最高の責任者として、全ての絵を描いた人がいたのかどうか、不明である。もちろん、アメリカの行政府全体を通して、日本問題に対し何か有効な手立てを打たねばならないという共通の理解はあったはずである。その日本問題とは、巨額の対日貿易赤字であり、その貿易赤字を縮小し、日米貿易関係をバランスの取れたものにする必要があるというのがアメリカの共通認識だったと思われる。

そうして対日戦略が練り上げられた。その中心はジェイムズ・ベーカー氏ではなかったかと推測する。レーガン政権において、大統領首席補佐官を務め、第二次レーガン政権では財務長官に就任した。そして一九八五年、第一弾の対日戦略が火蓋を切って落とされた。それがプラザ合意であり、衝撃的な円高の実現だった。一ドル二三五円だったものが、一年後には一ドル一五〇円台にまで円高が進行し、一気に日本製品の競争力は弱められた。もちろん、この円高を主導したのは財務長官のベーカー氏だった。

第二弾はバーゼル合意である。銀行関係者以外ではあまり大きな注目を集めなかったが、一九八八年、スイスにある国際決済銀行（ＢＩＳ）を舞台にまとめあげられたバーゼル合意は、銀行の自己資本比率に関する合意であり、総リスク資産の八％まで銀行の自己資本を高めることを要求するものだった。当時の日本の大手銀行の自己資本は二〜三％前後であり、このバーゼル合意により、日本の大手銀行は自己資本を大幅に引き上げざるを得なくなり、今までのように気前のいい融資ができなくなった。このバーゼル合意こそ金融面からの日本の構造改革だった。アメリカの研究者は日本企業が長期的な視野にたち、積極的な先行投資が可能なのは、同じ財閥グループの頂点に立つ大手銀行からの気前の良い融資のおかげだと断じていた。そこにメスを入れたのがバーゼル合意であり、まさに一九八八年バーゼル合意は対日戦略そのものではなかったかと思われる。そしてこのバーゼル合意を牽引したのもベーカー財務長官であった。

第三弾はもちろん、これまで見てきたスーパー三〇一条交渉をはじめとした対日市場開放要求であり、仕上げは日米構造協議だった。この時、ベーカー氏は国務長官としてアメリカ政府内で日米構造協議を総覧していた。とりわけ、公共投資の増大については大きな関心を示していたはずである。

このような重層的な対日戦略が見事に功を奏し、日本の競争力は大きく損なわれる結果となった。もっとも、当時は日々の交渉に追われ、そうした全体像というか鳥瞰図が見えなかった。日本国内でも、円高のメリットが指摘され、急に金持ちになったような気分になり、「ロックフェラーセンターが安く買える」「ペブルビーチのゴルフ場も安いものだ」とばかりにアメリカの不動産を買いまくり、アメリカ側から顰蹙を買っていた。今から思えば馬鹿げた話だが、「皇居だけでカリフォルニア州全土の価値がある」などということを誇らしげに言う人達がいたものである。

私自身としてみても、日本経済にとって良かれと思って交渉した結果が日本の競争力を弱めることにつながってしまったかと思うと、忸怩たる思いにかられることがある。もちろん、対米交渉の結果が日本経済を弱めたといった短絡的なことではなく、日本経済が「失われた一〇年」、いや二〇年、三〇年となったのは、その後の経済運営の失敗にあることは明らかであろう。そして、日米構造協議で実現した構造改革をさらに対象を広げて大胆に進めておけば、日本経済は力強く復活していたのかもしれないが、今となっては、これも後の祭りである。

第五章　ロンドン・ジュネーブ・東京・シカゴ――さまざまな仕事

1　国際戦略問題研究所（ＩＩＳＳ）の研究員として

『ミリタリー・バランス』の編集風景

一九九〇年の夏、日米経済関係が一段落し、ロンドンにある国際戦略問題研究所（ＩＩＳＳ）に研究員として赴任することになった。これは対米交渉で疲れ切った心身を癒すようにという栗山尚一次官の親心のようだった。このＩＩＳＳでの一年間は楽しかった。ＩＩＳＳは毎年、各国の軍事情報として世界で最も権威のある国際軍事年鑑、『ミリタリー・バランス』を公表しており、「すごく立派なところだろうな」と思って訪ねていった。地下鉄のコベント・ガーデンの駅を出て、『マイ・フェア・レディ』の舞台となった花売り娘もいそうなアーケードを抜け、地図を見ると、ここのはずという建物に辿りついた。しかし、そこはミュージカル『ミス・サイゴン』をやっている劇場である。「うーん、何処なのかな」とグルグル回っていると、その劇場の裏口にＩＩＳＳの札が掛かっていた。

「まさか」と思いつつ、入っていくと、まさにIISSの本部だった。四階建ての建物で、エレベーターもなく、私にあてがわれた机は四階にあった。薄暗い階段を登って行き、四階にたどりつき、ここがこれからの一年間を過ごすところか、と少し感慨に耽った。

さらに驚いたのは、『ミリタリー・バランス』を書いているのが、三階の小さな部屋にいるただ一人の研究員だということだった。一人で世界中の軍事専門家や政府関係者と連絡をとり、毎年、最新情報を取りまとめて公表していた。「うーん、これこそプロフェッショナルの仕事だな」と痛く感心したものだった。

ウインブルドン・テニスと湾岸戦争

私自身は、ここで一週間に一度、専門家を招待してのランチョン・ミーティングに出席し、会議が終われば、研究員が交代で皿洗いをする他は、好きな研究をすれば良かった。比較的多くの時間をウインブルドンにあった家で過ごし、午前中は『ニューヨーク・タイムズ』と『フィナンシャル・タイムズ』を読みこなし、午後は好きな本を読み漁るのが日課だった。宿舎は大使館の官舎であり、以前は次席公使が住んでいた家だったが、大使館に通うのが渋滞で大変とのことで、IISSの研究員が住むことになっていた。

そこはウインブルドンのセンターコートから歩いて五分のところにあり、日本のプレスの方から入場パスを回してもらい、ウインブルドンのテニスの試合を見に行けたのはラッキーだった。この年のウインブルドンは雨が多く、試合のないミッド・サンデイ、つまり真ん中の日曜日にウインブルドンの歴史上初めて試合が行われることになった。土曜日の夕刻にその発表があると、すぐさまチケットを求めて行列ができ始めた。普段は、センターコートなどは一般の客がチケットを購入するのが難しいが、この時は、早い者勝ちであり、若者が徹夜でチケットを求めて行列を始めたのである。しかも雨は降り続いていて、凄まじい光景だった。こちらは地の利を生かして、時々に様子を見に行っていたが、朝方二時ごろになると、行列がずいぶんと長くなってしまっていて、ついに行列に加わり、センターコートの切符をゲットすることが出来た。この年が最後となるジミー・コナーズの試合があり、練習を初めた時から、静かなウインブルドンではなく、まるでサッカー場のような雰囲気となり、楽しく、良い思い出だった。

しかし、この間に世界では大変なことが起きていた。湾岸戦争である。遠くロンドンの地から日本の混乱状況を眺めるだけだったが、巨額の資金拠出をしながら、小切手外交と蔑まれる様を見て、腹立たしく思ったものだった。確かに人的貢献が何か出来ていれば良かったが、無理を承知で「自衛隊を出せ」と要求し、日本が「自衛隊は出せません」と言うと、小切手外交と揶揄しながら巨額の資金を日本から出させるやり口は、まさにテキサス出身のベーカー国務長官だなと、腹立たしく思ったものだった。

2　ウルグアイ・ラウンド交渉

地球サミット（リオ・デジャネイロ）でのトラブル解決

このロンドン生活は一年で終わり、先にも書いたが、一九九一年七月、ジュネーブ代表部に転勤することになった。ジュネーブではウルグアイ・ラウンド交渉が山場に差しかかりつつあった。ジュネーブ代表部というのはジュネーブにあるいくつかの国際機関を担当する部署である。その代表部で最初はUNCTAD班を受け持った。ウルグアイ・ラウンド交渉はGATT班が担当であり、UNCTAD班は国連の経済開発を担当する地味な部署だった。このUNCTAD班長だったが、実際は宇川大使から「ウルグアイ・ラウンド交渉に専念してくれ」と言われ、館員が大使を怖がっているものだから、大使の相談相手のようなことをすることになった。

しかしUNCTAD班の関係で一つ、忘れられない仕事があった。それは一九九二年、リオ・デジャネイロで開催された地球サミットへの出張だった。当時、気候変動が今のように大きな問題となるとは予想していなかったが、本省から出張を命じられ、二週間、地球サミットに参加した。日本代表団が泊まったホテルは、あの有名なイパネマの海岸に面していたが、何のことはない、朝七時半に迎えのバスが来て、一時間以上かけて内陸に向かい、巨大なテントで出来上がったサミット会場で缶詰になる毎日だった。ここで唯一、仕事らしい仕事をしたのは最後の日だった。前夜、遅くまで細かな交渉をしていたが、最終日、朝九時にサミット会場に着くと、おかしな空気が漂っていた。もともと、日本の宮澤喜一総理がサミットに参加する予定だったが、国会日程でサミットに参加できなくなり、ビデオメッセージをサミット会場で流してもらう手筈になっていた。私自身はその担当ではなかったが、聞けば前日、モーリス・ストロング事務局長からビデオメッセージをサミット会場で流すことで了解を得ていたそうだった。しかし、当日になり、サミット会場でのスピーチは首脳本人が会場に来た時に限り認められ、どの国にもビデオメッセージを認めていない、したがって、日本を例外扱いすることはできず、「ビデオメッセージは認められない」と言われたようだった。

担当官に、「どうもビデオを流すのは無理みたいだね」と言っても、「東京が、本省が、とにかくビデオを流すよう、何とかしろ、と言ってきています」というばかりで、現場は完全に固まってしまっていた。本省からは、「総理のスピーチは絶対にサミット会場で流してもらえ」ときつい指示が来ているようだった。その本省も、官邸との関係でギャーギャーと、きついことを言っているだけで、どうおさめたら良いのか、知恵はないようだった。

仕方なく、直接の関係者でもなかったが、割り込んで処理に当たることにした。これはどう考えても会場でのビデオは無理だと判断せざるを得なかった。いくら前日に良いと言ったではないかと事務局長を責めてみてもラチが開かない。そこで出来ることといえば、「ブラジル大統領に頼み込み、大統領のスピーチの中で日本の総理からメッセージが届いていると言ってもらい、できれば少し内容を紹介してもらえればベスト。そして日本のスピーチ文は会場にコピーをおいておく」、そんな辺りかと判断し、ブラジル政府との交渉を駐ブラジル日本大使の村角泰大使にお願いした。すると、大使は直接、会場に来た大統領に掛け合ってくれ、見事に了承を取り付けてくださったのだった。温厚な方だったが、肩肘貼ることなく、粛々と動いてくださる立派な大使だった。東京には、これが限界だと伝え、一件落着、これが唯一、仕事らしい仕事だった。

「親しい友人」との真剣勝負

ジュネーブにもどると、意外な展開が待ち受けていた。アメリカのジュネーブUSTR大使としてルーファス・ヨークサがやってきていた。アメリカ下院の歳入委員会貿易主任スタッフだった、あのルーファスである。年格好もあって、僕の方が兄貴分のような付き合いだったが、今度はそのルーファスがアメリカの大使、こっちは日本代表部の公使、外交関係では自動的にカウンターパートが決まっていて、ルーファス・ヨークサ大使のカウンターパートは新任の遠藤實大使である。

とにかく、ルーファスに会うと、「あれ、マット（ワシントン時代、親しい友人の間では「Matt」が私の呼び名になっていた）は大使じゃないの？」と言われてしまった。いやはや、相手はアメリカの大使である。しかし、そこは本当に親しくなっていた間柄、すぐにワシントン時代の親友の関係に戻り、その後は、月に一度、ランチを二人だけですることになった。このランチでアメリカの本音を聞き取るのがジュネーブでの私の最大の仕事となった。ウルグアイ・ラウンド交渉に対するアメリカ政府の全般的な取り組み姿勢、米・EU交渉の現状、そして何より、日本がもっとも心配している農業交渉とコメの取り扱いについて、アメリカの本音を探り、それをまとめて本省に報告する。これを月に一度のペースでやると、アメリカの政策と取り組み姿勢がだいたい分かった。二人の関係で、ルーファスが嘘を言うことはない、その上で、今後の取り組み方針について、どこまで真意を探れるか、真剣勝負だった。

このやりとりを通じ、アメリカはコメについては即時の関税化（自由化）を最後まで要求するのではなく、ある程度のところで妥協する用意があることが見えてきた。これは日本にとって大きな情報だった。この頃、日本でウルグアイ・ラウンド交渉についての四極会合（日本、アメリカ、EU、カナダ）が開かれることになり、一時帰国したが、その折に農水省の次官になっていた京谷昭夫さんに呼ばれ、様々なジュネーブでの状況を報告したのだった。

コメの自由化問題は当時の日本では最大の政治案件であり、細川連立政権にとって極めて重大な決断を迫られる問題だった。国内には「コメの自由化絶対反対」というスローガンがある一方、国際的には農業の自由化圧力が強まっており、日本としても一定の覚悟が必要なことは明らかだった。しかし、直ちに完全な形で関税化をするわけにはいかなかった。そんなことをすれば農業団体からの反対にとどまらず、政権の屋台骨を揺るがし、おそらくは政権が潰れることになると見られていた。このコメ問題の対米交渉は国内では京谷次官が取り仕切り、実際の交渉は塩飽二郎農水審議官がアメリカのジョー・オメーラ交渉官と行ない、激しいやりとりの結果、即時自由化ではなく、六年間の猶予を認め、その間は消費量の四～八％を輸入することで合意が見られたのだった。ルーファス・ヨークサが示唆していた通りの展開となった。

この間のコメ自由化問題を詳しく綴った近未来政治小説、『決断！コメ・マフィアたちのXデー』が中央公論に掲載され（一九九三年一二月号）、その後、単行本にもなった。これは主要紙の名物記者が黒川小太郎というペンネームで書いたものだったが、これには大いに迷惑した。その政治小説は「一九九三年、まだ初秋だというのにジュネーブの空は雲が重く立ち込め、寒い雨の日が続いていた」という一文で始まり、「一台の車がレマン湖の東の端で止まった。中年の男が二人、車から降り、シオン城に消えた」と続き、その二人の男が小沢一郎と案内役の外交官だというのである。

「これ以上、決断の時期を先送りすることは日本の国益を損ねます、と案内役が追従した。二人は小沢がジュネーブに到着してから、ずっと、日本のコメ市場開放問題について話をしていた。小沢はずけずけとものを言うこの外交官を気に入っていた。この男がいるからジュネーブへ来たのであった。アメリカに人脈を持つこの外交官は、小沢が対米交渉を手掛けたときのいわば懐刀であった」と書かれていた。そして念のいったことに、注書で、この外交官は北米第二課長を務めたと書かれており、東京の関係者であれば、誰が読んでも私と分かる書き振りだった。

私は翌年の五月には帰国し、官房総務課長になったが、自民党本部などへ顔を出すと、「レマン湖の人」がきた、とからかわれ、大いに迷惑したものだった。実際は、小沢さんがレマン湖に来たこともなく、また、私が小沢さんにコメの自由化を強く進言したというのは事実と異なることだった。それにしても、「中年の男が二人」というのは怪しからぬ表現だった。

このウルグアイ・ラウンド交渉は一九九三年一二月に妥結した。八年越しの交渉で、農業問題のほか、サービス、知的財産権、紛争処理と新たな貿易関係を律するフレームワークが出来上がり、世界貿易機関（WTO）が晴れて誕生した。この交渉妥結を確認するため、一九九四年四月モロッコのマラケシュで閣僚会合が開かれることになり、ロジ責任者として現地で受け入れに当たったが、これがジュネーブ代表部での最後の仕事だった。

三年間、ジュネーブに滞在したが、ジュネーブでの懐かしい思い出のひとつは、緒方貞子さんとテニスをよくご一緒したことだった。緒方さんは国連難民高等弁務官としてジュネーブに滞在しておられたが、よくアフリカや中東の国々を飛びまわっておられた。ソマリアに行っておられる様子が日曜のテレビのニュースで紹介されていたと思っていると、月曜に電話がかかってきて、「今日の夜、テニスができますか」と言ってこられたりした。まさにスーパーレデイだった。緒方さんは学生時代にインカレに出られたそうで、本格派、こちらは自己流のテニスだったが、楽しくテニスを教えて頂いたのだった。

3　奔走する大臣官房総務課長

「なんでも屋」の面目躍如

一九九四年五月、ジュネーブから帰国して大臣官房総務課長に就任した。官房総務課長というのは、省内の右翼課長とされているが、なんでも屋であり、省内の調整、国会担当から情報管理、要人ロジとあらゆる種類の仕事をこなす部署だった。

総務課長になって最初に手掛けたのが、省内ＬＡＮの導入だった。私は機械音痴だが、それでも新しがり屋のところがあり、個人的にもパソコンを使い始めていた。そうした時に総務課の中に情報管理室があり、そこから上がってきた文書が目に止まった。それが省内ＬＡＮの導入案件だった。パラパラと文書を読んでみると、「①省内ＬＡＮを導入し、ペーパーレス化を目指す、②三人に一台の割合でパソコンを配備する、③対象は首席事務官以下とし、課長以上は対象外とする」というものだった。「なんだ、これは?」というのが私の反応で、情報管理室の室長を呼び、「どうして課長以上は対象外なのか」と質した。すると、「以前に幹部を対象としたネットワークを作ったが、誰も使わなかった。どうせ課長以上は使わないだろうと思い対象から外した」という説明だった。その場で私はその文書を却下し、①次官以下全員を対象とする、②一人に一台のパソコンを配り、完全なペーパーレス化を目指すようにと指示した。そして、導入の具体化を総務課長室で毎週月曜の朝に打ち合わせることとし、私が使えるようなものを作って欲しいと要求したのだった。感覚的に、一人一台でないと作業は進まず、また、幹部を含め、全員を対象としない限り、ペーパーレス化が進むはずがないと判断したからだった。

それからが大変だった。林貞行次官に、次官も研修を受けてくださいとお願いし、次官は快諾してくださったが、幹部連中で研修を受けない人が沢山いた。そこで一人ひとりに電話し、「なぜ研修を受けないのか。ぜひ受けてください」と頼み込んだのだった。研修は業者の方でシステムを作ってくれ、初級、中級といったクラスができたが、若い職員と一緒に参加した局長クラスから「あんな研修じゃ、わからんよ」と苦情が殺到した。確かに同じ初級といっても若い職員なら「ダブルクリック」と言われれば、すぐにできるが、五〇歳をすぎたアナログ幹部はとてもついていけないことが判明した。そこで幹部職員についてはマン・ツー・マンの研修体制に切り替え、とにかく例外を認めないようにした。こうして外務省のペーパーレス化、IT化は霞ヶ関の役所の中でも比較的早く進み、さらに在外公館との公電のやりとりもペーパーレス化が実現して行った。

官房総務課長としての日々の仕事は、まさに雑多な案件の処理だったが、林次官のところで週に一度、田中均総政局総務課長、鶴岡公二法規課長、鹿取克章報道課長に加わってもらって打ち合わせをすることにした。この狙いは、外務省の抱える諸懸案について自由闊達に議論し、次官の頭作りに供したいということだったが、役者揃いで活発なやりとりがあり、次官も喜んでおられた。

また、いま一つの会議として、外務省と通商産業省の課長クラスを集めた定例の昼食勉強会も企画した。同じ時期に親しくしていた林良造さんが通産省の官房総務課長になっていて、対外経済交渉で往々にしてライバル関係にある二つの役所の交流を図ろうと二人で企画したものだった。

忘れられない事件は一九九五年一月一七日に発生した阪神・淡路大震災だった。この時、多くの国から支援の手が差し伸べられたが、中でも大きな注目を集めたのはスイスからの災害救助犬の活躍である。この救助犬の受け入れに関しては、日本政府の対応が遅いとしてメディアから強烈な批判を浴びたが、その当事者が私だった。その間の実情は次の通りだった。一七日の夕刻にスイス政府から救助犬を派遣する用意があるとの連絡があり、直ちに警察庁、厚生省、兵庫県と連絡を取った。しかし、阪神地区では車の通行もできない状態であり、関係省庁も現状の把握が容易ではなかった。そうした中、関係省庁では救助犬に来てもらっても、実際の現場でどういった形で活躍してもらえるのか確たる見通しが立てられないとのことだったが、その日の夜中までに、とにかく救助犬にも来てもらおうとの結論を出し、在スイス大使館を通じ救助犬の派遣を依頼したのだった。そして一九日の朝には救助犬がスイスから日本に到着し、直ちに被災者支援に当たってくれたのだった。

結局、政府部内や兵庫県との間の連絡・調整に半日を要したが、「とにかく救助犬にも来てもらおう」という方向でかなり強引に調整した結果であり、スイスからの救助犬が二日後の一九日には現地で活躍を始めてくれたのである。そうした状況をどこまで把握してのことだったかは知らないが、「救助犬の受け入れに時間がかかったのは問題だ。担当の人の顔を見てみたい」などとテレビのニュース・アンカーが無責任に言うのを見て、録画ではなく、ライブで出演して説明したいと申し込んだが、実現はしなかった。

官房総務課長というのは海外出張もなく、外国との交渉ごととは縁遠い部署だった。そして二年が経ち、官房長から、あと一年、総括審議官をやって欲しいと頼まれた。総括審議官というのは、外務省では国会議員担当のポストである。また、一年、国内担当かと少しうんざりしながら引き受けたのだった。

エルサレムにて

この時代、湾岸戦争での苦い経験を踏まえ、国際平和協力隊が出来ていて、中東のゴラン高原ＰＫＯに日本からの自衛隊が参加していた。国会議員の多くがゴラン高原の視察に行っていると聞き、私自身も現地を見ておく必要があるという理由をつけて、一九九六年五月の連休に現地を訪問することにした。この時の出張が中東への最初の訪問であり、時間をかけてイスラエル、パレスティナのガザ、西岸地域、そしてゴラン高原と見て回ったが、これはその後の外交官人生で非常に貴重な経験となった。ガザを訪問した時の光景が忘れられない。きれいな服に着飾った少女が街の中で遊んでいた。その少し前までは銃弾が飛び交っていたところである。瞬時訪れた和平への希望の時代だったが、その後、中東和平交渉が頓挫し、今もパレスティナ難民の問題が解決を見ていないのは誠に残念なことである。

在ペルー大使公邸占拠事件

一九九六年一二月一七日の昼前だったが、かつての上司で元駐ペルー大使だった妹尾正毅さんから電話が入った。「薮中君、ペルーで大使公邸が占拠された。大変だよ」。すぐに担当の中南米第二課に電話すると、「いや、すぐに終わると思います」とのんびりした返事だった。しかし、一一時のNHKニュースをみると、「これはただ事ではない」と直感的に判断した。そして直ちに地下にあるオペレーション・センターに向かい、対策室を立ち上げた。これが翌年の四月二二日まで続く在ペルー大使公邸占拠事件対処の始まりだった。この日から三日三晩、徹夜の作業が続くこととなった。後から思うと、なんで総括審議官、つまり国会担当審議官の私がこの事件を仕切るのか、全く妙なことだったが、とにかく、一本の電話から、直感の命じるままに行動したのだった。

まず体制を立ち上げた。総政局と大臣官房を危機管理の中核とし、局長（川島裕総政局長、原口幸一官房長）、審議官、そして課長からなるチームを責任者とした。中南米局は地域班とし、現地情勢をフォローする、そして報道官組織を報道担当とした。直ちに会合を持ち、その日のうちに堀村隆彦中南米局審議官をペルーに派遣した。何しろ、大使以下、在ペルー大使館の主要館員はみな公邸内で拘束されていたから、現地で仕切る責任者を一刻も早く送る必要があった。それでも東京からだとペルーまで時間がかかる。そこでスペイン語の堪能な寺田輝介駐メキシコ大使、およびワシントンからも数名の館員を直ちに現地に向かってもらった。

そして池田行彦外務大臣のもとで毎朝、連絡会を開き、最新の状況を報告し、対処方針を確認する作業を行なった。もちろん、橋本龍太郎総理大臣への刻々の報告、国会への報告も手分けして行なった。何しろ、六〇〇人を超える人が人質になった事件である。しかも場所は我が日本大使公邸であり、天皇誕生日祝賀レセプションだったため、ペルー政府要人や多くの在留邦人が人質となっていた。

事件はツウパク・アマル革命運動（ＭＲＴＡ）が引き起こしたものであり、首謀者ネストル・セルパとの交渉にはミシェル・ミニグ赤十字国際委員会代表とファン・ルイス・シプリアーニ大司教が当たり、寺田輝介大使もオブザーバーとして参加した。赤十字国際委員会は世界各地で様々の事件が起きると、中立的な立場から調停し、問題解決に尽力する組織であり、毎日のように、この三人が公邸内に入って行く姿をテレビ映像で見ながら、祈るような気持ちで交渉を見守ったのだった。その間にも、ペルー政府は武力突入を検討しているのではないかといった話もあり、また、ペルーのフジモリ大統領がキューバのカストロ首相と会談し、キューバ政府が犯人グループ受け入れに積極姿勢を示すなど、国際的な展開も見せた。

結局、この事件は一九九七年四月二二日、ペルー政府の突入作戦で終結を見た。ペルー政府関係者で三名の殉職者が出たが、その他の人質が無事解放された。ペルー政府はずいぶんと早い段階から突入作戦を計画していたようだったが、極めて危険な作戦計画であり、日本政府は突入作戦を避けるように何度も申し込んでいた。結局、最後はフジモリ大統領が突入を独自で決断したが、日本人の人質に犠牲者は出ず、奇跡的な作戦成功だった。

この作戦計画が終了し、無事解放された青木盛久大使は元気な様子で、そのまま、記者会見を行なうことになった。その際の記者会見のやりとりをめぐって、国内でかなり批判が出てしまった。いくら元気そうに見えても、四ヶ月に及ぶ人質生活、しかも日本側の責任者として極度の緊張状態にあった大使をすぐに記者会見の場に出すべきではなかった。その辺りを十分考慮し、対応すべきであった。

これは私を含め、東京側の失敗であり、反省点だった。

4　アジア大洋州局審議官として

日中・日韓漁業協定交渉

一九九七年八月、大臣官房を卒業し、アジア局に異動した。ここでの仕事は、もっぱら漁業協定に関する交渉で、相手は中国と韓国だった。アジア局の局長は阿南惟茂さんだったが、この人は細かなことに拘らない立派な人で、漁業協定に関する交渉は完全に任せてくれていた。前任から引継いだ時、分厚いファイルを手渡されたが、世界各地での海洋法に関する交渉記録が網羅されていた。しかし、一言で言えば、日韓交渉は竹島の問題があり、解決不可能ということだった。「そうであれば役に立たないな」と思い、引き継いだファイルは一度も開かずじまいだった。

この時代になぜ漁業協定に関する交渉が懸案になっていたかと言うと、国連海洋法条約が一九九四年に発効したからだった。この国連海洋法条約によって、二〇〇海里までの水域が排他的経済水域として創設されることになり、沿岸国は漁業や天然資源の開発の主権的権利を持つことになった。この条約の成立に伴い、日本政府は新たな漁業協定の成立を目指すことになり、中国及び韓国との交渉を開始していた。日本の漁業関係者の強く、切実な要望は、日本の漁民だけが漁獲できる水域をできるだけ広く確保して欲しい、ということだった。というのも、中国や韓国の漁船が日本の沿岸までわがもの顔で押し寄せ、乱獲していくことで大きな被害を受けていたからだった。

従来は、領海一二海里についてのみ、沿岸国が排他的な漁業権を持っているだけであり、その当時の漁業協定もその規定を反映していた。せっかく出来た国連海洋法条約であり、何とか日本の漁船だけが就業できる範囲を広げて欲しいというのは実に切実な漁民の願いであった。しかし、日本と中国との間には尖閣諸島があり、日本と韓国との間には竹島があって、日中、日韓それぞれが領有権を主張しているため、新しい漁業協定を結ぶのは容易ではなかった。むしろ、不可能だろうと思われていた。実際、私が担当し始めてからも、一応、協議はするが、すぐに島の領有権で対立してしまい、交渉は暗礁に乗り上げたものだった。

ところが、最初に日中交渉で動きが出た。一九九七年の初めから、日中両国の間では国連海洋法条約の発効に伴い、新たな海洋のルールを作るべきだという原則論では合意を見ていた。当時は、中国も国際的なルールを遵守する姿勢を見せており、話し合いには乗ってきていた。しかし、各論に入ると、まずぶつかったのが大陸棚の自然延長論だった。国連海洋法条約には、大陸棚を有する場合は三五〇海里まで延伸を主張できるという定めがあるが、中国側は沖縄トラフまで大陸棚が伸びているので、そこまでは中国側の権利が及ぶといった主張をしていた。そうなれば、東シナ海は全て中国側の水域となってしまう。これに対し日本側は、二つの国が面している時には、中間線で境界を確定するのが国際的な常識だと主張し、お互いの主張は噛み合わないままであった。

「今朝から六十四に変わりました」

その中国側が動き始めた。その裏にどういう計算があったのか、必ずしも定かではない。おそらく、中国側としては、「日本との関係を前に進めよう。そのため東シナ海を安定的なものにしておこう」という考え方があったのかもしれない。とにかく巡ってきたチャンスは逃さず、だった。日本側としては、尖閣諸島は日本固有の領土であり、日本が有効に支配している。したがって、尖閣諸島について領土問題は存在しない。その原則は守りつつ、東シナ海において領海基線からできるだけ幅広い水域を日本側だけが漁業できる水域として確保しておきたかった。

そこで浮上したのが、北緯二七度以北の水域において日中間で漁業資源の管理につき一定の合意を達成し、二七度以南の水域では日中両国が各々独自で適切な管理を行うという仕組みだった。これは二七度以南の水域には尖閣諸島や台湾が位置しており、日中間において漁業の協定で処理するには無理があったためである。

そこで、北緯二七度以北の水域について、各々の沿岸から一定距離を排他的に漁獲できる水域とし、それより先は暫定措置水域とすること、暫定措置水域では、各々の国が自国の漁船を管理し、水産資源の適切な管理を行うこととした。そこで領海基線から何海里を沿岸国のみの漁業水域とするかが交渉の大きなポイントとなった。日本としては「できるだけ広い水域を確保したい」との考え方から九六海里を主張、逆に中国はできるだけ狭くしたいとして一二海里を主張し、交渉が始まった。

中国側の実務責任者は外交部の条約局長だったが、真面目そのものの顔つきで、冗談ひとつ言わない人だった。ところが、ある日、突然といった感じで「中国が大きく譲歩しましょう。日本側団長の薮中さんに敬意を表して、お名前の通り三十二で合意しましょう」と切り出してきた。正直、これには驚いた。およそ、冗談とか洒落とは縁遠い感じの相手だっただけに、まさかこちらの名前、「三十二」に引っ掛けて提案してくるとは思わなかった。瞬時のことだったが、「さて、どうするか」と頭を巡らした。言われっぱなしだと、負けである。そして三二海里など問題外だった。そこで、仕方なく、「あっ、ご存知なかったですか？私の名前は今朝から六十四（ムトシ）に変わったのですが」と切り返したのだった。中国側も黙っていなくて、「えっ、そうですか？何か証明書がありますか」と言ってきた。ま、こうしたやりとりになれば、交渉も前に進み始める。結局、この数字は足して二で割る形で決着した。

焦り始めた韓国

日中漁業協定交渉がまとまったことは韓国政府にとって大きな驚きだったようで、韓国政府は日本との漁業協定交渉に初めて関心を示し始めた。というのも、日中が合意した暫定水域の北端は韓国の排他的経済水域とも隣接する水域だったからである。また、国際的に適切な資源管理を求められており、韓国だけが国連海洋法条約の枠外に置かれることは決して望ましいことではなかったはずである。

しかし、双方が領有権を主張している竹島は両国が調整すべき水域の真ん中にあり、日本にとっては竹島と鬱陵島の中間が境界線となり、韓国にとっては竹島（韓国名では独島）と隠岐諸島との中間が境界線となる。この方程式が解けない限り、解決の糸口すらなかった。そして、日韓双方は竹島について一歩も譲れないのは明白だった。

日本の漁民としては、何とか日本だけが漁業できる水域を広く確保し、日本の沿岸から韓国船を追い出してほしいと強く願っていた。そして、韓国側においても、新たな漁業協定に意欲を示し始めていた。そこで韓国側の代表と二人きりで話をしている時に、「竹島の周りは領海のみとし、お互いに排他的経済水域は主張しないことにしてはどうか」というアイデアが閃いた。そうすれば竹島を含む水域を暫定水域とすることが可能となる。すると、韓国の代表から「その領海は日韓どちらの水域になるのか?」と質してきた。私の相手方は日本語も堪能で、日本文化にも精通していた。そこで私は、映画の寅さんじゃないが、「それを聞いちゃおしまいだよ」と応じたのだった。このやりとりで、「これは脈があるな」と感じた。

日本にとっては、沿岸からかなり広い水域を日本漁船が独占的に操業できる水域として確保し、韓国漁船が入ってこないようにすることが本交渉の主要命題であり、同時に竹島については領土に関する主張について一切影響を及ぼすことがないようにする必要があった。「竹島については排他的経済水域をお互いに主張しない」というアイデアは、この日本の立場を満たすものだった。韓国側にとっても、少しでも独島で譲ったと見られるような内容は国内的に自殺行為だったが、ギリギリ、国内説明が可能と判断したようであり、このアイデアが問題解決の切り札となった。あとは暫定水域をめぐる地理的範囲の調整だけとなった。

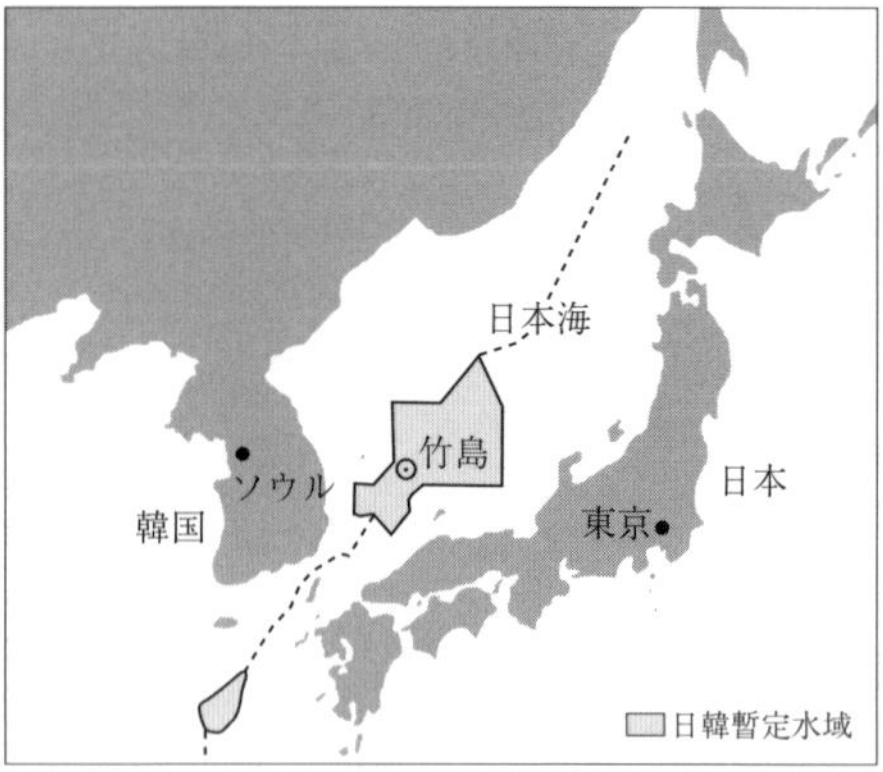

図２　1998年日韓漁業協定

出典：筆者作成。

ところが交渉には紆余曲折がつきものである。第一の関門は一九九七年一一月、最終的に交渉をまとめるべく高村正彦政務次官とソウルへ出向いた時のことだった。韓国の柳明桓外交部長官がにこやかに高村政務次官を迎えながら、「自分が外国出張しており、今回の合意について承知していなかった。少し考えさせて欲しいことがあるのだが」と発言し始めた。これは大変な事態となる、ガラス細工のように積み上げてきた合意案、とりわけ問題解決の切り札案がチャレンジされると全てが壊れてしまうと焦った。

韓国の外交部長官からの発言であり、むげに扱うのも外交上は非礼だと思ったのであろう、日本側の駐韓大使が「長官のご指摘だから、少し……」と言い始めた。これに対し、思わず大声で私は叫んでいた。「いや、これは私が交渉してきたことなので、黙っておいて……」。もちろん、この大使は私よりもずいぶんと先輩の立派な大使だった。この私の発言で長官室は凍りついてしまった。韓国は儒教社会であり、年長者を敬い、礼節を重んじる社会である。そうした社会風習からすれば、外務省の大先輩の発言を激しく遮る、何と無礼な男だ、と思われたに違いない。しかし、ここは勝負どころだった。少しでも揺れたら合意の肝が壊れてしまうわけで、「検討」を約束してしまっては収拾がつかなくなる。おそらく合意そのものが壊れてしまったことだろう。結局、私の無礼な勢いがその場を制してしまった。そして無事、最終合意が確認されたのだった。

その後、高村さんからは「この人は、大阪は河内の生まれで、怖いんだよ」とよく言われたものだった。

「間を置く」という政治手法

第二の関門は日本国内だった。外務大臣が小渕恵三さんで、総理に就任することが決まっていた。その小渕外務大臣に報告すると、「せっかくだが、まずは、今の日韓漁業協定を破棄することにした」と言われてしまった。これは青天の霹靂だった。日本国内には現行の漁業協定に不満を持っている議員が多かったが、今回の合意は日本の漁業関係者から評価されるはずのものだった。それが協定破棄というのだから信じられなかった。しかし、小渕大臣は、「もう決まったことだから」とつれなかった。そして小渕大臣自らが年末に訪韓すると言われた。本当に訪韓して、協定破棄を韓国側に通告するなどということがあるのか、半信半疑だったが、小渕大臣は訪韓し、淡々と破棄通告を韓国側に伝えたのだった。

もっとも、破棄通告をしても一年間は現行協定が有効だったので、その一年間に改めて交渉することは可能だった。しかし、せっかく日韓でまとめたものを再交渉するといっても格好がつかなかった。

なんと韓国側に説明すれば良いのか、こちらの立場を考えて欲しいものだと大いに憤慨したのだった。

自民党で現行協定破棄を強く主張し、推進したのが佐藤孝行議員だった。自民党の漁業小委員長を兼ね、党内で大きな発言力を持っていた。ところが年を越し、春になって、その佐藤議員から会いたいと言ってこられた。どういうことになっているのか、首を振りながら佐藤議員と話しをすると、なかなかに見識のある方だった。私の方から、これまでの韓国側との交渉経過を説明し、今の合意案は日本にとって十分有利なものだと主張した。すると、「よし、わかった。薮中さん、よろしく頼む」と言われ、それからは、二人で韓国に出張し、また、日本国内で調整をするといった作業が続けられることとなった。

佐藤議員と二人だけで出張するというのは、どうにも不思議な展開だったが、意外と違和感がなかった。釜山に行き、韓国側の有力議員と会談する。そしてソウルに乗り込み、さらに話し合いを続けた。この作業は、前年末に達成した日韓合意の枠組みを基本的に維持しつつ、暫定水域の幅について若干の見直しを行うというものだった。この交渉が一九九八年九月に完了し、佐藤議員とともに金大中大統領に面談し、日韓漁業協定の妥結を伝えたのだった。その最終案は、暫定水域の形は少し変わったが、一年前の合意と基本的には変わらないものだったが、自民党水産部会はすんなりと了承し、一年前の破棄通告が嘘のようであった。要するに、小渕流、「間を置く」という自民党内の高度の政治手法だったようである。いったんは憤慨したが、これも一つの知恵だな、と納得したのだった。

一九九八年一〇月、金大中大統領が訪日し、小渕総理大臣との間で日韓共同宣言が発出された。二一世紀に向けた新たな日韓パートナーシップという副題が示すとおり、この日韓共同宣言は日韓関係の基本を律する極めて格調の高く、内容のある文書だった。この文書作成作業は日本側では阿南惟茂アジア局長と佐々江賢一郎北東アジア課長が中心になって進められたが、①小渕総理が過去の一時期、日本が韓国国民に対し植民地支配により多大の損害と苦痛を与えたことにつき、痛切な反省と心からのお詫びを述べ、②金大中大統領は戦後、日本が国際社会で果たしてきた役割を高く評価し、③今後、日韓両国は二一世紀に向けた新たな日韓パートナーシップを構築していくことで合意した、というのが共同宣言のポイントであり、日本が過去へのお詫びを述べる一方、韓国側が日本の果たしてきた役割を評価するというのは韓国の政治家として勇気のいることであった。また、この共同宣言において、日韓漁業協定交渉が基本合意に達したことを心から歓迎するという記述があり、これまでの努力が報いられた思いがしたのだった。

今日、日韓関係が極めて厳しい状況にあるが、今一度、一九九八年の時代に立ち戻り、共同宣言の精神を引き継げば新たな道を開くことができるはずである。そのためには日韓双方において、小渕総理、金大中大統領が示したステーツマンシップが求められることは言うまでもない。この日韓関係については、本書でさらに深く考えていくことにしたい。

5　シカゴ総領事の仕事

小渕総理の訪米対応

アジア局で日中、日韓漁業協定交渉をまとめ上げ、一九九八年一一月、シカゴに赴任することになった。この時代、アメリカの総領事ポストは割合に人気があった。ただ、一番の人気はサンフランシスコやロサンゼルスといった気候の良いところであり、シカゴは冬が長く、寒いのでそれほどでもなかった。しかし、空き具合もあり、官房長からシカゴはどうかと言われたときは、二つ返事でお受けした。そしてこのシカゴの寒い冬を四度も経験することになった。

アメリカの総領事ポストというのは、アメリカ政府と交渉するわけではなく、また、領事事務はきちんとこなしてくれるスタッフが揃っていて、比較的、気楽なものである。どうせまた、本省に戻れば局長として厳しい仕事が待ち受けているので、英気を養い、見聞を広げておけ、そんな風に受けとめられていた。私自身も、総領事の仕事といえば、館内をとりまとめ、シカゴ近隣の在留邦人とのお付き合いのほかは、大学はじめ各地に出向いて講演し、アメリカ人の間でできるだけ多く日本のファンを作ることだと割り切っていた。

ところが、着任して半年目の一九九九年五月に大イベントが転がり込んできた。小渕恵三総理の訪米であり、なんとシカゴに二泊もされることになった。総理の訪問となると、受け入れが大変である。

大使館であればスタッフも揃っていて、要人訪問も慣れているし、日程も首脳会談や公式晩餐会などと相場が決まっている。ところが、シカゴ訪問については白紙に絵を書くようなものだった。

まずは日程案を考えなくてはいけない。そこで浮かんだのは、シカゴ・マーカンタイル取引所を訪問しベルを鳴らす、リグレイフィールズ球場での始球式、そしてミシガン湖クルーズだった。そうして準備を進めるうちに大きな問題が浮上した。総理がシカゴに来る五月一日は、まだとても寒く、屋外での行事は危険を伴うということだった。何しろ初めて迎える春である。五月だから屋外でも問題はないだろうと思い込んでいたが、シカゴをよく知る人々から、「いや、総領事、結構寒いかもしれませんよ」という声が数多く聞こえてきた。しかし、もう汽車は出発していた。今更日程を変更できない。そこで四月に入ってからの一ヶ月は、冗談のようだが、ひたすら好天気をお祈りするばかりだった。

東京からは、「メジャーリーグでの始球式はぜひやりたい」と言ってきていたが、そのうちに総理秘書官が心配し始め、「ワンバウンドになると政局になりかねない」などと言い、マウンドではなく、スタンドからボールを投げ込むのはどうかと聞いてきた。「そんなことは聞いたことがない」と投げ返し、結局、マウンドからの始球式となった。シカゴ・カブズのオーナーは新聞社のシカゴ・トリビューン社だったので、トリビューン社の会長に協力を要請に行った。先方は快く全面協力を約束してくれた。しかし、こうなると東京からの注文が多くなり、「キャッチャーは前年のホームラン王サミー・ソーサにしてくれ」と言ってきた。「よく言うなあ」と思いつつ、トリビューン社の会長に頼むと、先方も「サミーがキャッチャー?」と驚きながら、ＯＫしてくれた。

幸い、総理のシカゴ訪問の日は快晴となった。お祈りが効いたのだ。そして始球式になったが、総理は日本にいる時からキャッチボールに余念がなかったらしく、シカゴ入りしてからも球場でキャッチボールに励んでおられた。そして、いざグラウンドに向かおうとした時、私から「総理、空に向かって投げると良いそうです」とアドバイスをした。これには、せっかく練習してきた総理だけに、一瞬ムッとしたような表情をされた。しかし、これはトリビューン社の会長からのアドバイスだった。大学時代、野球選手だったブッシュ大統領がマウンドから全力投球するとワンバウンドしたらしく、「マウンドが高いので空に向かって投げるのがちょうど良い」というアドバイスだった。何しろ、『ワンバウンドすると政局になりかねない」などと心配していた官邸であり、多少、機嫌を損ねても致し方なかった。そしてサミー・ソーサには、ノーバウンドで捕球してくれと念押ししたのだった。

いざ、総理の始球式、マウンドから空に向かっての山なりのボールが投げられた。そしてサミー・ソーサはホームベースから一歩前に出て捕球し、見事ノーバウンドでの投球となった。ご機嫌の小渕総理はグラウンドで観客に向かってスピーチをすると言い出され、「シカゴは私のお気に入りの街」(Chicago is my kind of town)とフランク・シナトラの歌を引用してのスピーチ、これには場内もやんやの喝采だった。

シカゴでのもう一つ大きな行事は、シカゴ・マーカンタイル取引所を訪問し、ベルを鳴らすことだった。シカゴ・マーカンタイル取引所はアメリカの先物取引の先駆者であり、この先物取引を始めたのがレオ・メラメッド理事長だった。著書『エスケープ・トゥー・ザ・フューチャーズ』で述べているが、メラメッドさんは八歳の時にシベリア鉄道でウラジオストックに向かった。それを可能にしたのが杉原ビザだったのだ。第二次世界大戦中、リトアニアのカナウス領事館に赴任していた杉原千畝領事がユダヤ系避難民の多くに発給した命のビザはよく知られているが、その命のビザの発給を受けた一組がメラメッド一家であり、一家はナチから逃れ、日本を経由してアメリカに向かったのだった。その話をメラメッドさんは小渕総理に説明し、さらに、先物取引のアイデアは大阪堂島の米市場だったことも明かし、日本には殊のほかお世話になったとお礼を言われたのだった。

地元の子供達との交流

この小渕総理をオヘア空港で出迎えてくれたのがラングストン・ヒューズ小・中学校の生徒たちだった。この学校との出会いは総領事館主催で日本語コンテストをした時のことである。日本語コンテストに出てくる学校は、イリノイ大学附属中学校といった名門の学校が多かった。その中に数人、全員が黒人の小・中学生がいた。館員にどこの学校かと聞いても分からなかったが、調べて見るとシカゴ市立ラングストン・ヒューズ小・中学校だった。「ふーん、市立の学校で日本語を教えているのかだ」と興味を持ち、学校を訪問することにした。その学校は市内にあり、周りは一見して低所得住宅という感じだった。そこでお会いしたジョーンズ校長は黒人の大柄な女性だった。

「ジョーンズ校長、どうして日本語を生徒たちに教えることにしたのですか?」

「生徒に規律を教えたかった。日本人は規律正しいと思い、日本語を教えることで規律も教えられるかもしれないと思ったのです」

「毎日、全員の生徒に日本語を教える、というのは本当ですか？」

「はい、そうです。生徒たちも喜んで日本語を勉強しています。規律といえば、生徒たちの置かれた環境はとても厳しいものです。生徒の家の九五％は貧困家庭、七五％はシングル・ペアレント（大抵はシングル・マザー）、そして夏休みが終わり、九月からの新学期に戻ってくる生徒は五〇％、そんな厳しい環境なのです。夜中に家を逃げ出して学校に来る子もいます」

この日は晴れ着でやってきていて、歌や踊りで歓迎してくれた。その楽しそうな様子からは、そうした厳しい環境から学校に通ってきているようには見えなかった。しかし、校長先生の話からは過酷な生活環境が伝わってきた。このラングストン・ヒューズ小・中学校の生徒五〇人が小渕総理をオヘア空港で出迎えてくれたのだった。

その後、総理がシカゴにやってきた五月一日をラングストン・ヒューズ小・中学校と総領事館との交流の日と決め、何度も学校を訪問した。また、小沢一郎議員がシカゴにやってこられ、お亡くなりになった小渕総理の夫人からラングストン・ヒューズ小・中学校の話を聞いたので、自分も訪問してみたいと言われた。これが縁で、小沢議員がこの学校の生徒たちを日本に招待したいと言いだされた。これは、この町始まって以来の出来事だった。ほとんどの人が、シカゴすら出たことがない地域である。それが一足飛びに生徒達が日本に行くことになる、これは大ニュースだった。実際に日本に行くことになった日にはシカゴ・トリビューンが大きく報じたほどだった。この日本への招待は一〇年以上も続くことになった。

今日、「Black Lives Matter」（黒人の命は大事だ）がアメリカで大きなうねりとなっているが、黒人の子供たちを取り巻く生活、教育環境はおそらく二〇年前とそうは変わっていないのではないだろうか。あの時の子供たちはどうなっただろうか、「医者になりたい」「野球選手になりたい」夢を嬉しそうに話してくれた子供たちはどうなっているだろうか、「Black Lives Matter」の報道があるたびに、子供たちのことを思い出している。

アメリカ同時多発テロ事件

シカゴで経験した大事件が、二〇〇一年九月一一日のアメリカ同時多発テロ事件だった。この日の朝、私はカンサス州ウイチタで開かれていた日本・米国中西部会に出席していた。この中西部会というのは日本とアメリカの財界人会議の中でも、最も活発な会合で、日本から多くの財界人が来られていた。アメリカ側からは日本からの投資を歓迎する中西部の州知事が多く参加していた。この朝、テレビに釘付けになった。航空機がニューヨークのワールドトレードセンター・ビルに激突する瞬間だった。急いでロビーに降りて行った。今朝が中西部会会合の最終日で、カンサス州の知事がロビーにいた。私は知事に「すぐにも会合を終了した方がいいのではないですか」と言ってみたが、知事は冷静に「今、情報を集めているところで、その状況を少し見ましょう」と応じ、結局、午前中の会議を少し短縮して中西部会は終了した。

この朝、全米の空港は午後四時まで閉鎖するとの発表があった。そしてテレビを見ると、ニューヨークに次いで、シカゴのシアーズ・タワーもテロ攻撃の対象候補になっていると報じられていた。これは、まずい。午後四時に空港が再開する保証はない。ウイチタからシカゴまで、車で行くと一〇時間以上はかかるとのことだったが、止むを得ない、ここは車で帰ろうと判断した。アメリカは広い。カンサス総領事館の車を借りてアイオアまで行き、そこにシカゴ総領事館の車を呼ぶことにした。昼前にウイチタを出て、アイオアシテイで車を乗り換え、シカゴに着いた時には、時計の針は夜の一〇時を回っていた。幸い、シアーズ・タワーが攻撃に遭うこともなかったが、全米の空港が再開されたのは四日後の金曜だった。翌日から、中西部会に出席されていた財界の方々が車でシカゴにやって来られ、総領事公邸がにわかレストランになったのだった。

シカゴでの文化活動

シカゴ在勤時には多くの大学に出かけてスピーチを行なった。アメリカの大学ではスポーツ行事が大きなイベントであり、大学にとっては資金集めのための重要行事だった。そこで金曜日に大学でのスピーチに出かけ、土曜日にはスポーツ行事を観戦することもあった。二〇〇〇年一一月一七日、インデイアナ州パデユー大学に出かけ、スピーチを行い、翌一八日の土曜日、パデユー大学がローズボール出場を賭けてインデイアナ大学と戦うというカレッジ・フットボールの大一番を観戦することになった。ローズボールというのはアメリカで最も伝統のあるボールゲームであり、全米中の最も成績の良かった大学チームが戦うゲームの一つだった。この試合の前に「総長主催朝食会」があり、多額の寄付をした卒業生に加えて、インディアナ州知事や上院議員、下院議員など政治家も数多く参加していた。ここで総長が来賓紹介を行い、知事の次に、「日本からのゲストが来ている、総領事のMr. Yabunakaです」と紹介されたのには驚いてしまった。この試合、パデュー大学が勝利し、ローズボールに出場したが、これは大学だけではなくインディアナ州挙げてのビッグ・ニュースだった。

シカゴ在勤で思い出深かったことに、シカゴ日本人商工会の方々とのお付き合いとさまざまの文化活動もあった。シカゴ駐在のビジネスマンの方が中心のシカゴ日本人商工会は地域の文化活動や厚生施設に寄付をしたりしているが、その活動を支えるため、新年会に日本から有名人に来てもらっていた。それが縁で毎年、シカゴに来てくださったのが桂三枝師匠（現在の桂文枝師匠）だった。初めてお会いした時、師匠は卓球が大好きだ、という話になり、総領事公邸の屋根裏に古い卓球台があったので、そこでお手合わせをすることになった。師匠は、「愛ちゃんとしたこともありますねん」と自慢げに言われ、卓球が始まったが、私の悪い癖で、真剣勝負をしてしまい、お客様の師匠を破ってしまった。

翌年、師匠がシカゴに来られると、「まずは卓球をやりましょ」ということになった。師匠は真剣で、見事に打ち負かされてしまった。師匠はアメリカ人相手の落語も披露された。しかし、これには師匠は「笑いは、すべて通訳の人が取っていく」とご不満な様子だった。

日本からのお客様といえば、シカゴ大学で源氏物語の講義のため、瀬戸内寂聴さんが来られた。寂聴さんをシカゴ美術館にご案内した時のこと、フランク・ロイドが日本に行くたびに収集してきた浮世絵のコレクションも有名で、美術館で見事に保存されているのをご覧になり、「日本でも、こうして立派に保存できればいいのですが、お寺にある美術品などもきちんと保存できていなくて」と嘆いておられたのが印象的だった。

その寂聴さん、日本に戻られてから、週刊誌のコラムにシカゴ訪問記を書かれていたが、その中に「シカゴでは総領事にお世話になり、とても楽しかったです。でも、あんないい人だから、島流しにあうのですかね」と書かれていたのには、笑ってしまった。

このシカゴ勤務、それまでの総領事の在勤期間は二年前後だったが、四年目の冬を迎えることになった。これは外務本省で田中真紀子大臣が大いに暴れていたことと関係していた。人事が滞り、外務本省が相当におかしくなっているようだった。そして二〇〇二年の春、ようやく「帰国せよ」との一報が届いた。年内にはアジア大洋州局長になってもらうが、それまでの間、外務省改革を担当して欲しいとのことだった。二〇〇二年六月、帰国した私は、若手職員を中心に活動していた「外務省を変える会」の活動を支え、実際の改革案をまとめる手伝いをした。

第六章　アジア大洋州局長就任——拉致問題・核・六者会合

1　小泉総理訪朝

日朝平壌宣言と拉致被害者の帰国

二〇〇二年九月一七日、小泉総理が訪朝した。私は八月からアジア大洋州局審議官併任になっており、田中均アジア大洋州局長からおおよその準備状況は聞いていた。田中・平松（平松賢司北東アジア課長）コンビで進められてきていて、八月三〇日の発表までは外務省でも知っている人は大臣、次官だけだった。これは小泉総理の指示であり、発表までは官邸でも総理と官房長官しか知らないという徹底ぶりだった。八月三〇日の発表直前に小泉訪朝の話を聞かされた外務省幹部は一様に驚き、「なぜ自分のところにもう少し早く説明がなかったのか」と不満に思った幹部が少なくなかったようだった。こうした時に大事なことは、全省的なサポートが必要となるので、発表後は丁寧に説明することだった。しかし、従来からの厳しい情報管理と秘密主義的な体質からか、発表後もあまり丁寧な説明がされていないようだった。私自身は、一応の相談には預かっていたが、この時はまだ、助っ人であり、横で眺めているしかなかった。

私は九月一七日の小泉訪朝時はワシントンで待機し、訪朝の模様をアメリカ側に説明する川口順子大臣を補佐する役目だった。アメリカとの関係は微妙だった。八月の初めにリチャード・アーミテッジ国務副長官に内々、説明したようだったが、その時のアメリカ側の反応は、驚きと多少の怒りだったのではないかと思う。「こんな大事な話を今まで全く説明してこなかったのか」という憤りである。一年近く、秘密裏に日本が北朝鮮と話を進めてきていて、その間、一切アメリカが動きを察知していなかった。

九月一七日の首脳会談の模様をアメリカに伝える作業は淡々と行った。事前には、アメリカ側から北朝鮮が秘密裏に核開発を行なっている情報もあるとして、小泉訪朝に懸念を示していたが、日本がきちんと核問題も取り上げたことで特段の問題も起きなかった。問題は日本国内の反応であり、拉致問題だった。首脳会談の当日、北朝鮮から伝えられた内容は衝撃だった。五人の拉致被害者は無事だが、八人は既に亡くなっているというものだった。日本側の強い衝撃と反発を見て、金正日国防委員長は午後の会談で日本に謝罪した。植民地化した日本に北朝鮮のトップが謝罪するというのは普通ではおよそ考えられないことである。それだけ北朝鮮は日本との関係正常化を強く期待していたのだと思われる。

しかし日本国内の衝撃と憤りは凄まじいものだった。日本政府のハンドリングも悪かった。当日の夕刻、拉致被害者家族を飯倉公館に集め、淡々と、機械的に、あなたのお子さんは生きています、あなたのお子さんは亡くなっていますと伝えたようだった。そして、拉致問題の象徴的存在だった横田めぐみさんも亡くなっていると伝えられた。これでは日本国内が収まるはずはなかった。少なくとも、機械的ではなく、よほど涙ながらに伝えなくてはいけなかった。ところが、田中さんがＮＨＫテレビのインタビューで日朝首脳会談の歴史的意義を語っている様子をワシントンで見て、平壌に行った一行が日本国内の感情を理解していないのではないかと不安に感じたものだった。

しかも、北朝鮮から伝えられた拉致被害者の安否と、亡くなったという人達をめぐる情報がいかにもいい加減で、全く信じられるものではなかった。このため、日朝平壌宣言を発出した歴史的な小泉訪朝が大きく傷ついたものとなってしまった。

それでも拉致被害者五人が日本に帰国したのは大きなニュースで、羽田空港でタラップを降りる模様は大々的に報じられた。地村保志・富貴恵夫妻、蓮池薫・祐木子夫妻に加えて、もともと日本の方では拉致被害者リストになかった曽我ひとみさんの五人の方が、待ち受ける家族と再会する模様は感動的だった。しかし、この帰国が一時帰国だとされたことで、また、大きな問題となった。なぜ、拉致された被害者の帰国が一時帰国なのか、およそ普通の常識では考えられないことである。北朝鮮側が今後の日本との交渉の道具に使おうと思ったのか、あるいは伝えられたように、拉致被害者の方々のお子さんの今後のこともあり、まずは一時帰国としたのか、不明だが、理解に苦しむところだった。

一ヶ月が経ち、北朝鮮に戻る約束の日が近づいた時、安倍晋三官房副長官のところで会議が開かれた。

そこで五人の方が北朝鮮に戻る意思がないことが伝えられ、五人の方を北朝鮮には戻さないとの日本政府の判断が下された。

核問題と六者会合

日本国内が拉致問題で北朝鮮への反発を強めていた時に、核問題で大きな出来事が起きていた。一〇月三日、アメリカのジム・ケリー国務次官補がブッシュ大統領の特使として訪朝したが、そこで、北朝鮮側に対し、「米朝枠組み合意に反し、高濃縮ウラン型の施設建設を含めた核開発を行っているのではないか」と重大な疑問をぶつけた。これに対し北朝鮮側は、当初、これを否定したものの、アメリカの追及にあって、姜錫柱第一外務次官が「もっと凄いものをやっている」と言い放ち、事実上アメリカの指摘を認めたのだった。北朝鮮が高濃縮ウラン開発を進めているとなれば、米朝枠組み合意の重大な違反であり、アメリカ政府は北朝鮮への重油供給を中止し、ＫＥＤＯ（朝鮮半島エネルギー開発機構）の軽水炉建設も中断することになった。

こうしたことが内外で起きていた二〇〇二年一二月、私はアジア大洋州局長に就任した。年が明けると、北朝鮮はＮＰＴ（核兵器不拡散条約）を離脱し、寧辺の使用済み核燃料を再処理すると発表した。使用済み核燃料を再処理し、プルトニウムを取り出すというのは核兵器を持つという宣言に他ならなかった。これで一気に緊張が高まり、二〇〇三年一月、日米韓の三カ国局長会議がワシントンで開かれることになった。今と違い、この時代、北朝鮮問題については、まず日米韓三カ国で政策調整を行うのが決まりとなっていた。

ここで意見の一致を見たことは、北朝鮮の核保有は絶対に認められない、この問題を解決するためには国際的な取り組みで対処していくということだった。この意味するところは、直ちに北朝鮮と軍事的な対立をするのではなく、話し合いで非核化を実現する、その際、クリントン政権が行なった米朝二国間協議ではなく、関係国を巻き込んだ国際的な取り組みとする、という方針だった。

二〇〇三年二月二二日、コリン・パウエル国務長官が来日し、小泉総理を表敬、川口順子外務大臣と会談、引き続いて中国を訪問することになっていた。この時、私はジム・ケリー国務次官補と話し合い、北朝鮮問題については中国に当事者意識を持たせる必要があり、日米韓に加え、北朝鮮、中国、場合によってはロシアも含めた協議の場を作ってはどうか、その際、中国の北朝鮮への働きかけを強化させるためにも、中国に会議をホストさせてはどうか、という試案を思いつき、その場で手書きのメモにしたためてみた。すると、ケリー国務次官補は、グッドアイデアだと応じ、そのメモをポケットに仕舞い込んだのだった。後でケリーさんから聞いた話では、そのメモを北京に向かう機内でパウエル国務長官に見せ、それが一つのベースとなって、パウエル長官が中国側に六者会合の原型を提案することになったとのことだった。

中国は、自ら積極的に関与することには後ろ向きで、「引き続き米朝で話し合ってほしい」という考え方を持っていた。しかし、ブッシュ政権は「民主党時代のクリントン政権のやり方が間違っていた、米朝だけで話し合い、北朝鮮の核開発を凍結するという中途半端なやり方が良くなかった」と前政権のやり方を強く批判し、米朝二国間の話し合いは拒絶する考えに立っていた。また、ジョージ・W・ブッシュ大統領と小泉純一郎総理との関係が極めて緊密なこともあり、アメリカ政府は日本の参加を繰り返し約束してくれていた。一方、北朝鮮は、「話し合うのであればアメリカとだけだ」という立場だった。北朝鮮には、それなりの理屈があり、北朝鮮が核開発をするのはアメリカが北朝鮮を敵視し、北朝鮮の安全を脅かすからだ、したがって核問題を話し合うのであればアメリカとだけであり、他の国は関係ないとしていた。

二〇〇三年四月に入り、中国は、二国間協議を主張する北朝鮮には、中国は場所を提供するだけであり、米朝二国間で話し合えば良いと言い、一方、アメリカには中国も参加するので多国間協議だと言う二枚舌を使い、何とか話し合いの場を作ろうとした。この時、ケリー次官補は私に、これはあくまで六者協議の準備会合であり、しかも、一度だけだと断りを入れてきた。そして北京で米・中・北朝鮮の三者会合が開かれることになった。しかし、こんな二枚舌外交が成功するはずはなかった。北京での会合が始まった日、ケリー次官補は私に電話してきた。不審に思った私は、「今、三者会合ではないのか？」と聞くと、ケリーさんは電話の向こうで笑いながら、「ユニラテラル会合をしているところだ」と言った。つまり、二国間でも多数国間でもなく、ひとり会合だ、というのだ。聞けば、北朝鮮は米朝二国間協議でないことに怒り出し、席を立ったとのことだった。

この失敗に懲りた中国は本格的に北朝鮮問題に関わることを決め、外交実務責任者の戴秉国次官を訪朝させ、続いてアメリカも訪問する活発な外交に転じた。そして、ようやくにして北朝鮮を六者会合の場に引きずり出したのだった。

第一回六者会合「小さな声でお願いします」

二〇〇三年八月二七日、北京で第一回の六者会合が開催される運びとなった。釣魚台国賓館の大会議場が舞台となり、世界の注目を集める会議となった。世界から大勢の報道関係者が集合したが、その中でも日本からのメディアが二〇〇人と群を抜いていた。私は、北京の空港についた時から、凄まじい数のプレスとテレビカメラにもみくちゃになり、宿舎となったホテルから会議場までの道のりでもカメラを抱えた車が並走するなど、クレージーなまでのメディア狂想曲だった。

この日本の報道関係者の最大の関心事は、日本代表の私が冒頭発言で拉致問題に言及するか否かであった。北朝鮮の核問題を議論する初めての国際会議だったが、日本の報道陣の大きな関心は核問題の行方ではなく、拉致問題にあった。冒頭発言で拉致問題に触れないわけにはいかない。会議の前日、事前の打ち合わせ会合を各国と個別に行なったが、アメリカのケリー代表は日本が拉致問題を取り上げることを全面的に支持する、自分もアメリカ政府の発言の中で拉致問題に触れることにすると言ってくれた。ところが、中国の王毅代表は「やめてくれ」と強く反対した。王毅代表曰く、「中国は北朝鮮を六者会合に引き出すのにどれだけ苦労したか考えてほしい。この六者会合は北朝鮮の核問題を議論する場であり、日朝間の拉致問題を話し合う場ではない。日本が拉致問題を取り上げれば、北朝鮮は席を立つ可能性がある、それでは今までの努力が水の泡になる」。確かに中国は北朝鮮を引きずり出すのに相当の努力をしたはずで、その中には経済支援もあったかもしれない。王毅代表の言うのも理屈は通っている。そして、韓国、ロシアも「日本が拉致問題を取り上げるのは場違いだ」といった反応だった。

しかし、私としては、拉致問題を取り上げないことには国にも帰れない。そこで何とか説得するロジックを考え、議長である王毅代表を説得することにした。それは、「北朝鮮に核開発を諦めさせるには二つの要素が必要だ。一つはアメリカが安全保障の確約をすること、今一つは経済支援だ。経済支援では、日本が巨額の支援をする用意がある。しかし、そのためには拉致問題の解決が不可欠だ。したがって、日本が拉致問題を取り上げ、その解決の必要性を訴えるのは北朝鮮に核放棄をさせる上で重要な要素であり、論理的にもかなったことだ」、という私なりのロジックだった。

結局、こうしたやり取りの結果、王毅代表は、「薮中さん、小さな声でお願いします」となった。そして私の冒頭発言の順番となった。「日本は、北朝鮮の核開発に直接影響を受ける国として重大な懸念を抱いており、北朝鮮の核開発を、完全、検証可能で、不可逆的な形で解体することが必要不可欠との立場である。北朝鮮が核開発を諦めれば、日本は北朝鮮を支援する用意があるが、そのためには拉致問題の解決が絶対に必要である」

アメリカが、この発言を支持してくれたが、予想通り、北朝鮮の金永日代表は反発した。しかし、そのトーンは比較的抑えたものだった。この金代表とは、前日の中国側主催レセプションで短時間、立ち話をしたが、先方は「平壌から日本に早く行けるようになればいいですね」と言い、日朝平壌宣言が依然、力を持っているように感じたものだった。

「言葉には言葉、行動には行動」原則

問題は米朝間の関係だった。依然、北朝鮮はアメリカとのバイの話し合いを強く期待しており、一方、アメリカの代表団の中では国防省を中心にバイの話し合いを拒絶すべしとの強い意見があり、ケリーさんも頭を悩ませていた。中国は大会議場のコーナーに米朝が話し合える場を用意するなど、ずいぶんと気を配っていた。そして休憩時間に米朝が用意されたコーナーで話し合うことになった。ところが、アメリカ国防省の出席者からは私に対し、三〇分経ったらやめたいので、顔を出してくれないかとわざわざ頼んできたりしていたほどだった。

北朝鮮が確認したかったのは、「アメリカが本心で北朝鮮と共存する考えがあるのかどうか」の一点だった。この問いかけに対し、アメリカは、「まず北朝鮮が核を放棄することだ。その上で関係正常化を考える用意はある」と言い、核放棄先行の立場を繰り返すだけだった。これでは前に進まないことは目に見えていた。王毅代表からは私に対し、「アメリカがもう少し柔軟になれないものか、働きかけてほしい」と何度も頼んできていた。そして、北朝鮮が核放棄をすることと、北朝鮮への安全保障の確約・経済支援について、「言葉には言葉、行動には行動」という同時進行の原則で前に進めないものか、知恵を絞ることになった。

しかし、第一回会合ではアメリカの姿勢が硬く、目立った進展を図ることは出来なかった。そして、

北朝鮮の代表は、六者会合には何の関心もないと言い放ち帰国の途についたのだった。それでも、この第一回六者会合は、北朝鮮の核問題について関係国が一堂に関し、その解決のために協議した初めての取り組みであり、その意義は少なくなかったと考えている。

また、日朝間では、大会議場の中で私から金永日代表に近づき、「日朝平壌宣言に基づき関係正常化する考え方には変わりはなく、そのためにも拉致問題の解決が必要だ」と強調した。これに対し、金代表も話し合う姿勢を見せたが、北朝鮮の通訳の女性が途中で遮り、話し合いは終わってしまった。「何だ、あの通訳は?」と周りに聞くと、「彼女のお父さんは、かなり偉い人だったそうです」とのことだった。その通訳が今日、米朝協議で存在感を示している崔善姫外務次官だった。

2　日ASEAN特別首脳会議とTAC条約

シンガポール大使からのフレンドリー・アドバイス

二〇〇三年一二月、日ASEAN特別首脳会議が東京で開催されることになった。これはASEANの歴史上、初めての出来事だった。それまで、ASEAN諸国はASEAN域内で対話国との首脳会議を開催してきたが、域外国においても首脳会議を開くことを決め、その最初は日本だ、というのがASEAN一〇カ国首脳の一致した考え方であった。それだけ、ASEANは日本を大事に考えていた。これは日本が一九七七年の福田ドクトリン以降、ASEANとの関係を重視してきた外交の成果であった。

ところが、この年の八月、六者会合から帰国すると、親しくしていた在京のシンガポール大使が来られ、「薮中さん、忙しいのはよく承知しているが、ぜひ来月の日ＡＳＥＡＮハイレベル協議に出席して欲しい。今、ＡＳＥＡＮの中では中国はＡＳＥＡＮを重視してくれているが、日本はどうなのか、といった話になっている。そのきっかけは、ＡＳＥＡＮが域外国に開放した条約、東南アジア友好協力条約（ＴＡＣ）に中国が率先して参加してくれたが、日本は参加してくれない、という不満があるからだ。ぜひ、その辺りを知るためにもハイレベル協議に参加された方が良いと思う」というフレンドリー・アドバイスだった。

これは私の失態だった。北朝鮮問題などに追われ、特段大きな問題がないはずのＡＳＥＡＮとの関係が疎かになっていた。アジア大洋州局長というのは、中国、朝鮮半島、モンゴルから、東南アジ諸国、インドなどの南西アジア諸国、さらには豪州から南太平洋諸国までをカバーしていた。この地域を一人の局長で見るのは無理があり、その後、南部アジア部を設け、部長を局長クラスとする制度改革を行なった。しかし、この時はＡＳＥＡＮも私の担当だった。ただ、物理的に無理があり、ＡＳＥＡＮとのハイレベル協議はアジア大洋州局の審議官にお願いしていた。

「中国がＡＳＥＡＮを重視し、日本はＡＳＥＡＮを軽く見ている」などといったことがＡＳＥＡＮの中での受け止め方になっているとすれば、一大事である。とにかく、日ＡＳＥＡＮハイレベル協議に出席することにした。このハイレベル協議に行くと、大歓迎してくれた。相手は、みなＡＳＥＡＮ

諸国の外務次官である。「いや、これは申し訳ないことをしていた」と大いに反省した。そこで多くの国の次官から言われたのが「とにかくTAC条約に入って欲しい。その意思を日ASEAN特別首脳会議で表明して欲しい」ということだった。

TAC条約への参加をめぐって

日本に戻ると、大急ぎ、このTAC条約の参加問題に取りかかった。外務省内では総合外交政策局、条約局、北米局がそろって反対していた。理由は、①条約の意義が不明、②内政不干渉との規定があり、例えばミャンマーの民主化問題に注文をつけられなくなる怖れがある、③武力行使反対とあるが、例えば北朝鮮の今後の行動如何ではアメリカが武力行使する可能性も排除されず、その場合、日本はアメリカの武力行使に反対しなくてはいけなくなるのではないか、といったことのようだった。日本は条約を非常に重視する国で、条約文に書かれている内容の吟味、日本の条約上の義務などを厳しく精査する傾向にある。今回も、そのような厳しいチェックが行われ、数々の疑問が投げかけられていた。これらをASEANの友人に質すと、ミャンマーの内政には自分たちも注文を出している、また、TACは東南アジア域内が対象であり、北朝鮮などは関係がない、といった反応だった。しかし、条約文を精査する人たちからすれば、「そんなアバウトな説明ではダメだ」ということだった。

日ASEANハイレベル協議から帰国後、直ちに竹内行夫次官のところで会議を持つことにした。というのも、日ASEAN特別首脳会議が二ヶ月後に迫っていて、そこで条約参加を表明するためには時間が切迫していたからだった。しかし、通常のやり方では条約参加に賛同が得られそうになかった。省内の主要各局が揃って反対であり、次官も条約に詳しい人で反対意見のようだった。そこで、次官室での会議の前夜、西田恒夫総合外交政策局長、林景一条約局長、海老原紳北米局長の部屋を個別に訪ね、「TACに入ることにしたから」と宣言したのだった。理屈も理由も何もない、とにかく主管局長であるアジア大洋州局長は、何事があっても入ることに決めた、という宣言だった。総合外交政策局長は同期、後の二人は後輩である。その人たちの部屋にわざわざ出向いた上で、TAC条約参加の決意を表明したのである。仁義を切る、何かしらヤクザ映画のような展開だった。

翌朝、次官室での会議が開かれたが、よく見ると、三つの局からは局長ではなく局の審議官が出席していた。前夜の根回しが効いたようだった。竹内次官が、「関係局の意見は？」と問いかけても、各々の審議官から特段の反対意見が出されなかった。それから一時間、次官自ら条約の問題点などを質されたが、いずれもポイントをついたもっともな問題提起だった。これに対し、私の方は、「ASEANとの関係を維持し、強化する上で、TAC参加は不可欠である」、「ASEAN関係の責任者として、とにかくTACに入ることにしたい」を繰り返した。こうして、一時間、粘りに粘り、何とか了承してもらった。次官室を出ると、ASEAN担当の女性の事務官が、「局長、局長の説明は何の理屈もなかったですが、通って良かったですね」と言ったのには笑ってしまった。こうして一二月に開かれた日ASEAN特別首脳会議は無事、成功裡に終わったのだった。

小泉総理の靖国神社参拝

二〇〇四年の元日、朝の八時に総理秘書官から電話があり、「今から一時間後に総理は靖国神社に参拝されます」との連絡が入った。小泉総理は二〇〇一年八月一三日に靖国神社を参拝して以来、毎年一度、靖国神社を参拝していた。これに対し中国、韓国が激しく反発してきた。とりわけ中国の反発が強かった。これは、先にも触れたが、日本との国交正常化に当たって、周恩来首相が国内の反対意見を抑えるため、「日本人全てが悪いのではない。戦争指導者が悪いのだ」と国内的に説明したことに始まり、A級戦犯が戦争指導者であり、A級戦犯を祀る靖国神社への日本の首相参拝は困るというロジックであった。それは中国側の問題だろうと言ってきたが、中国も引き下がれない状況になっていた。

小泉総理は、「自分は反中でもなければ、戦争を正当化しているわけでもない。中国の台頭は脅威ではなく、チャンスだと言っただろう。そこをよく中国側にも説明するように」と指示された。中国側は中国の台頭がチャンスという発言は高く評価したが、靖国神社参拝だけは受け入れなかった。それでも二〇〇三年五月、ロシアのサンクトペテルブルグで開かれた日中首脳会談では、胡錦濤国家主席が「日中関係は両国国民に深く根を下ろしている」と述べ、日中関係前進に前向きな姿勢を示していたが、度重なる靖国神社参拝で政冷経熱の状況になっていた。

尖閣諸島への中国人の上陸

日中関係では、この年二〇〇四年三月に七人の中国人が尖閣諸島に上陸するという事件が起きた。当日の朝、海上保安庁からの連絡では、波が高く、上陸を阻止できなかったとのことだった。尖閣諸島に中国人が上陸するというのは初めてのことだった。この状況にどう対処すべきか、福田康夫官房長官から意見を求められ、「不法入国であり、日本国の法律に基づき逮捕するしかない」と申し上げた。沖縄本島から尖閣諸島までは相当の距離がある。ヘリコプターで出動した警察が七人の中国人を逮捕したのは当日の夕刻だった。

中国側からは私のところに強い抗議が来たが、日本政府として国内法に基づき対処しただけだと応じた。そして法務省の判断として、初犯の不法入国であり、特段の器材損傷などもないことから、強制退去処分とすることになった。国内では、「何故そんなに早く帰国させるのだ」といった批判も聞かれたが、こうした批判は全く当を得たものではなかった。大事なことは、尖閣諸島が日本の領土であり、そこに不法入国すれば日本の国内法に基づき逮捕し、国内法により強制退去処分とする、そのことで、日本政府が尖閣諸島を有効に支配していることを世界に示すことであった。この日本側の対応をみて、中国政府は中国人の尖閣上陸が大失敗だったと考えたようで、上海に戻った七人の中国人が一度もメディアの前に顔を出すことはなかった。

私が退官した直後の二〇一〇年九月、尖閣諸島沖で中国漁船が海上保安庁の巡視船に衝突するという事件が起きた。この時、逮捕した船長の取り扱いをめぐって日中間で激しいやりとりとなり、日本政府の対応について日本国内で批判も出た。この事件は公務執行妨害容疑での逮捕であり、二〇〇四年の事件と単純に比較はできないが、最終的に那覇地検の検事が今後の日中関係を考慮し、処分保留で釈放することにしたと説明したことには、強い違和感を覚えた。このような事件の処理について、検察当局が日中関係を考慮して特定の判断を下すというのはいかがなものかと思った。この種の事件は、日本の国内法に基づき淡々と判断すべきであり、少なくとも対外的な説明ぶりにおいて、「外交関係に配慮して軽い処分にする」といった説明は言わずもがなのことであった。

3 北朝鮮外交、再始動

初めての平壌

第一次小泉総理の訪朝以後、日朝関係は停滞していた。その間、拉致被害者の帰国に関し、一時帰国という約束を日本が破ったと北朝鮮は非難していたが、二〇〇四年に入り、いくつかのルートで動きが出始めた。そうした中、北朝鮮との調整がつき、二月に訪朝することとなった。初めての平壌である。出来るだけプレスに知られず目立たない形で訪朝し、静かに忌憚のない話し合いをしたい、そう考えて、休日の二月一一日に出発することにした。何しろ、毎晩、家の前にはメディアの人が一〇人以上来ていて、深夜一時過ぎまで帰りを待ち構えていた。私は、「どうせ何も話さないのに夜遅くまで大変ですね」と言うと、プレスの方からは「いや、日本にいると分かるだけでも良いのです」と言われてしまっていた。

北京から平壌入りすると、北京の空港で日本のプレスがチェックしているので、瀋陽経由で行くことにした。このため、わざわざ羽田から関西空港を経由して行くことになったが、何のことはない、関西空港のロビーでは日本のテレビ局が待ち受けていた。さすがに日本のマスコミだなと感心したものだった。

瀋陽から乗った高麗航空の飛行機は、小さなプロペラ機で、相当の年代ものだった。昔の汽車のように座席や窓枠が木製で出来ており、機内は満員だった。私は一番前の席に座っていたが、よく見ると、カーテンの向こうには数人の男の人が立っていた。飛行機で立ち席があるのかと驚いたものだった。

北朝鮮との間では、事前に核問題と拉致問題を話し合いたいと伝え、先方もじっくりと話し合いましょうと応じていた。田中さんと私が一緒に訪朝することになったが、これは今までの田中さんの交渉相手だった、いわゆるミスターXとの関係もあってのことだった。先方は今回の協議を重視し、外交の実力者、姜錫柱第一外務次官との協議もセットされていた。

しかし、平壌に着くと雰囲気がひどく悪くなっていた。先方が繰り返し問題視したのは、われわれの訪朝直前に日本の国会で外為法が改正されたことであり、北朝鮮への制裁が強化されたと強く反発したのだった。「制裁した上で訪問団を派遣するというのは、どういう考え方だ。圧力をかけようとしているのだろうが、そうは行かない」と強硬姿勢に戻っていた。

中身のある話し合い

この法改正については、法案可決は一月の中頃には分かっていたことだった。しかし、先方は日本からの訪問団を受け入れれば、法案可決を阻止出来るかもしれないと期待していたのかもしれなかった。それが法案可決となり、日本は北朝鮮との関係を改善する考えがないと判断したようだった。一旦、そうした考え方が定着すると、なかなか糸をほぐすことが出来ず、日朝関係を前に進めるまでには至らなかった。

それでも姜錫柱次官との協議は、予定された三〇分を大幅に超え、核問題で中身のある話し合いになった。姜錫柱次官は、ケリー特使訪朝時の様子について、怒りを交えて語り始め、「アメリカは北朝鮮と共存する考えがない。悪の枢軸と言い、一方的に重油の供給を停止した。アメリカは傲慢だ、それで仕方なく抑止力を持つために核開発を進めざるを得ないのだ」と力説した。わざわざアメリカの悪口を言い募るのは、逆に、日本にアメリカとの橋渡しをして欲しいというメッセージかもしれないと判断し、日本が中国と話していた「言葉対言葉」「行動対行動」原則で北朝鮮が核廃棄に進む考えがあるかどうか、様々に考えを質してみた。すると完全に「NO」という答えではなく、一定の感触をつかむことができた。

この訪朝の直後、日米韓三カ国の局長協議があり、訪朝の様子を紹介した。アメリカ側も、「北朝鮮が核放棄の行動をとるのが先だ」というこれまでの立場を改め、「言葉対言葉」「行動対行動」原則について、「本当に北朝鮮が核放棄に進む考えがあるのなら受け入れる用意はある。しかし、北朝鮮の本心にはなお疑念がある」との考えを示したのだった。

二〇〇四年二月二五日から第二回六者会合が北京で始まった。二〇〇三年八月の第一回六者会合では、互いに原則論に終始し、進展がみられなかったが、この第二回六者会合開催までの期間に、関係国間での立場のすり合わせが図られてきていた。そして、北朝鮮も代表が金桂冠外務次官に交替し、本格的な取組み姿勢を示し始めた。

2004年２月、六者会合にて（北京・釣魚台迎賓館。右から３人目が金桂冠北朝鮮外務次官）

会合では、日米韓三カ国がＣＶＩＤ原則、すなわち完全で検証可能、不可逆的な核解体の重要性を強調する一方、北朝鮮に安全を保証することについては各国が理解を示し、また、核放棄が進むなら経済支援を行うことでも意見の一致が見られ始めた。こうして、北朝鮮の核放棄に向けて「言葉対言葉」「行動対行動」原則を基本とした「調整された措置」を具体化していくことで意見の一致をみた。日本が中国とも連携し、アメリカとの橋渡しをしたが、この連携が一定の成果を生む結果となった。この当時は、中国側もアメリカとの意見調整には慣れておらず、日本にその役割を期待していた。実際、一時期は毎日のように中国側から相談の電話がかかってきたものだった。

4　小泉総理第二回訪朝

政治家としての大きな賭け

二〇〇四年五月二二日、小泉総理は第二回目の訪朝を行うことになった。歴史的な第一回訪朝だったが、その後に拉致問題で日朝が対立し、膠着状態に入っていた。私達の二月の訪朝でも進展がなかったが、朝鮮総連が日本国内で厳しい締め付けにあい、危機感を強めていた。そうした中で、拉致被害者五人の家族が依然、北朝鮮に留まった状態であったが、「家族の帰国を認める。一方、日本側からは人道支援を行い、朝鮮総連に対しても敵対的行動は取らない」という形の申し合わせが一つの案として浮上した。しかし、日本としては家族の帰国は当然だが、残る八人の拉致被害者の帰国が最重要課題だった。

こうした状況の中で、小泉総理は物事を前に進めるため訪朝を決意された。これは政治家として大きな賭けであった。第一回目の訪朝もそうだが、成果が見通せない中での訪朝である。しかも、続けて二度目の訪朝という外交的には異例の取り組みだった。そうしたことには、あまり拘らず、「チャンスがあるなら、やろう」というのが小泉流だった。

二度目の出会いだけに、お互いに打ち解けた感じが見てとれた。金正日委員長は脇に姜錫柱次官を従えるだけで、書類を見ることもなく、闊達に話し始めた。共産国家との会談では、先方が一方的に長々と発言し、それにこちらも応じる、というのがよくある形だったが、小泉・金正日会談は全く様子が異なり、短いやりとりの応酬だった。

小泉総理から、「核兵器を持つことと、もたないこと、どちらが有利と思うか?」との問いかけがなされ、金正日委員長は、「いや、自分もわかっている。核兵器は無用の長物だ。しかし、アメリカが敵視するから、もたざるを得ないのだ」といったやりとりが続いた。そして、金正日委員長からは、「六者の場でアメリカとデュエットしてもいい。周りの国はいい伴奏をしてほしい」という趣旨の発言があり、ブッシュ大統領に伝言して欲しいとの依頼もあった。

拉致問題については、「帰国した拉致被害者の家族については、総理と一緒に帰国するので構わない。ジェンキンズ氏とその娘さんたちは、日本に行くことに不安を感じているようだ。直接、話してもらって構わない」との発言があった。一方、八人の拉致被害者については、改めて権限ある当局に白紙からの調査をさせると約束したのだった。

金正日委員長が改めて白紙から調査すると約束したわけで、今回はその調査を待つしかなくなった。ジェンキンズさん親子については、日本に来れば大丈夫だと総理が説明されても、ジェンキンズ氏は警戒心が強かった。彼は脱走兵だったわけで、NHKのニュースを見たが、アメリカは恩赦などしないと言っていた、とにかくアメリカ軍のことが心配だと繰り返すばかりだった。

この時、私は総理の了承を得て、「Japanese Prime Minister Junichiro Koizumi assures you that he will do his utmost to secure your safety in Japan（日本の総理として、ジェンキンズさんが安全に日本で生活

できるよう最大限の努力をすることを約束する）」というメモを英語で書き、ジェンキンズさんに示してみた。しかし、ジェンキンズさんは、そのメモを一瞥しただけで、「これでは保証にならない」と言い、くちゃくちゃと紙をまるめてしまった。結局、ジェンキンズさんの警戒心を解くことは出来なかったが、第三国で曽我ひとみさんと再会することには同意したのだった。その一ヶ月半後の七月九日、インドネシア、ジャカルタの空港でジェンキンズさんと二人の娘さんが曽我ひとみさんと涙の再会を果たされたが、その時に、現地でアテンドした外務省員の話では、ジェンキンズさんは、捨ててしまったと思っていた私の手書きメモをしっかりと胸のポケットにしまっていたとのことだった。

2004年5月、小泉純一郎総理と金正日国防委員長による日朝首脳会談にて

こうして、小泉総理は蓮池さん、地村さんのお子さん達五人とともに帰国の途についたのだった。この時、子供たちは総理特別機の予備機に乗ることになっていたが、平壌の空港になかなか現れず、冷や冷やした。先方に確認すると、今、空港に向かっているので心配ないとのことであり、予定の時間となったため、「私は残りますが、総理は先に出発されますか」と伺うと、「いや、子供たちが飛行機に乗り込むまで待とう」とおっしゃった。

日本に夜遅く到着すると、羽田空港での記者会見が待ち構えていた。日本では、八人の安否について何の情報もなかったことから、一時間以上にわたって厳しい質問が続いた。総理がじっと質問を聞き、誠実に答えられた姿は印象的だった。

この訪朝の後、小泉総理は六月八日、ブッシュ大統領に会い、訪朝の結果、とりわけ金正日委員長の核に関するメッセージを伝えたのだった。

北朝鮮の非核化を目指して

続いて、六月二三日から第三回六者会合が北京で開かれた。この会合では、これまでの様々なやりとりを踏まえ、北朝鮮の核放棄に向け、一つの合意文書を作成することを目指していた。「言葉対言葉」「行動対行動」原則については参加国の間で一定の理解、支持を得られていた。今回は、その具体化であり、北朝鮮が何をすれば、アメリカやその他の国が何をコミットするのか、それを文章化していく必要があった。この段階になれば、小人数会合で詰めを行う必要があると考え、私からは首席代表会合と作業部会の開催を提案し、各国もこれに同意した。これは当たり前のように聞こえるが、実はアメリカ政府の中の調整が難しく、会合を前に進める意向のある国務省と北朝鮮に不信感が強い国防省などとの間で温度差があった。その国防省のリチャード・ローレス次官補代理とは、たまたま一九七〇年代、韓国在勤時からの知り合いで、私の言うことには比較的理解を示してくれていた。そうした背景もあり、何とか首席代表会合を行うことについても賛同が得られたのだった。

この首席代表会合で、まず、朝鮮半島の非核化を目指すことが確認された。そして、「言葉対言葉」「行動対行動」原則についても異論は出なかった。問題は、その第一ステップとして何を含めるかであり、各国が各々の案を提示することになった。「北朝鮮が非核化に向けて、まず核開発をストップし、具体的な行動をとる。これに対し、北朝鮮の安全を保障し、重油の提供などを行う」といったところが各国の提案の共通項となってきた。これらを作業部会で文章化し、首席代表会合で確認していった。こうして、まずまずの成果が得られそうになってきた。

金曜の夕刻、最終的な合意文章の確認をしていると、北朝鮮が一カ所修正を主張し始めた。内容的にはさほど問題のないものだったが、アメリカの代表団は本国の了承を取り付ける必要があると言った。「随分と細かいところまで本国の了承を取らなくてはいけないのだなあ」と改めてアメリカ政府部内の調整の複雑さを見た思いがした。そして、その夜にアメリカ政府の了承が得られたとの連絡があった。

土曜日の朝、この日は第三回会合の最終日であり、作業は全て終えており、合意文をプレスに発表する手筈になっていた。ところが、釣魚台の大会議場に着くと、王毅さんが深刻な顔つきで話しかけてきた。北朝鮮が本国からの指示で、今ひとつ、文言の修正を要求してきたとのことだった。これも、内容を見ると、実質的な内容に関するものではなかったが、王毅さんからは、「北朝鮮は修正してくれないと合意できないと言っている、アメリカに話して欲しい」との依頼があった。そこでケリーさんをつかまえ、話してみると、珍しく難しい顔をして、「いや、もうこれ以上の修正は無理だ。昨夜、大統領まで上げて了承を取ったのだ。もう一度、ホワイトハウスに話をするのは無理だし、北朝鮮にあまり甘い顔をするのも良くない」と言い切った。「なるほど、これは無理だ。北朝鮮に諦めさせるしかない」と判断し、その旨、王毅さんに伝えた。そこへ中国の李肇星外交部長も現れ、別室で北朝鮮の金桂冠代表の説得にかかったようだった。

釣魚台の会場にはすでに多くのプレスが待ち構えていた。午前中に全ての行事が終了する予定だったが、刻一刻、時が過ぎて行った。アメリカの代表団は正午に出発予定で、ケリーさんは予定通り帰国するとの姿勢を崩さなかった。いや、せっかく合意文書が出来ていたのにと、残念な思いで一杯だった。中国はホストとして面目丸潰れである。中国が外交部長まで投入して説得を試みたが、北朝鮮は頑として応じなかった。結局、アメリカはいなくなり、午後に中国が六者会合の合意文書としてではなく、議長声明として前夜に合意した内容を発表したのだった。

この時、目撃したことは、北朝鮮はいったん本国からの指示があると、テコでも動かず、恩義のあるはずの中国が大臣まで出してきて説得しても、効果がないという現実だった。それも、大して意味のない文言であり、北朝鮮が後出ししたものである、いい加減、諦めて、本国を説得しても良さそうなものだと思ったが、そうではなかった。北朝鮮の意思決定プロセスの実態を見た思いがした。

それでも、北朝鮮の核開発に関し、北朝鮮を交えて議論し、関係国の間で非核化という目標が共有され、そのための具体的な第一歩が合意されたことは意義があったと考えている。ここに至る経緯の中で、小泉総理・金正日会談のやりとりが少なからず貢献したのではないかと感じていた。

日韓関係への波及

小泉訪朝は日韓関係にも化学反応を引き起こした。二〇〇四年七月二一日、済州島で日韓首脳会談が開かれた。相手は盧武鉉大統領である。ここで盧武鉉大統領は小泉総理を大歓迎し、首脳会談の後、二人揃って記者会見に臨んだ。済州島のホテル、その庭で、立ったままでの記者会見である。そこで一時間余り、盧武鉉大統領が、ほぼ一人で興奮気味に話した。一般に、盧武鉉大統領は「反日的」といったイメージで理解されていることが多いが、この時の発言は極めて日本に好意的なものだった。いくつか発言内容を抜粋すると、「私は北東アジアの未来のビジョンを実現するためには日韓両国の協力が何よりも重要であると認識している。北朝鮮の核問題解決に関し、日本はすでに多くの寄与をしている。例えば、小泉総理が訪朝され、難しい対話を行い、難しい拉致問題を解決し、国交正常化についても前向きになるようにしたと考える。六者会合でも日本は大きく寄与したと考える。過去の問題については、韓国政府が要求を繰り返すと、日本国民の間で何回も謝ったのに、何回謝らなければならないのかという反発が生じる可能性もあろう。私の任期内には公式的には何も提起しない方針である」

この盧武鉉大統領の発言は、北朝鮮に行く小泉総理というのは、何より有難く、その他の日韓の問題よりも評価に値する、というメッセージだったのであろう。しかし、この後、日朝関係が停滞すると、こんどは日韓の歴史問題が前面に出てくることになったのだった。

小泉総理訪朝の直後、私はソウルを訪問した。一週間のうちに平壌とソウルを訪問したことになる。

この時の二つの都市、平壌とソウルが、かつて同じ国だったとはとても信じられなかった。巨大なビルは立ち並ぶが、大通りを通る車もまばらで、夜にはネオン一つなく、暗闇の世界となる平壌。一方、通りを多くの車が行き交い、夜ともなれば明々とネオンが灯る、不夜城のソウル。まことに対照的な二つの都市であり、国の制度の違いがここまで人々の生活を違えることになるのか、衝撃的な経験だった。

拉致問題で訪朝——最も悔いが残る問題

二〇〇四年一一月、北朝鮮側から、「拉致問題についての調査が完了したので報告したい」という連絡が入り、訪朝することになった。この一年で三度目の訪朝だった。この調査の北朝鮮側責任者は人民保安省陳局長と名乗り、この人から調査結果を聞くことになった。日本側代表団には、外務省から齋木昭隆アジア大洋州局審議官、伊藤直樹北東アジア課長、警察庁からは北村滋外事課長ほかが加わっていた。日本側としては、金正日委員長が小泉総理に対し、白紙から調査すると約束した結果であり、それなりに期待もかけていた。

しかし、陳局長が初日に七時間かけて我々に説明した調査結果なるものは、二〇〇二年九月に行った説明と骨格が全く変わっていなかった。様々に詳細な情報や関係者からの聞き取り結果が追加されていたが、それらは全てこれまでの説明を裏書きするものだった。「これでは話にならない」と内心で憤ったが、怒りを抑えて二日目は先方の説明の問題点を厳しく質していった。すると、「何しろ特殊機関がやったことであり、関係書類は廃棄されていて……」と言い訳が続いた。先方は、われわれが関係者から直接インタビューすることや、関係箇所の視察はアレンジしたが、何も説得力のある材料は出てこなかった。

先方から、横田めぐみさんのご主人が話をしたいと言っていると連絡があった。私は、今回、訪朝するにあたって、拉致被害者家族会の方々とお会いしてきたが、なかでも横田ご夫妻とは個別にお会いし、お考えを聞いてきていた。そして、「どんな情報でもいいから、全て持ち帰ってきて欲しい」と依頼されていた。そこで、めぐみさんのご主人という人とも会うことにした。こちらは、警察庁の人を含めて、小人数で会うことにした。挨拶の時には娘さんのへギョンさんが同席し、すぐに退席された。キム・チョル・ジュンと名乗ったご主人が話したのは、「愛していためぐみは亡くなった。その遺骨を持っているが、めぐみのご両親が平壌に来られたらお渡ししたい」ということだった。おそらくは、「ご両親が見えて、孫にも会えば、納得してもらえるだろう」といったシナリオが透けて見えた。そこで、私は「横田ご夫妻の代理で来ている、すべて任されていて、代わりにお預かりしたい」と言ってみたが、先方は「それでは困る」と言って立ち去ったのだった。

ところが、明日は帰国という夜にキム・チョル・ジュン氏が再び宿舎にやってきた。そして、「もし、直接に横田ご夫妻に手渡してくれるなら、お渡しする。ただ、このことはマスコミには言わないで欲しい」と言い、「その旨を紙で確認して欲しい」と言うのだった。妙な話しだと思ったが、まずは「どんな情報でもよいから、全て持ち帰って欲しい」という横田ご夫妻の話もあり、日本の警察が調査するわけだからと思い、相手が言うように一筆書くことにした。そして、手渡された遺骨なるものは、その夜、すぐにホテルの部屋で警察庁からの同行者にお渡しし、警察庁が調べることになった。

帰国して、一ヶ月後、官邸から連絡があり、新潟県警が今から発表するが、持ち帰った遺骨なるものは、警察庁で調べた結果、めぐみさんのものではないことが判明した、とのことだった。北朝鮮が「偽の遺骨」を手渡した、という衝撃の記者発表となり、日本国内の北朝鮮への批判が沸騰点に達した瞬間だった。このことに関し、拉致問題の会合で、「何故、薮中局長はそうしたものを持ち帰ったのか」という声も上がった。この時、横田早紀江さんがすっくと立ち上がり、「私がすべて持ち帰って欲しいとお願いしたのです」と言われた。その一言で場は静まり、それ以上に何の異論も出なかった。まことに立派なご夫妻であった。

拉致問題が解決出来ていないことは、私にとっても悔しくてならないことである。七年八ヶ月続いた安倍第二次政権においても最大の政治課題とされ続けてきたが、特段の進展を見ることはなかった。その間に拉致被害者のご家族が高齢で、お亡くなりになる方も増えてきてしまっている。なぜ、進展が図れないのか、北朝鮮側において、何が解決を阻むものなのか、私なりに考え続けてきているが、答えが見出せないでいる。この問題は、私の外交官人生においても、最も悔いが残る問題であり、いまだ拉致被害者の帰国が実現できず、解決を見るに至っていないことについて、責任を痛感している。

六者会合共同声明発出

こうして、アジア大洋州局長の時代が終わり、佐々江賢一郎さんに引き継いだ。私が田中均さんの後を何度も引き継いだが、私の引き継ぎ相手はいつも四年後輩の佐々江さんだった。この佐々江さんが代表の時、二〇〇五年九月に開かれた六者会合の第四回会合で北朝鮮が核兵器を放棄することを約束した合意文書がついに発出された。そして、そのための具体的な行動も詳しく書き込まれ、六者会合の生みの親の一人として非常に嬉しく思ったものだった。また、この文書にはアメリカと北朝鮮が互いの主権を尊重し、平和的に共存すると書かれていた。これは、まさに金正日委員長が小泉総理に言っていたアメリカの敵視政策と関連し、敵視政策は取らない、という約束でもあった。

ところが、この六者会合共同声明の発出と同じ二〇〇五年九月、アメリカの財務省がマカオにあるバンコ・デルタ・アジア銀行を北朝鮮の資金洗浄に関与した疑いのある金融機関に指定、慌てた同銀行は北朝鮮の口座を凍結するという事件が発生した。そして北朝鮮の資金二五〇〇万ドルが凍結された。

何とも皮肉な展開であり、タイミングだった。せっかく、北朝鮮の核開発を放棄させることに合意したその同じ月に、北朝鮮に対する金融制裁が行われたのである。北朝鮮は、「やはり、アメリカは自分たちを敵視している。自分たちは騙されたのだ」と受け止めたに違いなかった。

翌年、北朝鮮は初めての核実験に踏み切ったが、その背景には、この金融制裁があったのではないかと考えざるをえなかった。このことについて、六者会合アメリカ代表だったクリストファー・ヒル氏に後年、その時の状況を質してみる機会があった。お互い、大学教授という自由な立場での意見交換だった。そこでヒル氏が言ったのは「そんな大した話ではない。わずか二五〇〇万ドルなのだから」ということだった。しかし、金正日委員長にとり、二五〇〇万ドルという現金は虎の子だったかも知れず、その金額に加えて、何と言っても、騙された、アメリカの北朝鮮に対する敵視政策は何ら変わっていないと強烈な不信感をアメリカに対し持ったのではないか、それが翌年の第一回核実験につながったのではないか、と私は指摘してみたが、二人の意見はかみ合わないままだった。

それにしても、同じ月、二〇〇五年九月にアメリカ政府が相矛盾する二つのことを行うというのはどういうことか、六者会合をリードする国務省と金融制裁に踏み切った財務省の間に政策調整はなかったのか、疑問は残った。「核廃棄に向けて北朝鮮問題を追求する」という大きな目標がおそらく二〇〇三年初めにアメリカ政府の中で決められたのだと思われる。そこで各役所が行動を開始する。国務省は六者会合を推進する。財務省は資金洗浄を調査する。その作業が、偶然にも同じ年の同じ月に一つの結論に達したということではなかったかと思う。その際には、関係省庁で話し合い、六者会合共同声明で北朝鮮は核放棄に合意したのだから、少し金融制裁は見合わそう、といった調整がなされることはなかった、ということであろう。特に財務省は法執行機関の側面を有しており、そうした調整に馴染まなかったのかもしれない。

もちろん、金融制裁があろうとなかろうと、もともと北朝鮮が核兵器を放棄する考えなどなかった、という見方もあろう。いや、むしろ、そうした見方の方が多数説だと理解しているが、六者会合を推進してきた立場からは、あの時に金融制裁を見合わせ、もう少し六者会合プロセスが進むのを見たかったという思いが強いのである。

スマトラ沖大地震

二〇〇四年一二月二六日、スマトラ沖大地震が発生した。マグニチュード九・一という大地震であり、津波の被害も甚大だった。この日は土曜日で外務省の仲間とゴルフに出かけていたが、大地震の一報が入り、これは尋常ではない事態だと判断してゴルフを切り上げ、外務省に直行した。邦人の被害はどうか、各国の状況はどうか、入ってくる情報が錯綜する中で、津波の被害がとてつもなく大きいことが判明してきた。

年末にかかっていたが、各国および国際機関が支援の手を差し伸べるべく、作業が始まっていた。インドネシアをはじめ、ＡＳＥＡＮ諸国やインドなどが大きな被害を受けており、ここは日本が先頭に立って支援を行う必要があると判断した。自衛隊が救助目的での護衛艦の派遣を決め、国際緊急援助隊も派遣された。政府部内では支援額の調整が進められていたが、年末年始にかかり、その調整が思うように進んでいなかった。ここは遅れを取ってはいけないと考え、元旦に出勤し、朝から関係省庁や官邸首脳に直接電話連絡をとった。すると、元旦にオフィスからの電話というのは効果が抜群で、電話に出た方々からは、「おお、大変だね。ご苦労さん」で始まり、すんなりと五億ドルの支援について了承を得ることが出来た。国連が一月五日には各国の支援内容を発表することになっていたので、それに間に合わせ、日本の積極姿勢を示す必要があったが、ここでタイムリーな支援決定が行えたことで、日本の貢献は国際的に高く評価されることになった。

第七章　外務審議官・事務次官時代――「中規模高品質国家」を目指して

1　G8サミットのシェルパとして

波乱のG8サミット

外務省には事務次官の下に外務審議官というポストがあり、政務担当と経済担当の二人体制となっている。私は、二〇〇五年一月、経済担当の外務審議官に就任した。このポストでの主な仕事は、G8サミットと、各国との経済連携協定交渉だった。G8サミット関係では、首脳の個人代表として各国とやり合うことになるが、首脳の個人代表は各国一人だけで、山登りの案内役に例えてシェルパと呼ばれている。私が担当したサミットは、二〇〇五年、英国で開かれたグレンイーグルズ・サミットと二〇〇六年、ロシアが初めて議長国となったサンクトペテルブルグ・サミットだった。日本の首脳はいずれも小泉総理だった。

シェルパ会合は一月から毎月開かれ、本番のサミットの準備を行うことになる。グレンイーグルズ・サミットは、英国のトニー・ブレア首相が議長として個人的にも強くコミットし、アフリカ支援と感染症、及び、気候変動の二つを最重要トピックとして取り組んでいた。当時、エイズ、マラリア、結核の三大感染症で毎年、数百万人という人々が亡くなっており、ジャック・シラク大統領はサイレント津波と表現していた。とりわけ、アフリカでの被害が大きく、医療面での支援などの重要性がヨーロッパを中心に叫ばれていた。気候変動はアメリカが問題だった。そもそもブッシュ政権は気候変動が起きていることを認めておらず、その他のサミット諸国との立場が違っていた。

サミット本番が近づいた六月、サミット文書作成のためのシェルパ会合がロンドンで開かれたが、その夜、ブレア首相がダウニング街の公邸に我々を招待してくれた。公邸に入ると、ジーンズ姿のブレア首相が迎えてくれ、さらにスペシャルゲストとしてＵ２のボノが登場した。ボノはアフリカ支援の特別大使として活動しており、熱を込めてわれわれシェルパにアフリカ支援の重要性を強調したが、その姿はなかなか感動的だった。ボノは、日本が沖縄サミットでリーダーシップを取り、感染症対策のためのグローバル・ファンドが設立されたことを高く評価していた。この年の秋、私はワシントンに出張したが、ホワイトハウスで偶然、向こうから歩いてくるボノを見つけた。その時、ボノが私に駆け寄り、親しげにハグしてくれた。周りのアメリカ人は、何事かとびっくりしていたが、それほど、ボノは日本の感染症対策への活動を評価していたのだった。このグローバル・ファンドは、ビル・ゲイツ財団も近年、巨額の拠出をしており、日本が世界的にリーダーシップをとった数少ない事例である。近年、日本政府の拠出が減少していることは残念なことであり、引き続き積極的に貢献していくことを期待したい。

七月六日、G8サミット本番の朝、サミットの会場となったスコットランドのリゾートホテル、グレンイーグルズ・ホテルのロビーに降りてゆくと、ただならぬ雰囲気で、ロビーがざわついていた。何があったのか、と思っていると、すぐに情報が入ってきた。ロンドンで連続テロ事件が起きたのだった。いや、これは大変なことになった。朝九時、サミット首脳が全員、会場に集合した。サミット会場は、首脳とシェルパだけが入ることが許されている。

「トニー、すぐにロンドンに行くべきだ」と言ったのはシラク大統領だった。ブレア首相にとっては、感染症と気候変動対策のため、大変な情熱とエネルギーをかけて準備してきたサミットである。そのサミットを放り出して、テロの現場であるロンドンに行け、と言われて複雑な表情だった。しかし、テロの情報が刻々と入ってくる。

ブレア首相「サミット会議はどうする?」

シラク大統領「そんなものはシェルパが代わりに議長を務めるよ。今夜に戻ればいい」

こうして、ブレア首相は、G8としての「テロへの戦い」の声明を出し、その足でロンドンへ向かったのだった。そして、私の同僚で、英国外務省のマイクル・ジェイ次官が議長役となって、会議が始まった。シェルパがサミットの議長役を務めるというのは、一九七四年にG7サミットが始まって以来の出来事だった。

拉致問題への思い

その後のサミットは、概ね予定した通りに進んだが、私にとって大きな仕事はサミット宣言に「拉致問題の解決を支持する」という一文を必ず入れてもらうことだった。このため、シェルパ会合の前には、ドイツやフランスを個別に訪問し、彼らの理解と支持を得るように努めていた。サミット本番では、英国のシェルパ、マイクルが最終文書の責任者であり、彼に何度も念押しをしていた。「ミトジ、問題なし」といってくれていたが、サミット最終日の朝一番に出てきたテキストをチェックすると、拉致問題が入っていない。慌てて、マイクルを探し出し、なんとかサミット文書に拉致問題を入れてもらったのだった。

翌二〇〇六年のロシア主催のG8サミットは、ロシアが大変な力の入れようだった。結局、後にも先にも、ロシアが議長を務めるのはこれ一度きりとなったが、ウラジーミル・プーチン大統領の晴れ舞台だった。もっとも、プーチン大統領の政治運営ぶりは民主主義的なものとは程遠く、アメリカの議会は、このサミットをボイコットすべきだという決議まで行っていた。もともと、G7サミットは先進民主主義国家の集まりであり、クリントン大統領がロシアを参加させたのが間違いだった。その当時は、「ロシアの民主化を後押ししよう」といった思いもあったのだろうが、サミットにおいて、ロシアは常に違和感のある存在だった。

ロシアのシェルパは、イゴー・シュワロフ大統領補佐官だった。その後、長く第一副首相を務めたが、英語も上手で、爽やか、かつやり手の人物だった。そのロシアは、われわれシェルパを「洗脳」

2006年６月、小泉首相の訪米の際に、アメリカ合衆国のジョージ・W・ブッシュ米大統領と

せんとしてか、大歓迎してくれた。一月、厳寒のモスコーでは、クレムリンの奥深くまで案内してくれ、その後も、タタールスタン共和国のカザンを自家用機で訪問、タタール人の大好きな競馬場に行き、イスラム教のモスクにも案内してくれた。これは、ロシアがいかに多様性に富んだ国家なのかを我々に印象付けようとしてのことだった。そして、極め付けはロシア正教の総本山、セルギエフ大修道院でアレクシイ二世総主教にお目にかかったことだった。

サンクトペテルブルク・サミットでも、非常に稀な光景を目にすることになった。サミット期間中にレバノンでテロ事件があり、フランス主導で国際的な警備軍を派遣する計画が浮上、これにロシアが猛反対する事態となった。この問題がネックとなって、サミットの政治文書がまとまらなくなった。サミット期間中の事件であり、事前のすり合わせができておらず、収拾がつかなくなったのだ。このため、首脳会合は一時ストップせざるを得ず、外務大臣間での話し合いを待つことになった。初めの三〇分ぐらいは、ジャック・シラク大統領がジョージ・W・ブッシュ大統領のところへ来て、小泉総理も入る形で雑談したりしていたが、一時間も過ぎたあたりから、首脳がイライラし始め、ブッシュ大統領が携帯電話でコンドリーザ・ライス国務長官を呼び出し、「いつまで待たせるのだ」と怒りだす始末だった。そのうち、ブレア首相とプーチン大統領が隣の部屋に消え、少しして、この文書でどうだ、と文案をまとめてきたが、この間の二時間近くは滅多に見られない光景だった。

サンクトペテルブルク・サミットが無事に終わり、ロシア側もほっとしたようで、イゴーがわれわれをボルガ川の釣りに招いてくれた。アストラハンはボルガ川がカスピ海に流れ込むところの町で、ここで、いやというほどキャビアをご馳走になった。

小泉総理は、二〇〇六年六月、このG8サミットの前に、アメリカを公式訪問した。ワシントンでの公式行事の後は、ジョージ・W・ブッシュ大統領と共にエアフォース・ワンでテネシー州を訪問するなど、良好な小泉・ブッシュ関係を内外に印象づけたのだった。

2　経済連携協定交渉

Win-Win 関係の構築を目指して

経済担当外務審議官のもう一つの仕事が経済連携協定の交渉だった。第二次世界大戦後の世界で経済発展を推進する大きなエンジンとなったのが多角的自由貿易体制だった。

第二次世界大戦後の世界システムをどのように構築するか、早くも一九四四年七月、未だ激しい戦いが続いている中で、アメリカが主導し、ニューハンプシャー州ブレトンウッズで会議が開催された。そこで設立が決まったのが、世界銀行、ＩＭＦ、国際貿易機関（ＩＴＯ）だった。これがブレトンウッズ体制と呼ばれるものに発展していった。

このブレトンウッズ体制設立の背景にあったのが戦前の保護主義に対する反省だった。一九二九年、アメリカ経済は空前の投機ブームに沸いていたが、一〇月に株価の大暴落が始まり、大恐慌がアメリカを襲った。この時、アメリカ議会は自国経済を守るため大幅に関税を引き上げた。スムート・ホーリー関税法と呼ばれるもので、平均関税は四〇％にも達した。これをきっかけに世界に保護主義が蔓延し、ブロック経済が形成され、世界が分断されていった。このことが世界を第二次世界大戦に駆り立てる大きな要因となったという反省に立ち、戦後の世界では、自由貿易を推進し、世界を出来るだけ開かれたものにしていこうと決意したのだった。

第二次世界大戦後、世界銀行とＩＭＦは順調に発足し、各国の経済復興と世界金融の安定に貢献していったが、国際貿易機関（ＩＴＯ）そのものは、アメリカ議会の反対で発足できなかった。そこで合意をみていた国際貿易のルールだけを取り出しスタートしたのが関税及び貿易に関する一般協定（ＧＡＴＴ）である。このＧＡＴＴ体制の下で、一九六〇年代以降、ケネディ・ラウンド、東京ラウンド、ウルグアイ・ラウンドと多角的自由貿易交渉が推進され、一九九四年、ウルグアイ・ラウンド交渉の妥結に伴い、世界貿易機関（ＷＴＯ）体制がスタートしたのだった。

ところが、その後、ドーハ・ラウンド交渉が頓挫し、世界的には特定のグループ間で自由貿易協定を作る動きが主流となり始めた。ヨーロッパではEU、北米ではNAFTA（北米地域自由貿易協定）が誕生していた。そこで、日本も多角的自由貿易体制だけではなく、地域的な自由貿易協定も推進していこうと方針を転換したのだった。

日本が最初に選んだ相手はASEAN諸国だった。まず、自由貿易を国是とするシンガポールと交渉し、二〇〇二年に最初の経済連携協定が成立した。私は、その後のASEAN諸国との交渉、具体的には、フィリピン、タイ、インドネシア、マレーシア、ブルネイとの経済連携協定交渉を受け持つこととなった。ASEAN諸国との自由貿易協定を経済連携協定と呼ぶことにしたのは、単なる自由貿易協定ではなく、日本が技術協力など、相手国の経済発展に協力するプログラムを含めることにし、Win-Win の関係構築を目指したからであった。

ASEAN諸国との交渉は、一般に先方が果物など農産品の自由化を要求し、日本は自動車や自動車部品などの自由化を要求する、というのが共通したパターンであった。

介護士受け入れ問題

もう一つ、ASEAN諸国が要求したのが人の移動の自由化だった。具体的には、フィリピンとインドネシアは介護士の受け入れを強く要望した。タイはタイ料理のコックやタイ・マッサージのセラピストの受け入れを要求した。タイの要求は専門分野ということで、対応が可能だったが、問題は介護士の受け入れだった。

介護士の受け入れについては、私などは日本で高齢化が急速に進んでいて、老老介護の悲惨なニュースなどを目にするにつけ、大いにＡＳＥＡＮの国々から介護士に来てもらったら良いと考えていた。ところが、日本では介護士の受け入れが大きな反対の壁にぶつかった。日本政府の中で関係するのは法務省と厚生労働省だったが、日本政府は「単純労働者の入国は認めない」という大方針をもっていた。「高度人材の入国はＯＫだが、単純労働者はダメ」というのである。高度人材というのは、専門的・技術的能力を有する者とされ、外国人弁護士やコンサルタント、エンジニアなどである。しかし、こうした高度人材資格で日本にやってこようとする人は限られていて、二〇万人程度で推移している。

日本で少子高齢化問題が叫ばれ、人手不足が深刻になってきているが、それでも、単純労働者は原則、受け入れない。しかし、それでは建築現場や工場での人手不足が深刻過ぎて、やっていけない。そこで「単純労働はダメ」原則をかいくぐる形で発足したのが技能実習者の受け入れ制度だった。技能移転を通じた開発途上国への技術協力が目的と謳われているが、実態を見ると、技術協力と呼べるものは少なく、多くは人手不足を補うためのものとなっている。この数が、およそ二五万人、就業環境の劣悪なところが多く、社会問題となっている。ベトナムからの技能実習者は、日本に来るにあたって、ブローカーなどから多額の借金を抱えており、かなりの自殺者も出て、悲惨なことになっているケースが多い。

この他では、「身分に基づき在留する者」というカテゴリーがあり、主に、在日韓国・朝鮮人とブラジルの日系人だが、計四五万人いる。そのうち、日系人の多くは単純労働原則の例外として受け入れたものである。これ以外の単純労働者は、コンビニなどで見かける人達だが、多くは留学生のアルバイトで、週二八時間以内という条件で労働が認められており、この数が三〇万人近くである。したがって、日本での外国人労働者が近年増え続け、総数一二〇万人になっているという報道を見かけるが、その中にはアルバイト留学生三〇万人、技能実習生二五万人、日系人十数万人がいることになる。「単純労働者は受け入れない」という原則の下で、この人達は、例外的に単純労働者として日本で働いていることになる。これは、まことに歪な制度としか言えないものである。

日本政府は「移民を入れない。単純労働者もダメ」という政策を維持している。しかし、日本がこの先、人口、とりわけ労働人口が減少していく中で、今の日本の国力と福祉水準を維持していけるのか、どう考えても今の政策は見直すべきだと思うが、国内の抵抗は非常に強い。日本の良さを維持するには、外国人を安易に受け入れてはいけないという考え方が、老若男女を問わず多数説のようである。そして、人手不足を補うため、問題が多い技能実習制度を拡充しているが、これなどは、ごまかしの対応と言わざるを得ない。

さて、私が経済連携協定交渉を行なっていた二〇〇七年に戻ると、厚生労働省の担当者は面白いことを言ったものである。

私「介護の分野では人手不足が深刻だと聞いている。やはり、フィリピンなどから介護士に来てもらったら良いのではないですか」

担当者「藪中さん、失礼ですが、もし失業されたら、介護の仕事がセーフティネットとしてあるのです。だから、軽々に外国人を入れるべきではないのです」

真面目な顔で言うものだから、あきれ返ってしまった。しかし、私が執拗にフィリピンなどからの受け入れを言うものだから、厚生労働省の方で考え出してきたのが、介護福祉士なら受け入れを検討する、というアイデアだった。

私も、「ゼロ回答よりはマシか。そして、受け入れの第一歩となれば、その後、制度も拡充できるだろう」と思い、介護福祉士の受け入れに同意したのだった。しかし、これが大間違いだった。

厚生労働省が編み出した介護福祉士というのは、日本でも難しい国家試験であり、介護士を指導する立場の人を念頭に導入されたものだった。普通の介護の現場では、ホームヘルパーの資格が有れば重宝されるが、特に資格は不要だった。ところが外国から介護士を受け入れるとなった時、一般の介護の仕事は単純労働に区分けされ、入国は認められない。しかし、介護福祉士なら専門性があり、単純労働者ではないので受け入れ可能と考えられた。要は、あくまで「単純労働はダメ」原則を守りつつ、何とかつじつま合わせをしようとする苦心の策だった。

ところが、これが大失敗だったのは、介護の現場での仕事と来日する人たちの資格がミスマッチだったからである。まず、日本に入国するに当たって、大学卒業が要件とされた。その上で、来日して、介護の現場で働きながら勉強し、三年のうちに日本語で介護福祉士試験を合格すれば、晴れて日本に介護士として滞在できる、という制度だった。

日本の介護の現場で必要とされているのは、ホームヘルパー資格を持ったような人であり、介護福祉士の資格をもった人ではない。ところが、フィリピン側に要求したのは大学卒の人材であり、この人達が三年間、介護の仕事をしながら、日本語を勉強し、介護福祉士試験に挑戦しなくてはいけない。この試験が、日本人でも読めないような難しい専門用語もあり、難関だった。

これでは、フィリピンやインドネシアの人たちがチャレンジしようとは思わないし、チャレンジしても、日本で挫折するか、あるいは試験に合格しても帰国してしまう例もある。受入制度と介護の現場での仕事内容がミスマッチだったため、当初、フィリピン、インドネシアから一〇〇〇人くらいは毎年きてもらえるかと期待したが、各々、入国者数は二〇〇人前後、そして試験合格者はその半分以下で推移してしまっている。

私が担当した数多くの交渉案件で、この介護士の問題は大失敗であり、最低の結果だった。それも、相手国との交渉の失敗ではなく、国内官庁との調整の失敗であり、私自身の制度に対する理解不足に起因するものだった。

その後、日本では、技能実習生の枠組みで介護も含めるようになったが、これも一時凌ぎの手当でしかない。そもそも、技能実習生の制度は大きな問題を抱えており、介護人材の不足に対応するための本格的な施策になっていない。日本は少子高齢化から来る深刻な人手不足、とりわけ介護の分野での人手不足に抜本的に対応するため、高卒レベルの人でも入国を認め、来日までに介護の職業訓練とある程度の日本語の習得を義務化し、日本社会に溶け込めるような仕組みを構築すべきではないだろうか。

インドネシアとの交渉の思い出

インドネシアとの交渉での思い出は、バリ島での会合だった。先方の首席交渉官は駐日大使、さらには駐米大使を歴任したジョコ・ムルジョノ・スマデイ大使だった。練達の外交官でソロの王族の末裔とのことだった。この方が気さくな人で、難しい雰囲気の会合が終わると、バリ島のビーチでレセプションを開いてくださり、バンドの演奏をバックにして自ら日本の流行歌を歌い始めた。これは大いに受けて、翌日からの会合がとてもスムーズに進んだものだった。

私は、ASEAN諸国との経済連携協定交渉では、最初のうちは関係省庁の出席者に腹一杯の主張をしてもらうことにしていた。日本側だけで総勢一〇〇名くらいの大代表団である。外務省のほか、経済産業省、農水省、財務省、厚生労働省、総務省、国土交通省、法務省、公正取引委員会など、多岐にわたっていた。各省庁から出席している人は、自分の役所を代表し、様々の要求を抱えている。それらを初めから「無理な要求だ」と言って押さえつけるわけにはいかない。大いに主張してもらうことにしていた。そして、筋の良い主張であれば、相手も受け入れるか、少なくとも話に乗ってくる。

第一ラウンドは、お互いに腹一杯の主張をぶつけ合うことになる。その様子を見つつ、あまり激しく脱線しないように、目配りも大事である。そうして、各交渉項目で妥協案が見出せるように、全体会合で首席交渉官同士が交渉の進捗を促して行く。この作業を二、三ラウンド行ったところで、そろそろ整理に入っていく。専門家同士で解決できるものは、早めの解決を促してゆき、おおよそ三点くらいの重要問題に絞って行く。この過程で大事なことは、国内の関係省庁との信頼関係であり、彼らが精一杯やれた、と実感してもらうことだった。

そして、首席交渉官同士、小人数の参加者を入れて、重要交渉案件を整理し、デイールに入っていく。相手が何を必要としているか、本音を探り、こちらも、これは絶対に必要というものは濃淡をつけて話す必要がある。インドネシアとの場合は、先方はマンゴーなど果物輸出と介護士派遣、こちらは自動車と自動車部品の関税撤廃などが優先課題だった。私は、ＡＳＥＡＮ諸国との経済連携協定は日本との友好、協力関係をより深めるものであり、まとめることが大事だと考えていた。そこで、最後のまとめに入れば、あまり硬い態度ではなく、お互いに譲り合うことにしていた。ＡＳＥＡＮとの交渉は日米経済交渉とは全く異なるものだった。お互いに、アジア的なわかり合える関係だった。

インド、そして豪州との共同研究

ＡＳＥＡＮが一段落すると、今度はインドが相手だった。インドとは、すぐに経済連携協定の交渉に入るのではなく、経済連携協定の交渉に入るか否かについて、一年間かけて共同研究を行うことになった。これは、小泉総理とマンモハン・シン首相との合意によるものだった。日本側議長を私が務め、インド側は財務省の次官だった。この共同研究は私にとって、大変に貴重な経験だった。それまで、私はインドにはまるで縁がなかった。

この共同研究の日本側チームには民間企業の方にも加わってもらった。そして、毎回、首都圏のデリーに行くだけではインド経済が分からないと思い、地方都市に行こうと考えた。まず、頭に浮かんだのがコルカッタだった。インドの経済都市としては、当然、第一がムンバイだが、日本にとってゆかりのある西ベンガル州のコルカッタに行ってみたいと思った。日本とインドの関係は長く、深いが、岡倉天心と交友の深かったラビンドラナート・タゴール、インド独立の闘士で日本とも関係の深かったチャンドラ・ボース、そして東京裁判で少数意見を書いたラダ・ビノード・パール判事、いずれも西ベンガル州の出身者である。

同時にコルカッタといえば、ミュージカル『オー・カルカッタ』、マザー・テレサの孤児院、私の乏しいイメージの中では、貧困、スラム、混沌の街だった。ところが、飛行機を降りて空港から町へ続く道は目を見張るものだった。一面、整理された土地、広大な土地が広がっていた。大規模な工業団地の整備が始まっているとのことだった。当時、西ベンガル州の首相は共産党の方だったが、外資歓迎、特に日本からの投資は大歓迎だそうで、大いに今後の日本との経済交流の可能性を感じたものだった。

このコルカッタの後は、日本企業が進出し始めているバンガロール、さらにハイデラバードを訪れた。バンガロールは高原の避暑地で、もともとは大学を中心とした文化都市だったそうである。少し、日本からの企業進出がバンガロールに集中しているのが気になった。インフラが整備されておらず、車の混み具合が尋常ではなかった。むしろ、欧米のＩＴメーカーが進出し始めているハイデラバードが経済発展の大きな可能性を秘めているように思えた。

ソフトウェアの会社や医薬品の研究所などを見て回った。「さすがにインド人は優秀だ」と感心させられる光景に目を奪われた。そこはアメリカの小会社で医療診断記録を作成する会社だった。アメリカでは詳細な医療診断記録の保存が義務づけられているが、この作成作業がアメリカの医師たちの頭痛の種だった。

そこで、考えられたのが、アメリカにいる医師が口述し、ハイデラバードにいるインド人が聞きとり、記録にまとめるというシステムだったそうである。その作業を急ぎの場合は四時間以内にすませ、アメリカに送り返すとのことであり、実際に口述音声を聞かせてもらったが、ものすごいスピードだった。これを誤りなく報告書に仕上げるというのには驚かされた。

日本との関係では、日本語の特訓を社員に行なっているソフトウエアの会社もあった。デリーでは、日本が協力して出来上がった地下鉄、デリー・メトロが大人気で、日本からの「最高の大使」と言われていた。この地下鉄は予定工期よりも早くに完工したそうで、インドでは奇跡だと話題になっていた。

インド外務省の建物に行く。道路を悠然と牛が歩いて行くのは、さすがインドだなと思ったが、お猿さんが外務省の庭を走っていたのには驚いた。この外務省での会合で、一つ、恥ずかしい失敗をしてしまった。無知とは恐ろしいもので、昼食会の席でデザートにマンゴーが出された時、思わず、「インドにもマンゴーがあるのですね」と言ってしまった。すると、インドの高官がこちらを見て、なんと無礼な事を言うのか、といった様子で、そこから、延々とインド・マンゴーの話が始まった。「インドは世界最大のマンゴー生産国である。およそ、世界のマンゴーの四〇％はインド産だ。しかも、最高のマンゴーはアルフォンソ・マンゴーと言う。ただのマンゴーではない、最高のマンゴーだ」、いやはや、インドのマンゴー自慢に圧倒されたのだった。

インドの将来性は大きな魅力である。民主主義国家としてのインドは日本の自然な戦略パートナーだ。ところが、日本とインドの経済関係は低レベルで止まっていた。貿易量や投資額を見ても、当時、日中経済関係の四〇～五〇分の一といった程度だった。このため、「日印経済連携協定は是非とも作るべきだ、そして日印関係を大きく前進させるべきだ」と総括した報告書をまとめるのに何の躊躇も感じなかった。

ただ、インド政府の高官と話しをしていて、心配になったことがあった。日本では道路や鉄道などのインフラは政府が責任をもって整備する考え方が当然にあった。これは中国やＡＳＥＡＮ諸国でも同様だった。ところがインドでは、高速道路や鉄道、橋の建設について、政府の責任ではなく、その開発の権利を外国企業に与え、整備させてやる、といった考え方が見受けられた。また、各州の権限が極めて大きく、インフラ整備などでは中央政府の権限は地方に及んでいなかった。果たして、これでうまくインフラ整備が進むのか、疑問を感じたものである。

日印包括経済連携協定は二〇一一年に発効したが、それから一〇年、残念ながら日本とインドとの経済関係は期待したようには伸びていない。日本からの投資は増大してきているが、貿易は依然、低いレベルで推移している。日印貿易は印中貿易の五分の一、日中貿易の一八・五分の一であり、日本の貿易総額に占めるインドのシェアは一・一%、インドの貿易総額に占める日本のシェアは二・一%に過ぎない。日印戦略パートナーシップの重要性は高らかに語られているが、経済関係を一段と高いレベルに引き上げるのは容易ではない。

同じような作業は豪州との間でも行なった。日豪経済連携協定交渉に入るかどうか、その共同研究を両国で行った。当然のことながら、日本国内では農業関係者が豪州との自由貿易協定交渉に入ることに大反対だった。そこで、日本側としては豪州に日本農業の特殊性、センシティビティを理解させることができるかどうかが鍵だった。日豪両国の外交当局は、日豪関係の一層の緊密化を図るため経済連携協定は作り上げたいという強い願望を持っていた。しかし、双方共に国内関係者の支持を得る必要があり、それが容易ではなかった。日本側では、なんとしても日本農業の保護を可能とするものでなくてはいけなかった。他方、豪州においては、「日本との経済連携協定を作るのであれば、日本の農産品の自由化は不可欠だ」との声が強かった。豪州としては自動車など日本の競争力の強い産業で自由化を図るのだから、当然、豪州が強い競争力を持つ農産品で自由化を実現しなければ、日豪間の利益でバランスが取れないと考えていた。

日豪経済連携協定交渉を進めるべしとの共同報告書を作成する過程において、日本の農業の特殊性とセンシティビティをどれだけ書き込むか、それがこの作業の最大の交渉事項となった。今、改めて当時の報告書を読んでみると、二二ヶ所で「センシティビティ」との表現があり、よくここまで何度も「日本の農業の特殊性とセンシテイビテイ」を書き込んだものだな、と自分でも感心するほどの出来である。そして日豪経済連携協定は二〇一五年に発効し、その後のＴＰＰ協定交渉にも大きく貢献した。

3　政務担当外務審議官へ

北方領土をめぐるロシアとの交渉

二〇〇七年一月、今度は経済担当から政務担当外務審議官となった。このポストは総理の外国出張の際、事務方の首席随員として必ず同行する役目を担っていた。もちろん、外務省での本務としては、諸外国と次官級対話を行うという仕事がある。また、外交交渉としては、日露次官級会合で北方領土問題について交渉することになったが、この日露の交渉はなかなかに前に進むものではなかった。

二〇〇八年七月には、メドベージェフ大統領がＧ８北海道洞爺湖サミット出席のため来日した際、福田首相と個別に会談し、平和条約が存在しないことが日露関係の進展にとり支障となっていること、平和条約については、日露間の領土問題を最終的に解決するものでなくてはならず、双方にとって受入れ可能な形で解決しようという認識で一致をみた。しかし、日本側で短期政権が続き、日露間で本格的な交渉を行うまでには至らなかった。

その後、安倍首相がプーチン大統領との間で日露平和条約交渉を加速させ、北方領土問題の解決に最優先課題として取り組もうとしたが、結局ロシア側の頑なな態度を変えることが出来なかったのは誠に残念なことであった。

ミャンマー訪問――親善訪問のはずが抗議ミッションに

二〇〇七年九月三〇日、私はミャンマーを訪問した。この時のミャンマー訪問については、ミャンマーで取材を行っていた日本人ジャーナリスト長井健司さんが銃撃され、死亡した事件を受け、ミャンマー当局に抗議し、事件の全容解明を求めるための訪問だと報じられた。この事件は九月二七日、ミャンマー国内で反軍制デモが繰り広げられていて、そのデモを取材中の長井さんが射殺された事件であり、私は事件の三日後に現地に向かったことになる。

この時の私のミャンマー政府要人との会談については、外務省の発表文でも、マウン・ミン外務副大臣と会談し、「本事件の真相解明とその結果の報告を求める。映像を見れば流れ弾ではなく、至近距離から撃たれたものであり、専門家の分析が必要だ」と述べた旨、また、チョウ・サン情報大臣との会談では、「日本人が死亡したことは大変遺憾であり抗議したいとした上で、真相究明を求めた」と記されている。

この時の私のミャンマー訪問は、実は、かなり前から日本とミャンマー政府の次官級協議という目的で準備されて来たものであり、その訪問直前に邦人射殺事件があったため、急遽、抗議ミッションに早変わりしたのだった。

私は、アジア大洋州局長時代からＡＳＥＡＮとの連携の強化を重視してきたが、その中でミャンマーが軍政下にあり、アメリカ政府などが厳しい経済制裁を課していたため、日本としても思うようにミャンマー政府との協力を進められないことを残念に思っていた。もともと、日本とビルマとの関係は昔から良好だった。アウンサンスーチー女史の父親で、「ビルマ建国の父」として今も敬愛されているアウンサン将軍は一時期、ビルマ独立を目指して日本軍と共闘したこともあり、その際に指導を受けた鈴木敬司大佐が戦後、ビルマに連行され、ＢＣ級戦犯として裁判にかけられそうになった時は、アウンサン将軍が猛反対し、鈴木大佐は釈放されたという経緯もあった。この鈴木さんは、ビルマの教科書に「独立を助けた友人」として長く、記述されていたそうである。

ミャンマーが軍政下にあった時代、アウンサンスーチー女史が軟禁されており、アメリカ政府はミャンマー政権を毛嫌いし、激しく非難し、制裁を課して来ていた。しかし、私はミャンマーが地政学的にも重要な位置にあり、ミャンマーが中国一辺倒になることに危機感を覚えていた。ミャンマーの人々は決して中国贔屓ではないが、西欧社会が経済制裁を加えるので、仕方なく中国の支援に頼っているという事情もあった。

そこで日本政府はミャンマー政府に対し、国際社会の声に耳を貸し、民政移転に向かうよう働きかけ、人道支援の名目で経済協力も実施していた。その働きかけは思うようには進まなかったが、それでもミャンマー政府との対話は続けるべきだと考え、二〇〇六年にはチョー・トウ外務副大臣の訪日を実現し、私との間で日・ミャンマー外務次官級協議を開催した。その時に、次は私がミャンマーを訪問することが合意されたのだった。

私がミャンマーを訪問することが決まると、アメリカ政府の一部からは、「経済制裁をしているときに日本政府高官がミャンマーを訪問すると、間違ったメッセージを送ることになる」といった話も聞こえて来たが、私はミャンマー政府と率直な意見交換をすることは重要だと考え、ミャンマーを予定通り訪問することにしていた。

ちょうど、その時に長井さんが射殺されたという一報が伝えられたのである。この時、私はニューヨークの国連総会に出かけていた。本省からは、予定通りミャンマーを訪問するか、あるいは訪問を見合わせるかと照会があったが、私は即座に、予定通り訪問すると回答し、ニューヨークから真っ直ぐミャンマーに向かったのだった。

もっとも、この時のミャンマー訪問では、当初の予定とは全く違った日程とせざるを得なかった。チョー・トウ外務副大臣から、仏教遺跡で有名なパガンに招待したいとの申し出があり、楽しみにしていたが、さすがにパガンを訪問している時ではないだろうと判断し、この行程はキャンセルしたのだった。そして、首都ネピドーに直行し、抗議ミッションの役割を果たしたが、同時にミャンマー政府との間で幅広い意見交換も行なったのだった。

その後、ミャンマーでは、二〇一一年に軍事政権から民政移管が実現し、新しい時代が到来した。私は、いよいよ日本がミャンマーに本格的な経済協力を行うときが来たと喜び、日本の財界関係者にもミャンマーの重要性を力説していた。そして二〇一二年一〇月一五日、全日空が就航を決めたミャンマー線の第一便でビジネス界の方々と共にミャンマーに向かったのだった。

そんな思い出のあるミャンマーだけに、本書を書き上げていた時に、ミャンマーにおいて緊急事態が宣言され、アウンサンスーチー国家最高顧問が拘束されるというクーデターが発生したことに驚愕したのだった。このクーデターは、せっかく進めてきたミャンマーの民主化と経済発展のプロセスを根底から覆し、時計の針を軍政下の時代に戻してしまう暴挙だった。ミャンマーが軍政に逆戻りし、国際的には中国にのみ依存するようなことがあってはならない。何としてもクーデターをやめさせる必要があり、日本政府にはそのための強いリーダーシップをとって欲しいと願うのみである。

日中東シナ海ガス田共同開発合意

二〇〇七年一二月末に、福田康夫総理が訪中することになった。この年の九月、福田政権が誕生し、中国側はこの機を捉え、日本との関係を前進させたいと考えたようだった。小泉政権時代は政冷経熱の時代と言われ、その後に誕生した安倍晋三総理が二〇〇六年、電撃的に訪中、日中関係が一歩前進したが、その流れをより本格化させたいというのが日中双方の思いであった。

その具体的な動きが東シナ海で出てきた。先に触れた通り、日中間では、東シナ海の境界確定について二〇〇三年から協議を行なってきていた。しかし、日中両国の立場が全く違っており、建前論を述べ合うだけで終わっていた。中国側は、国連海洋法条約の大陸棚自然延長論を援用して、沖縄トラフまでが自国の権利が及ぶと主張していた。これは、要するに東シナ海は全て中国の海だというに等しい主張であった。これに対し日本側は、中間線で境界を引くのが国際的な慣行だと主張してきた。つまり、沖縄トラフまでが自国の水域とする中国と中間線を主張する日本の対立であり、日中両国は原則論で対立したままであった。

ところが二〇〇七年一二月、大きな動きが出てきた。それまで日中間で頭の体操としてガス田共同開発の話をしてきていた。これは秋葉剛男中国課長（現在の事務次官）が中心となって中国側と話し合っていたものだったが、その中から、一定の水域で共同開発をしようという案が浮上したのだ。その水域とは東シナ海の比較的北にある水域で、この話のミソは特定した水域の中を中間線が走っているというものだった。これは誰が見ても中間線を主張する日本の考え方をベースとしたものである。私は直感的に「この案でまとめるべきだ」と判断し、このアイデアを基本として詳細な詰めを日中間で行なっていった。

そして最終的に出来上がったのが二〇〇八年六月の東シナ海における共同開発についての日中合意だった。この合意は①特定水域を共同開発区域として確定し、②白樺（中国名「春暁」）ガス田については、中国の国内法に従って開発されるが、日本企業が参加するという内容のものだった。このうち、後者の白樺ガス田については、中間線より西に位置しており、中国側は「これは日本が主張する中間線よりも西にあるので、日本とは関係がないはずだ」と主張したが、日本側は、当該ガス田は海底で中間線の東側につながっているかもしれないと主張した結果、日本企業の参加が認められたのだった。

日本側では、中間線の西側にある平湖、天外天などの油田についても合意の対象とすべしとか、中間線の東側の油田は日本が開発することを中国側に認めさせるべし、といった意見も散見された。しかし、そうした議論を持ち出せば交渉が頓挫することは目に見えていた。肝心なことは、中間線をベースとした合意を作り上げることだった。この機会は千載一遇のチャンスであり、決して逃してはならないと考え、上記の二点を合意内容とすることで決着したのだった。

この合意に先立ち、二〇〇八年五月、胡錦濤国家主席が訪日したが、その際に発出された日中共同声明では、「東シナ海を平和・友好・協力の海」とすることが明記されており、その第一歩がこの東シナ海における共同開発合意だった。

ところが、この合意を条約にする作業の段になって、中国側から国内での反発が強く、しばらく待ってほしいという連絡が入った。しかし、その後も日中首脳会談の機会毎に本件合意が有効な合意であることを確認してきていた。

そして、二〇一〇年七月、ようやくにして条約協議が行われることになった。ところが、そのタイミングを見計ったかのように、同年九月七日、中国漁船が尖閣諸島水域で海上保安庁の警備船に衝突するという事件が起き、九月中旬で調整をしていた第二回協議が延期されてしまった。私は、これはまさに中国の一部が本件、東シナ海における二〇〇八年共同開発合意を潰しにかかったなと思ったほどだった。

その後、日中間では二〇一二年九月の尖閣諸島の国有化を巡り、中国側が大反対のキャンペーンを張り、中国国内における反日デモが激化した。こうして日中関係は険悪になり、二〇一二年末には中国において習近平体制が発足したが、数年間にわたり日中首脳会談が開かれない年月が続いた。このため。私はせっかくの東シナ海における共同開発合意が反故にされてしまうのではないかと大いに心配したのだった。

この心配を払拭したのが二〇一七年一一月の日中首脳会談だった。安倍・習近平首脳会談において、「東シナ海資源開発に関する『二〇〇八年合意』を堅持し、同合意の実施の具体的進展を得るよう、引続き共に努力していく」ことが合意されたのである。二〇〇八年の合意を習近平体制でも日中合意と確認した瞬間だった。その後の二度の日中首脳会談においても同じ確認がなされている。

残念なことに、日本のメディアはこのことの意味合いを理解していないのか、日中首脳会談の後の報道でも、ほとんど触れられていなかった。しかし、中国側は、東シナ海については、基本的に日本と共存していこうというメッセージを日本に送ったものだと私は理解している。もちろん、東シナ海には尖閣諸島があり、その周辺海域で日中は対立しており、中国側は尖閣諸島水域に船舶を航行させてきている。尖閣諸島を巡る日中対立は容易に解決できそうにないが、それでも東シナ海でガス田の共同開発が進めば、状況は大いに変わるはずである。日本では、大方の人々が「中国は信用できない」と考えており、そうした国民感情を背景にしてか、ガス田の共同開発といったアイデアは重視されていないようだが、私は、二〇〇八年合意を全面に打ち出して日本が中国に対して平和攻勢をかけるべきだと考えている。この二〇〇八年合意の重要性はいくら強調しても足らないものであり、日本としては二〇〇八年合意の条約化に全力を尽くすべきであり、この点については第八章でさらに詳しく論じることにしたい。

4　事務次官就任

中規模高品質国家論

二〇〇八年一月、事務次官に就任した。

自分が事務次官、外務省の事務方の責任者になるのかと思うと、外務省に入省し、山口さんに上級試験を受けるように勧められたこと、それからの四〇年近い日々を思い起こし、しばし感慨に耽ったものだった。しかし、外交は待ったなしである。この時、改めて肝に銘じたことは、「責任は自分がとる」という覚悟だった。外務省には霞ヶ関の本省にいる二一〇〇名と海外の大使館、総領事館にいる三四〇〇名の職員がおり、日本外交を背負い、先兵となって職務に励んでいる。しかし、相手はさまざまの国であり、国益がぶつかり合い、いつなんどき、大事件が勃発するかもしれない。その時々に重要性を見極め、国益にかかる重大事件と判断すれば、直ちに手を打つ必要がある。危機管理と言ってしまえばそれまでだが、事は国家に関わる重大事である。瞬時のためらいが許されず、ましてや前例などに拘っていて、事なかれ主義で対応するようではダメだ、という思いを一段と強くした。

また、外交をやる上で大事なことは、「信念を持ち、物事を前に進め、結果を出すことだ。そのために知恵を出し、汗をかくのだ」というのが私の常々考えてきたことだった。そうした姿勢で全省員が外交に当たってほしいと思った。そして、外務省員が伸び伸びと仕事ができる環境を作るのが事務次官となった私の責任だと思った。

それが次官就任の際の自分の心持ちだったが、次官就任に際し、当時の新聞に人物評が載っていて、今、読み直してみると恥ずかしいことや、面白いことが報じられている。一部、紹介すると、「落ち着いた物腰からエリート街道を歩んだ印象もあるが、周囲に人物評をたずねると、『浪花節』、『親分肌の人情家』といった答えが返ってくる。大阪大学からいわゆるノンキャリで入省した半年後、上級試験を受け直した経歴は有名だ」、「かつては短気で有名。『瞬間湯沸かし器』とも呼ばれたが、外務審議官になってじっくりと人の話を聞くようになった」、「日米構造協議にかかわり、したたかな交渉手腕から日米両政府関係者の間で『タフネゴシエーター』との評価が定着。対北朝鮮交渉にどう臨むのか、力量が問われるのは間違いない」、「交渉力は折り紙付きだが、あらゆる分野を見渡す司令塔タイプではないとの声も聞かれる」、「就任あいさつでは、日本の地盤沈下を念頭に『規模がモノを言う時代は終わった。構想力を高め、政策やアイデアで勝負する時代がきた』と述べた。北海道・洞爺湖サミットで早速、手腕が問われる」、「学生時代からの野球好きで知られ、外交官としての仕事ぶりもどちらかと言えばチームプレー型」などなどだった。

さて、次官として何をやるべきか、そう考えて、当時、「中規模高品質国家」を目指すべしとの小論文を「外交フォーラム」に発表した。その骨子をここで紹介すると、「オバマ政権になり、スマート・パワーという言葉が語られ始めている。経済力、軍事力に代表されるハード・パワーと文化、価値観といったソフト・パワーを融合した力を意味している。さて、日本のスマート・パワーは相当なものである。自然を愛し、環境を大事にする日本、豊かな文化と技術力を誇る日本は世界でも有数のスマート・パワーを潜在的に持っている国だと思う。問題は、それが外交力になっているかどうかであり、国際的に十分な力を発揮できていない。日本人の美徳である奥ゆかしさは外交においてはマイナスに働いてしまう。ポイントは国際的に通じる発信である」「日本が目指すべきは『中規模高品質国家』ではないかと思う。規模の点では早晩、中国に追い抜かれる。しかし、経済の規模ではなく、国の品質は高い。『環境に優しく、途上国の国作りを助ける平和国家・日本。ハイテク、モノ作りの国・日本。高い文化をもつ日本』はまさに高品質国家と呼ぶにふさわしい国家である」という内容だった。

当時は、なんで中規模なのか、との反発も聞かれた。いまだ日本が世界第二の経済大国であり、中国に負けてなるものか、といった感情的反発があったのだと思う。あれから一〇年、今日、中国の国民総生産（GDP）は日本の三倍になろうとしている。しかし、このところ中国について顕著になってきたのは、強圧的な政治姿勢であり、民主主義国家、日本が規模ではなく品質で勝負すべきだと言うのは、決して間違った指摘ではなかったと考えている。

「Yes, We Can」

私が外務次官だった時代には、アメリカではオバマ政権が誕生している。アメリカでは、「Yes,

We Can」の掛け声がかかり、バラク・オバマ大統領への期待感で満ち溢れていた。そうした時期にアメリカの何人かの有識者が訪日し、日本の政治家と話し合う機会があり、私も参加していた。そこで米側出席者の一人、マイケル・グリーン氏が日本語で滔々と述べ始めた。「今、アメリカではオバマ政権の発足を前にして、熱気が、期待感があふれている。まさに、『Yes, We Can』の雰囲気だ。ところが日本に関しては、政治状況もあり、『No, we can't』ではないかと見られている。例えばアフガニスタンの問題一つとってみても、日本にはあまり期待できないとみられているが、どうか？」この発言に対し、日本の政治家は黙って聞いていた。冗談ではない、そう思った私はあえて、英語で次のように発言した。

「日本はPRが上手でないが、事実をもって日本がアフガニスタンでやっていることを話したい。アフガニスタンで作った学校は五〇〇、養成した先生の数は一万人、識字教育を行った生徒の数は三〇万人。日本が作ったクリニックは五〇、ワクチンを供与した数は四〇〇〇万人に上っている。また、作った道路は六五〇キロに及んでいる。この背景にはJICAの緒方貞子理事長のリーダーシップがあり、多くの日本人専門家が現地で働いている。日本はこうした努力をさらに強化したいと考えている」

この説明に対して、アメリカの出席者たちは、最初は戸惑ったような様子で聞いていたが、そのうち、「自分たちは、日本がそうした貢献をしていることを全く知らなかった。ぜひ、そうした努力を続けて欲しい」といった反応があり、少しは胸のつかえがおりた思いがしたが、同時に、われわれの説明不足を大いに反省したのだった。

このアフガニスタン支援については、その後、アメリカ政府から日本に対し、自衛隊のヘリコプターを出してほしいという要請が内々あった。私は次官として、「ＮＯ」だと判断した。アフガニスタンにヘリコプターを出せば、確実に死者が出る、日本はそんなことは出来ないし、すべきでないと考えたからである。しかし、アメリカに対し、「日本はできない」と答えるだけでは、湾岸戦争の時の二の舞になる。「何もしない日本」の再現である。当時、アフガニスタンでは欧米諸国が大きな犠牲者を出していた。アメリカの軍人の死者数が二四三七名、英国が四五五名、カナダが一五八名、フランス八七名、ドイツ五四名である。そうした時に、「日本はヘリコプターを出すことはできない」と答えると、日本に対する猛烈な批判が来ることは目に見えていた。そこで私は、「ＮＯ」と言うのではなく、「日本として出来ること、得意なことをやる」と言い、上記の学校や医療面での日本の貢献を具体的に説明し、さらに具体的な数値を示して日本の努力を倍加すると説明するように指示した。

この日本の取り組み姿勢はアメリカから大いに評価された。アフガニスタン支援会合に出席した日本の代表によれば、強面のリチャード・ホルブルック・アメリカ代表が日本の取り組みを絶賛し、その一方、ドイツやフランスの取り組みが不十分だと批判したそうである。この両国はアフガニスタンでも比較的安全な地域の治安を担当しており、死者の数も少なかったが、それではダメだ、という叱責のようだった。

もちろん、このアフガニスタンでの取り組みと湾岸戦争とは状況が違っており、単純に比較はできない。しかし、「NO」ではなく、「Yes, We Can」と言うアプローチの重要性は大事だと考えている。

自衛隊と言えば、クラスター弾に関する条約という事案もあった。二〇〇九年のこと、クラスター弾に関する条約に日本が参加するか否かが懸案として浮上した。次官室に上がってきた対処案では、クラスター弾の生産・保有国のアメリカが本条約には反対であり、自衛隊もクラスター弾を保有しており、日本として条約に参加できない、という考え方に立っていた。しかし、これだけ非人道的な兵器を日本が引き続き保有するというのはあり得ないことだと思った。また、アメリカが反対だから日本が参加できない、というのもあまりに短絡的な考えである。そこで当時の中曽根弘文外務大臣にご相談し、日本が参加する方向で検討することにした。その後の世界の趨勢を考えると、この時、日本がこの条約に参加することにした判断は間違っていなかったと考えている。

四人の総理に仕えて

私は事務次官を二年八ヶ月にわたって務めた。この間、四人の総理に仕えたが、これは外交上、極めてよろしくないことだった。外交の一貫性や継続性が保ちえないし、相手国にとっては日本の総理は誰か、全く顔が見えないことになる。しかも、この時の四人の総理が、自民党二人、民主党二人と党が違っていた。これは、なかなかの経験だった。今日、国家安全保障会議（NSC）事務局が出来ており、総理への国際情勢のブリーフはNSCと外務省が共同で行っているようだが、当時はNSCもなく、外務事務次官が総理に対する国際情勢のブリーファーだった。毎週、事務次官が一人で総理のところに伺い、外交案件から国際情勢まで説明するのである。四人の総理のうち、福田康夫総理、麻生太郎総理は局長時代から説明に上がっていたこともあり、自然な形でブリーフし、諸々のご相談をすることが出来た。

しかし、民主党政権の発足は霞ヶ関の各省庁にとって超大型地震の発生のような事件だった。役所によっては、次官や局長が大臣とまともな話ができず、会ってもらえないこともあると報じられていた。

二〇〇九年九月、民主党政権が発足した夜、組閣、認証式を終えた岡田克也外務大臣が登庁された。夜中に臨時省議を行うのはいつものことだが、この時は様子が全く違っていた。大臣の第一声が「国家公務員法九八条に基づき、事務次官に対し、徹底した密約調査を命じる」だった。国家公務員法九八条は「上司の職務上の命令に忠実に従わなければならない」とあり、徹底した密約調査を行わなければならず、怠れば国家公務員法違反になる、ということだった。

いやはや、これは先が思いやられるな、というのが正直なところだった。とにかく、ここは徹底した密約調査をするしかない、と腹を括った。ここで密約というのは一九六〇年代、日米間で交わされたとされる秘密の約束事などを指しており、すでにさまざまの研究から①一九六〇年、安保条約改定時の核持ち込みに関する「密約」、②同、朝鮮半島有事の際の戦闘作戦行動に関する「密約」、③一九七二年の沖縄返還時の有事の際の核持ち込みに関する「密約」、④一九七二年の沖縄返還時の原状回復補償費の肩代わりに関する「密約」などがあると指摘されていた。

省内に次官直属の調査チームを作った。私自身は、一九六九年に入省後、経済関係を担当することが多く、一連のいわゆる「密約」には全くと言っていいほど、関わっていなかった。しかし、一九六〇年代から一九八〇年代まで「密約」問題が日米間で折に触れて浮上し、大きな政治問題となったことは知識として知っていた。とりわけ、核の持ち込み問題は国会で野党からの厳しい追及があり、その度に激震が外務省を襲った。そして、外務省の現役の中にも直接、間接に「密約」問題に係わった人がかなりいた。そうした中で徹底した調査をするのは大変なことで、外務省の中も騒然となっていた。

この調査チームのヘッドに北野充審議官を当て、省内の精鋭を集めた。二ヶ月の間には答えを出すように大臣から求められており、毎日のように次官室で会合を開いた。精鋭による徹底した作業の結果、多くの資料が出てきた。そして関係者への徹底した聞き取り調査も行った。私自身、かつての上司で退官された大先輩にも直接お話を伺った。この大車輪の作業の結果、いわゆる「密約」問題のほぼ全てが解明された。分からなかったのは、一九七二年、沖縄返還時の有事の際の核持ち込みに関する「密約」だけだった。この問題は、「密約」調査が行われていた時に、佐藤栄作総理の子息である佐藤信二氏から、家に文書があったとして当該文章が提示されるという予想外の展開があった。ニクソン大統領と佐藤総理が別室でサインしたという文書であり、沖縄返還に関連し、将来の有事の際、核持ち込みについて一定の申し合わせが行われたことを示すものだった。このこと自体は当時の外務事務当局は全く知らされていないものだった。

核持ち込みに関する「密約」は、自民党政権を揺るがしかねない大問題だったが、一九九一年、ブッシュ政権が艦船及び航空機から戦術核を撤去するという決定を行い、潜水艦などの技術の進歩も相まって、実体的にはこの密約問題は過去の問題となりつつあった。それにしても、この「密約」調査は神経をすり減らす作業であった。

二〇〇九年一一月に外務省内の調査が終了すると、岡田大臣が委嘱した有識者委員会による検討が始まった。北岡伸一東京大学教授を座長とした有識者委員会は、外務省による調査を厳しく吟味し、二〇一〇年三月に報告書を大臣に提出した。この有識者委員会報告書において、外務省調査チームの内部報告書は「それなりに優れたもの」であり、外務省調査チームの仕事ぶりには「すべて本当のことを言おう」とする熱意が感じられたことを付け加えたい、とあった。これは北野審議官をヘッドとする調査チームの真摯な取り組みが評価されたものであり、私も責任者として安堵したのだった。そして「密約」関連文書を全て公開したことで、この「密約」問題は決着をみたのだった。

岡田外務大臣とは少しは面識があり、この「密約」調査の様子を見て、ある程度、我々事務方を信用していただけたようであった。そして重要な外交案件については大臣と次官で直接に協議することが多くなり、他の省庁で見られたような政務（大臣、副大臣、政務官）と事務方との軋轢はあまりなかった。これは外交という仕事には相手国があり、国内の都合で政策決定ができるものではないことと、大臣が事務方を信頼してくださったこととの二つの要因によるものだと受け止めている。

しかし、民主党政権で苦労することになったのは、鳩山由紀夫総理の普天間基地をめぐる発言だった。「最低でも県外」発言は、総理就任の直前に沖縄訪問をした際に行われたものだったが、沖縄の方々に大きな期待感を抱かせる結果となった。そして政権が発足すると、辺野古への移設ではなく別途の案が検討されることになり、迷走して行った。ジョン・ルース駐日アメリカ大使は、毎日のように私に電話してきて、「鳩山総理はこう言っているが、大臣は別の趣旨の発言をしている。どう理解すればいいのか？」といったことを聞いてきた。結局は、「最低でも県外」は無理という結論になったが、日米関係に大きな傷跡を残すことになった。私としても、もう少し違った取り組みが出来なかったのか、大いに反省したものである。

この民主党政権二年目の二〇一〇年八月、私は外務省での仕事は十分にやり終えたと考え、退官したのだった。

第八章　アメリカのバイデン新政権と世界情勢分析

1　危機に直面した世界

国際システムの崩壊

外務省を退官して一〇年が経つが、その間に世界は大きく変わってしまった。第二次大戦後の世界は、アメリカを中心とした国際協調のシステムが築かれ、世界の平和が曲がりなりにも保たれ、経済も発展してきた。そして日本はそのシステムに守られ、平和と繁栄の果実を享受してきた。七五年間、その世界システムに馴染んできたため、今、そのシステムが崩壊しつつあることに日本、及び日本人はあまりにも無頓着であり、危機意識が薄いように思われる。まるでその国際協調システムが永遠に続くと盲信しているかのようにも見受けられるが、それは日本にとって大変危険なことであり、あらためて今日起きている世界の大きな変化について情勢を分析していくことにしたい。

戦後の国際協調のシステムを支えてきたのは、経済面では多角的自由貿易体制であり、平和と安全保障の面では同盟関係である。トランプ大統領は、多角的自由貿易体制を根本から揺るがし、同時に同盟を軽視し、これまで世界の指導者が営々と築いてきた世界の国際協調システムを崩壊の危機に陥れたのである。

アメリカが偉いと思うのは、第二次世界大戦がいまだ続いているなかで、戦後の体制を話し合う会議をニューハンプシャー州ブレトンウッズで開いていることである。第七章でみてきたように、ブレトンウッズ会議では、第二次世界大戦を招いた要因として、世界恐慌が襲った時、アメリカが関税を大幅に引き上げる保護主義に走り、ブロック経済を築いて行ったことが指摘され、戦後の世界経済の回復、発展のための処方箋が話し合われている。こうして出来上がったのが国際通貨基金（ＩＭＦ）、国際復興開発銀行（ＩＢＲＤ）と国際貿易機関（ＩＴＯ）だった。このうち、ＩＴＯはアメリカ議会の反対で日の目を見なかったが、合意された関税と貿易のルールだけは関税と貿易に関する一般協定（ＧＡＴＴ）として発足した。

世界経済の発展という観点からは、ＧＡＴＴのルールに基づく多角的な自由貿易体制の進展が大きな役割を果たしてきた。自由貿易の進展というのは、言うは易く行うは難し、常に保護主義圧力にさらされ、容易に進展しないものである。ここで大きな役割を果たしたのがジョン・Ｆ・ケネディ大統領だった。一九六二年一月の年頭教書において、本格的な多角的貿易交渉の推進を提唱し、この呼びかけを推進力として工業品関税三五％の引き下げを柱とした交渉が妥結した。これが多角的貿易交渉の最初の大きな成果であり、ケネディ・ラウンドと呼ばれるようになった。その後、一九七〇年代には東京ラウンド、一九八〇年代にはウルグアイ・ラウンドと呼ばれる交渉が展開され、貿易自由化が実現していった。一九九四年、ウルグアイ・ラウンド交渉が妥結し、世界貿易機関（WTO）が発足した。

この間断なき自由貿易推進の国際的な取り組みは、自転車を漕ぐ作業だと言われたものである。常にペダルを漕いでいないと、自転車は倒れてしまう、それだけ保護主義圧力は強いものだという教えだった。ケネディ・ラウンド交渉の参加国は六二カ国だったが、一九七三年九月に東京に集まり、始まった東京ラウンド交渉では一〇二カ国に増大していた。この東京ラウンド交渉では、工業品のさらなる関税引き下げに加え、補助金・相殺関税、ダンピング防止、政府調達といった貿易ルールに関する非関税措置にも対象が広がっていった。一九七三年の東京宣言に始まり、一九七九年に終結を見た東京ラウンド交渉は、日本が自由貿易推進のために大きな役割を果たそうという意気込みが感じ取れる時代でもあった。

大きな試練に直面する多角的自由貿易体制

一九八六年に始まったウルグアイ・ラウンド交渉は参加国が一二四に膨れ上がり、交渉対象として農産物の自由化交渉が加わり、大きな争点となった。さらに、新しい貿易分野として、知的所有権、サービス分野の交渉が加わり、紛争処理手続きも重要な交渉案件となった。とりわけ農産物の自由化を主張するアメリカや豪州とこれに慎重な日本、ヨーロッパ諸国との対立は深刻であり、交渉は難航した。日本にとってはコメの自由化は絶対に避けたいところであり、フランスなども豊かに広がる農村を守るためにはアメリカの主張する農業完全自由化は受け入れがたいものであった。一九九一年一二月、当時のアーサー・ダンケルGATT事務局長が提示した農業の「例外なき関税化」を柱とするダンケル・ペーパーでは合意が達成できず、ウルグアイ・ラウンド交渉は頓挫したかに見えた。その後、事務局長にピーター・サザーランド氏が就任、その活力に満ちた采配は各国首脳を動かし、ついに一九九四年にウルグアイ・ラウンド交渉は終結したのであった。農業については、日本はコメの即時関税化は回避することができたが、消費量の四~八%の輸入を義務付けるミニマムアクセスを受け入れることとなった。

このウルグアイ・ラウンド交渉の妥結により、新たに世界貿易機関（WTO）が設立されることになった。こうして、ケネディ・ラウンド交渉から始まった多角的自由貿易体制構築の取り組みは完結したのだった。WTO協定を採択するため、一九九四年四月、モロッコのマラケシュに各国閣僚が参集したが、私も日本代表団の一員としてこれに加わり、「自由貿易は確固としたものとなった」という思いを強くしたものだった。

ところが、今振り返ると、あのマラケシュ閣僚会合が多角的自由貿易体制の最も輝いた瞬間であり、その後は多角的自由貿易体制が次々と大きな試練に直面していくことになった。GATT・WTOの基本原則は何かというと、耳慣れない言葉だが、「最恵国待遇」（Most Favored Nation Treatment）であり、その意味するところは、加盟国間では関税などについて同じ条件を適用するというルールである。

このMFN待遇こそは、ブレトンウッズに集合した指導者たちが重視した原則であり、ブロック経済が戦争を引き起こす大きな要因だったという反省に立って、世界各国に同じ関税を課すことを定めたのである。

このMFN原則からの逸脱が自由貿易協定（FTA）だった。GATT二四条はMFN原則からの例外規定として、実質上すべての関税などを廃止することを条件として、限られたメンバー間でのFTAを認めている。欧州諸国においては、欧州経済共同体（EEC）とその後の欧州連合（EU）により、メンバー間で関税が撤廃されてきていた。さらに一九九四年、北米自由貿易協定（NAFTA）が成立し、MFN原則からの逸脱が拡大したのである。日本は貿易立国の立場からMFN原則にこだわりを見せてきたが、ついに世界の潮流に逆らえず、二〇〇〇年に入り自由貿易協定（FTA）の取り組みを開始することにし、ASEAN諸国を手始めとして経済連携協定（EPA）交渉に乗り出したのだった。

日本ではさまざまの誤解があり、EPAはFTAとは異なるものだ、というのもその誤解の一つである。しかし、EPAもGATT二四条の例外規定であるFTAの一つであり、カバーする分野は広いが、法的性格は同じである。さらにおかしな議論は環太平洋パートナーシップ協定（TPP）交渉参加をめぐる日本国内での議論だった。二〇一〇年当時、TPPはFTAとは異なり、例外なき自由化を求められるので、農業の例外が認められず、したがって、日本は絶対にTPP交渉に参加すべきではないという議論がまことしやかに叫ばれていた。その根拠はTPPの母体ともいうべきP4協定が例外なき自由化を原則としていたためであった。私は当時から、「それは間違いだ。Ｐ４協定は、シンガポール、ブルネイ、ニュージーランド、チリという四カ国の協定であり、いずれも自国産業の保護を必要とせず、自由貿易で活路を見出そうとする国々だから、例外なき自由化に合意しただけである。ＴＰＰとなり、参加国が増えれば、どの国も保護を必要とする産業を抱えているはずであり、何らかの例外扱いは認められるものだ」と主張していたが、なかなか理解してもらえなかった。その後、ＴＰＰ交渉に参加を決断して交渉に加わると、まさに何を自由化の例外とするかが交渉のポイントになったのである。

また、二〇〇一年に中国がＷＴＯに加盟したことも、その後のＷＴＯの動向に大きな影響を与えることになった。中国がＷＴＯに加盟した際には関税引き下げや投資の自由化を約束はしたものの、開発途上国としての加盟が認められた。その後、中国経済が驚異的な発展を遂げていったが、今日でも、中国は「途上国扱い」のまま推移している。

トランプ大統領の出現が意味すること

このように一九九四年以降、多角的自由貿易体制はさまざまの試練に直面してきたが、それでもあからさまに自由貿易原則が否定されることはなかった。しかし、トランプ大統領の出現は、この多角的自由貿易体制を根本から揺るがし、崩壊の危機に陥れたのである。トランプ大統領は「多角的」な体制に生理的な反発があるのかもしれない。およそ、多角的な合意を重視する姿勢は見られなかった。

気候変動に関するパリ協定からの離脱、イランに関する核合意からの離脱、そしてTPPからの離脱と複数国家間の合意には否定的な態度をとることが多かった。トランプ自身が関与し、交渉した合意が一番であり、それ以外の合意には積極的に支持する姿勢は見せてこなかった。

なかでも貿易についての多角的合意について、その重要性を評価し、堅持する姿勢は全く見られなかった。TPPからの離脱に続き、NAFTAについても最悪の合意だとして離脱する姿勢をちらつかせた。このNAFTAについては、アメリカ企業の間でも支持者が多く、結局、トランプ政権自身が交渉に加わり、その結果出来上がった「アメリカ・メキシコ・カナダ協定」を素晴らしいものだと評価しているが、内容はさして前身のNAFTAと変わるものではない。

トランプ大統領にとっては、アメリカの貿易赤字が悪であり、現在のように八〇〇〇億ドルを超える貿易赤字は許しがたい。そしてWTOは貿易赤字を作り出している元凶であり、とても支持などできないシステムだということになる。とりわけ中国との間の貿易が四〇〇〇億ドルを超える貿易赤字となっており、WTOは中国に有利な制度である、特に中国を途上国扱いしていることは不公平だと批判して来た。そして「WTOがシャンとしないなら脱退する」と言い放ち、WTOルールを無視した関税引き上げを各国に課してきた。

アメリカが中国に課した高関税に対し「不当」だという判断を下したWTOについて、トランプ大統領は厳しく批判し、WTOに反目した。そして、トランプ政権はWTOの紛争処理委員会の委員選定に反対してきており、七人の定数のうち一名しかいない状況になり、WTOの紛争処理委員会は機能不全に陥った。

　このようにトランプ大統領はＷＴＯを機能不全にさせ、第二次世界大戦後の世界でアメリカが主導して築き上げてきた多角的自由貿易体制を崩壊寸前にまで追い込んできたのである。

同盟関係の崩壊

　安全保障の分野では、アメリカを中心とした同盟関係が第二次世界大戦後の平和を維持する大きな仕組みであったが、ここでもトランプ大統領は同盟システムそのものを崩壊させる姿勢を見せてきた。

　第二次世界大戦後のアメリカを中心とした同盟システムの中核は北大西洋条約機構（ＮＡＴＯ）である。ＮＡＴＯは、第二次世界大戦後、ほどなくしてアメリカとソ連の対立が先鋭化し始めたため、ソ連圏に対抗する形で一九四九年に誕生した。ＮＡＴＯは冷戦期間中を通して、欧州における平和の維持に大きな役割を果たしてきた。

　一方、アジア地域では、ＮＡＴＯのような集団安全保障機構は存在しないが、アメリカが二国間で結んだ安全保障条約がアジアの平和を守る礎となってきた。そのなかで最も重要な役割を果たしてきたのが日米安全保障条約を基礎とした日米同盟関係であった。

　そのＮＡＴＯが激震に見舞われた。トランプ大統領は、二〇一六年の大統領選挙戦中から、ＮＡＴＯ不要論を唱え始めていた。このため、ドイツ、フランスなどの西欧諸国首脳がＮＡＴＯへのコミットメントを確認してほしいと繰り返しトランプ大統領に要請してきた。ＮＡＴＯへのコミットメントというのは、北大西洋条約五条の集団防衛義務の再確認であり、欧州諸国が武力攻撃を受けた場合にアメリカが欧州を守るという約束の再確認である。

この欧州諸国の要請に対するトランプ大統領の回答は、今までのアメリカ大統領の対応とは全く異なるものであった。トランプ大統領は、「NATOへのコミットメントと言うけれども、誰が敵なのか。それがロシアなら、自分がプーチン大統領と話ができるので心配ない」と答え、欧州諸国の首脳を唖然とさせたのである。トランプ大統領の頭の中では、このような同盟関係とそれに基づく防衛義務というのは、敵国があってこそ必要となるものであり、ソ連が崩壊し、敵がいなくなった欧州において、NATOはもはや不要と結論付けていたのであろう。

トランプ大統領と欧州諸国首脳との間では、プーチン大統領が君臨するロシアについての脅威認識が全く異なっていた。トランプにとっては、プーチンは話がわかる男であり、脅威認識など持っていなかった。一方、欧州諸国首脳にしてみれば、クリミアを併合し、ウクライナに侵攻しようとしたプーチンは脅威そのものであり、核兵器と巡航ミサイルで恫喝するプーチンは、とても話が通じる相手ではなかった。

トランプ大統領は、NATOへのコミットメントを確認しないばかりか、ドイツへの批判を強めた。「ドイツは、お金儲けばかりしていて、自分では防衛努力をせず、アメリカに防衛しろと要求するのはけしからん」というのがトランプ大統領の常套句だった。メルケル首相が気候変動についてのパリ協定の重要性を説き、さらには難民問題への対応で人道的配慮を強調すると、トランプはまるで説教されているように感じたのかも知れない。とにかくトランプのメルケル首相嫌いは際立っていた。安倍総理のトランプへの接し方はメルケル首相と一八〇度異なるもので、トランプの嫌がることは何一つ言わなかった。こうして、「愛想よく自分を褒めてくれる安倍はいい奴だ、それにひきかえ、メルケルはけしからん」というのがトランプ流の評価となった。

実はトランプ大統領がドイツ批判で指摘する二つのポイントは日本にも当てはまることであり、むしろ、日本の成績の方が悪いくらいである。対米貿易黒字だが、ドイツの対米貿易黒字は二〇一九年、六七三億ドルであり、日本の対米貿易黒字は六九一億ドルと日本の方が大きく、トランプからすれば日本の方がより問題なはずである。そしてもう一つの防衛費についても、ドイツの防衛費がGDPの二％というNATOの要求水準を下回り、わずか一・二％だと批判されているが、日本の防衛費はGDP比一・〇％であり、ドイツより低い水準である。この辺り、トランプという猛獣をハンドルするには、理性的に話し、「間違ったことは間違い」と批判するメルケル流よりも、とにかく抱きつき、嫌がることは言わない安倍流が正解だったのかもしれない。

この結果、ついにメルケル首相は「欧州諸国は自分達で欧州を守ることを考えなくてはならない時にきた」と述べ、フランスのマクロン大統領はNATOが脳死状態にあるとまで公の場で発言するに至った。

これは戦後の国際協調システムの根幹をなす同盟関係の否定だった。とりわけ、公の場で同盟関係への不信を明言することは重大な事態である。同盟関係の重要な要素は、抑止力にある。同盟のメンバーの一国を武力攻撃すれば、世界最強国家であるアメリカが防衛に駆けつける、という約束事は大きな抑止力になる。この抑止力が働いていることを見せつけることが大事であり、同盟国の間で意見の相違があっても、それを外に見せてはいけないのである。ところが、NATOで起きていることは、外、つまり潜在的な敵国に対し、同盟が機能していないことを露呈させ、抑止力を大きく低下させており、もはや、NATOはマクロン大統領が言う通り、「脳死」状態にあると言わざるを得ない事態になっていた。

日米同盟関係は安泰か?

大西洋を舞台に起きているこの事態に日本は極めて鈍感だった。あれはNATOで起きていることであり、日本には関係のないことだ、安倍・トランプ関係は良好で、日米同盟関係は盤石だと言わんばかりの受け止め方をよく耳にした。しかし、これはあまりに世間知らず、井の中の蛙の反応である。アメリカの同盟関係で、一番プライオリテイが高いのはNATOである。これはアメリカという国の成り立ちが、ヨーロッパとのつながりにあることから歴然としており、NATOは米ソ対立の時代を含め、相互防衛条約として七〇年の歴史を有している。これに比して日米安保条約はアメリカにとっては一段低い関係に置かれてきたことは間違いない。

今日、米中関係が覇権争いの様相を呈し始め、対立関係が激化していることから、反射的に日米関係、より直裁的に言えば、在日米軍基地の重要性が増してきている。おそらくアメリカの国防関係者に聞けば、ＮＡＴＯと日米同盟関係は同等に重要だと答えるはずである。しかし、日米同盟の方がＮＡＴＯより重要で、したがって、日本は心配する必要はない、と考えるのは合理的な思考とは到底言えない。

同盟軽視、ＮＡＴＯ軽視のトランプ大統領だが、これはトランプに限ってのことであろうか。確かに戦後七五年間で、これほどまでに同盟を軽視したアメリカ大統領はいなかった。しかし、オバマ大統領も「アメリカはもはや世界の警察官ではない」と言っていた。このオバマ発言は、世界で平和が乱れる事態が生じても、アメリカが直接に関与し、アメリカ兵の犠牲者を出すことは出来るだけしないようにしたいという考え方を示すものである。事実、二〇一三年、オバマ大統領は一旦決めたシリア空爆を躊躇し、ロシアに主導権を譲ってしまっている。アメリカの大統領が軍隊を外国に派遣することに慎重になってきたのは、アメリカ国民の考え方を反映したものである。今日、アメリカ国民の六〇％近くが自国軍隊を海外に派遣することに消極的ないし反対である。基本的には、アメリカが世界から後退し始めているという現実があり、日米同盟関係はこれからも安泰、などと考えていては大きく道を誤ることになる。アメリカ全体がより内向きになってきており、アメリカ兵が血を流すことには極めて消極的だという新たな潮流を厳しく認識する必要がある。

国際協調システムの崩壊をさらに加速したのが二〇二〇年、世界を襲った新型コロナウイルス感染症の拡大だった。感染症に対しては世界が協力して対応すべきだというのが常識的な考えのはずだが、今回のコロナ禍では、世界が協力するのではなく、自国のことしか考えない傾向が顕著になった。アメリカ・ファーストのトランプ大統領は、まさにアメリカだけのこと、というより、自分のこと、大統領選挙のことを中心に考え、国際協調で世界をリードするといった姿勢は一切見せなかった。また、アメリカに次ぐ世界第二の経済大国となった中国は、中国における新型コロナウイルス感染症について、情報開示に消極的だったとして世界から批判を浴び、国際協調の中核であるべきＷＨＯ（世界保険機構）は、テドロス事務局長が中国に遠慮し過ぎたとして信頼を失った感がある。

2　分断国家アメリカのこれから

二〇二〇年アメリカ大統領選挙の結果分析とバイデン政権の課題

二〇二〇年一一月三日、アメリカでは大統領選挙の日を迎えた。もしトランプ大統領が再選されることがあれば、第二次大戦後の世界を形作って来た国際協調システムが完全に崩壊してしまうと思い、大いに心配してその行方を見守ったが、トランプ再選という悪夢はギリギリのところで回避される結果となった。しかし、トランプが事前の世論調査の結果を覆すほどの善戦を見せ、七四〇〇万票を獲得したことは事実であり、また、議会選挙でも、下院では共和党が議席を伸ばし、上院も戦前の予想よりは善戦した。

今回の大統領選挙および議会選挙の結果は、今日のアメリカが「United States of America」ではなく、「Divided States of America」、完全に分断された国家となっていることを強く印象付けるものであった。アメリカの歴史を振り返ると、一八七六年の大統領選挙が、これまで最も白熱した選挙の一つであった。選挙人数では一八五対一八四の一票差であり、敗者の民主党テイルデン候補が得票数では五〇・九％で、勝者となった共和党ヘイズ候補の四七・九％を相当に上回っていた。当初は選挙人では一八四対一六五で民主党テイルデン候補がリードしていたが、残り三州、フロリダ、ルイジアナ、サウスカロライナの南部州、計二〇人の選挙人をめぐって、結論が出ず、大混乱となった。共和党系の選挙委員会が介入し、選挙人を共和党に与える決定を行うと、民主党支持者は不正の叫びをあげ、収拾がつかなくなった。そこで様々の試みがなされ、一月に入り、アメリカの選挙史上初めて、上院、下院、最高裁判所各五人からなる選挙委員会が作られたが、これでも決着を見ることが出来ず、最後の取引として大きな妥協が民主・共和両党の間で行われた。その妥協とは、南部民主党が共和党のヘイズ候補の当選を認めるのと引き換えに、共和党は南部から連邦軍を引き上げるというものであった。

この世紀の妥協は、アメリカが南北戦争直後で、なお分断国家に陥っていた時代を象徴するものであったと言えよう。南北戦争に勝利した北軍は、南部諸州に軍を駐留させていたが、南部主体の民主党が共和党へイズ候補の大統領を容認する代わりに、南部から連邦軍の引き上げを獲得するという大きな取引であった。いまだ南北戦争の傷跡が生々しく残っている時代のことであり、この妥協により、南部では黒人に対する人種差別が長く残ることになったと言われている。

二〇二〇年の大統領選挙も、アメリカが深刻な分断国家となっていることを世界に示すものであった。何がアメリカを分断国家としているかだが、二つの大きな要素があると言えよう。一つはイデオロギーとしての保守・リベラルの対立であり、今一つは経済的な要素が強いグローバリゼーションをめぐる対立である。この二つの分断要因に加え、トランプ大統領自身が先頭に立って、分断と対立を扇動し、過激な極右団体と極左団体の対立も生み出した。

この分断の二つの要素は重なることが多く、グローバリゼーションの流れにうまく乗り、リベラルな考え方を持った人々がバイデン・民主党支持者に多く、グローバリゼーションの流れに乗り損ない、保守的な考え方を持った人がトランプ・共和党支持者に多くなっている。もちろん、民主党支持者でも、グローバリゼーションの流れに乗れず、貧しい人々がいる。事実、民主党支持層の中に黒人や若者で貧困層の人も多い。そして共和党支持者にもグローバルにビジネスを展開している人たちが多くいる。しかし、選挙があれば民主党が必ず勝利する州と共和党が勝利する州が全米五〇州の内で四〇州はあり、ブルーの民主党とレッドの共和党に明確に色分けされている。具体的には大統領選挙結果でお馴染みとなったアメリカの選挙図であるが、ニューヨークやニュージャージーなど東海岸の州とカリフォルニアやオレゴンなど西海岸諸州がブルーの民主党州であり、カンサス、ノースダコタ、オクラホマなどアメリカ大陸の真ん中に位置する諸州がレッドの共和党州である。

残り一〇州は人口動態が流動的なところが多く、選挙結果も揺れ動くことが多い。また、同じ州内でも都市と郊外でくっきりと党派色が色分けされている。二〇二〇年の選挙で接戦州となったのは、フロリダ、ペンシルバニア、ミシガン、ウイスコンシン、ノースカロライナ、ジョージア、アリゾナ、ネバダの諸州だったが、このうち伝統的に共和党の強かったノースカロライナ、ジョージア、アリゾナ、ネバダなどは、新たに若者やヒスパニックなどマイノリテイーが流入し、人口動態での変化が顕著に見られた州である。これらの諸州では、二〇〇〇年からの二〇年間で白人の人口が一〇％以上も減少してきている。

保守層の反乱

イデオロギーの要素について考えると、アメリカは一九六〇年代の公民権運動とベトナム戦争以降、社会のリベラル化が徐々に強くなっていった。一九七〇年代のゲイ解放運動を経て、ＬＧＢＴが社会的な認知を受ける時代になり、マサチューセッツ州やニューヨーク州で同性婚が認められるようになった。また、人工中絶について、一九七三年、人工妊娠中絶を規制する国内法を違憲、無効とした最高裁判所の判決が出された。これに対しては、保守派、とりわけ伝統的なキリスト教の立場から強く反対する人が多く、大きな政治問題となって来た。しかし、アメリカ社会全体に漂うムードとして、ポリテイカル・コレクトネス（政治的正しさ）が強調され始め、「性別、人種、民族、宗教に基づく差別や偏見をしてはならない」という考え方が社会規範となり、「とりわけ政治家はこれに反するようなことは言ってはならない」とされるようになっていた。ニューヨークやカリフォルニアなどが社会のリベラル化の先駆者的役割を果たしてきたが、カリフォルニアでは白人が既にマイノリテイーとなっており、アメリカ社会は多様化してきた。

こうした社会の流れに批判的な人々がいたが、なかなか発言しにくい雰囲気となっていて、鬱々とした気分になっている人々も結構いたと考えられる。そこに登場したのがトランプだった。二〇一六年、突如、大統領選挙に名乗りを挙げ、本命視されたジェブ・ブッシュ候補をはじめ、居並ぶ政治家を抑え、共和党候補の座を勝ち取り、ついにはヒラリー・クリントン候補を破り大統領に当選してしまった。トランプ候補は、まさにポリティカル・コレクトネスを無視し、人種や民族、宗教に対する偏見に満ちた発言を繰り返した。大統領当選後、「イスラム教徒は危険だ」などと発言し、イスラム圏五カ国からの入国を制限。また、メキシコからの犯罪者の流入を防ぐためとして、メキシコとの間に壁を建設するといった措置を取ったが、こうしたトランプ氏を自分たちの心、気持ちを代弁する政治家として強力に支持して来たのが、リベラルな社会の流れで抑圧されてきた人々だった。こうした人々の多くは、アメリカ南部や中西部に住む白人男性であり、トランプの岩盤支持層となった。

グローバリゼーションへの反動

アメリカを分断する今一つの要素がグローバリゼーションをめぐる対立である。一九九〇年代以来、世界を大きく動かし、新たな潮流となったのがグローバリゼーションの波だった。第二次大戦後、アメリカを中心にして推進してきた多角的自由貿易体制は、「モノ」の自由化を中心にしたものであった。これまでみてきた通り、ケネディ・ラウンドや東京・ラウンドにおいて工業品関税が大幅に削減され、ウルグアイ・ラウンドでは農産品の関税が引き下げられた。

ところが、一九九〇年代に入ると、金融自由化の波が押し寄せ、巨額の「カネ」が瞬時に国境を越えて取引されるようになった。この流れを後押ししたのがＩＴ化であり、膨大なデータが世界的に行きかう時代が到来した。「モノ」を中心とした貿易自由化から「モノ、カネ、データ」が瞬時、大量に流通する時代に入り、それに「ヒト」の移動の自由化も加わり、世界は一つになった感があった。まさにグローバリゼーションの到来であり、国境というものの意識が薄くなっていった。

この時代になると、企業活動も大きく変化していった。一九八〇年代に世界的に事業を推進する企業が多く出現したが、それらは多国籍企業と呼ばれ、その名が示す通り、「国籍」はいまだ意識されていた。しかし、グローバリゼーションの時代にあっては、多国籍企業に代わってグローバル企業という名が定着し、経済活動の最適化を追求し、世界各地の最適な場で部品を調達し、組み立てるグローバル・サプライチェーンがもてはやされるようになった。

この流れの中で中国が世界の工場としての地位を確立して行ったのである。中国は二〇〇一年にＷＴＯに加入し、国際貿易に占める中国の存在が急激に大きくなってきていたが、グローバル・サプライチェーンの中でもその中核的存在となっていた。

グローバリゼーションは世界経済の成長を加速し、世界に大きな富を生むことになった。とりわけＧＡＦＡ（グーグル、アップル、フェイスブック、アマゾン）に代表される情報、通信、流通分野のグローバル企業の成長はグローバリゼーション以前の時代ではとても想像できないすさまじいものであった。ＧＡＦＡ四社の時価総額だけで日本の東京証券取引所一部上場企業の七割に達するそうである。

グローバリゼーションの波は経済合理性という観点からは強大なメリットをもたらしたが、その一方で、すさまじい貧富の格差を生み出した。さまざまのデータが指摘されているが、世界の最富裕層一〇％が全世界の所得の四〇％を占有しているとか、あるいは、世界で最も裕福な二六人が世界人口の半数にあたる三八億人の総資産と同額の富を握っていると言われている（Oxfam 報告書）。

貧富の格差は先進国の内部でも進行している。グローバリゼーションの波に乗れなかった人々が多く出現し、デジタル格差の問題も深刻化した。こうしたグローバリゼーションの波に乗れなかった人々の反逆が起きたのが二〇一六年だった。二〇一六年六月の国民投票の結果、英国がEU離脱を決めたBREXITと二〇一六年一一月のトランプ大統領の選出という大西洋を挟んだ二つの出来事は、グローバリゼーションへの反攻という意味で共通している。アメリカ国内についてみると、トランプを支持した人たちの典型は、白人で、学歴が高くない男性とされており、まさにグローバリゼーションの波に乗り遅れたか、そもそも波に乗れない人たちであった。

分断選挙を制したバイデン

このように、イデオロギー対立とグローバリゼーションによる格差が、アメリカという国家を二つに分断したが、二〇二〇年の大統領選挙において、ジョー・バイデン候補が分断選挙を制し、勝利を収めた。選挙当日の夜の段階では、トランプ優勢が伝えられ、トランプ大統領は事実上の「勝利宣言」を行なった。これは、これまでのアメリカの大統領選挙の伝統を覆すものであった。一八七六年の大統領選挙以来、選挙を争った二人の候補者の一方が「敗北宣言」を行うことで勝敗が決していたが、二〇二〇年の選挙では、いまだ情勢が流動的な中でトランプ大統領が勝利宣言をしてしまった。

しかし、翌日から大量の郵便投票の結果が開票となり、接戦州でトランプのリードがみるみるうちに縮まり、情勢が一変した。最終的には五日にバイデン候補が大票田ペンシルバニア州での勝利を確実にし、事実上、大統領選挙に勝利を収めることになった。トランプ大統領はかねてより郵便投票が不正の温床だと批判してきていたが、その批判を改めて口にし、法廷闘争に臨む考えを明言した。しかし、ミシガン州、ウイスコンシン州、ジョージア州やペンシルバニア州などでの法廷闘争において、不正の証拠を明示することは出来ず、トランプ再選の夢ははかなく消えていったのだった。

トランプ自爆

それでもトランプ大統領は執拗に「我々は選挙に勝った。不正で選挙が奪われたのだ」と繰り返し主張し、バイデン勝利の正統性に疑問符を投げかけ続けた。そして、ついに二〇二一年一月六日、アメリカ史上、前代未聞の出来事が起きたのである。この日は、憲法上の規定に基づき、アメリカ議会が最終的に大統領選挙の結果を確定する日であった。これは、各州が選定した選挙人を議会が確認するいわば形式的な議事であったが、その議場に、トランプ支持者が暴徒化して乱入し、主な議員が議会を脱出するといった事件に発展した。アメリカ議会議事堂の扉をぶち壊し、銃を所持して議事堂に乱入、ペロシ下院議長の部屋を襲う姿など、自分たちで撮影した動画が瞬時にアメリカ国内に流された。

トランプ自身は、ここまで激しい議事堂襲撃事件に発展することは予想していなかったかもしれないが、トランプ大統領自らが扇動した事は明らかであり、この議事堂襲撃事件の映像は、「トランプ自爆」の効果を持つものだった。この事件は、これまでトランプ大統領を頑なに支持し、バイデン勝利を認めようとしなかった多くの共和党議員にとっても分水嶺となった。マコネル上院院内総務も「トランプ大統領が扇動した」と発言し、共和党をトランプ党とすることに成功してきたトランプ・マジックの呪いが解かれたのだった。

この議事堂襲撃事件により、トランプ大統領は二度目の弾劾訴追を受けることになり、共和党議員の中にもトランプを見放す空気が出始め、トランプを取り巻く空気が極めて厳しいものとなった。ついにツイッター社はトランプのアカウントを閉鎖、トランプは翼をもぎ取られた鳥も同然で、ソーシャルメデイアを使った得意の世論工作もできなくなってしまった。二〇二一年一月二〇日の朝、アンドリュース空軍基地でのお別れ式典に集まった人の数も少なく、トランプ大統領は侘しさを漂わせながらワシントンを後にしたのだった。

然しながら、トランプ支持層はなお根強く残っており、アメリカが今後とも分断された国家であり続けると考えらえる。次なる戦いは二〇二二年の議会選挙とその先の二〇二四年の大統領選挙であり、引続きトランプが波乱要因として相当の影響力を持ち続けるとみられているが、議事堂襲撃事件の後遺症もあり、大統領選挙に再び出馬する可能性は小さくなったと考えられる。

バイデン新政権の展望

二〇二一年一月二〇日、ジョー・バイデン第四六代大統領が誕生した。バイデン大統領は就任演説で「民主主義が勝利した。アメリカの分断に終止符を打たねばならない。自分は全てのアメリカ人のための大統領になる」と述べ、アメリカの分断ではなく、団結を国民に呼びかけた。このバイデン大統領の誕生は、トランプが引き起こした大混乱を鎮め、アメリカ国民の心に安らぎをもたらすものだった。そしてバイデン大統領は就任第一日に数多くの大統領令に署名した。その第一はパリ協定への復帰であり、気候変動問題に本格的に取り組む姿勢を明確に示した。また、WHO脱退を取りやめ、イスラム諸国からの入国禁止措置を撤廃、移民政策の転換、メキシコとの壁建設中断など、トランプが推進してきた自己中心的で、排他的な政策を大転換させたのだった。

バイデン大統領の誕生は、ギリギリのところで国際協調システムの崩壊を食い止める結果となり、この後、世界は少し落ち着きを取り戻し、傷ついた国際協調システムの修復に向かうことが期待される。

また、二〇二一年一月五日のジョージア州での上院議員選挙で民主党候補が大接戦を制し、二議席とも勝利したことはバイデン政権にとって極めて大きな出来事となった。この勝利により、上院は民主・共和両党の議席が五〇対五〇となったが、同数の場合は副大統領が上院議長として採決に加わることができるため、民主党が上院でも多数党となることが確定した。大統領、上院、下院の全てを民主党バイデン新政権が握ったわけで、民主党綱領の多くを実行に移す体制は整ったと言えよう。このジョージア州での上院議員選挙は、トランプが大統領選挙の結果を受け入れず、最後の最後まで悪あがきをしたことが響いた結果だった。敵失ではあったが、バイデン新政権にとっては、とてつもなく大きなギフトとなった。

しかし、そのバイデン新政権の行方は決して希望に満ちた明るいものではなく、多くの試練が待ち構えている。バイデン大統領自身、就任演説において「今は試練の時だ。我々は民主主義と真実への攻撃に直面している。猛威を振るうウイルス、広がる不平等、構造的な人種差別の痛み、気候変動の危機。世界における米国の役割。いずれも我々に突きつけられた深刻な課題だ」と指摘しているが、バイデン政権にとって何より大きな試練は、新型コロナウイルスとの戦いと経済復興である。アメリカ国内の新型コロナウイルスの感染者数、および死者数は二〇二一年に入っても大きく増大しており、大統領就任の時点で一日の新規感染者数が一五万人、死者総数は四〇万人、感染者総数は二四〇〇万人を超えていた。大統領就任一〇〇日以内に一億人にワクチン接種を行うとしているが、バイデン新政権にとり、かなりの期間、この新型コロナウイルス対策に全精力を注ぐ必要があり、同時に経済を回復するという難事業が待ち構えている。

試練の第二は、アメリカ国内の分断が続くことである。議会は多数派を確保したとはいえ、上院が五〇対五〇であり、共和党との対立構造は厳しく続くと考えざるをえない。この対立を乗り越え、民主党の政策を推し進めるため、民主党リベラル勢力は、上院での単純過半数制の導入を主張し始めているが（現在、アメリカ上院では議事遅延策を封じるためには六〇議席の賛成が必要とされているため、共和党が議事運営を遅延させることが可能であり、この制度を廃止し、単純過半数制にすべしとの主張）、バイデン大統領は慎重な姿勢を示している。バイデン大統領は中道の政治家であり、共和党の議会指導者とも話し合い、比較的に穏健な政策運営を目指すことも考えられるが、その場合、民主党党内で勢いを増してきた超リベラル勢力が失望し、バイデン批判を強める可能性があり、バイデン大統領は難しい舵取りを求められることになる。

この関連では、アメリカ国内でバイデン大統領が不正に勝利したと考えている人がCNN調査でも三二％に上っており、共和党支持者の間では七〇％にも達している。二年後の議会選挙に向けて、民主・共和両党の戦いが直ちに始まることになり、バイデン大統領が強調したアメリカの「結束」実現は容易でない状況にある。

また、バイデン大統領が就任時に七八歳という高齢であり、二期目はないとみられており、強いリーダーシップを発揮しにくい状況がある。バイデン氏自身、もともと強いリーダーシップを発揮するタイプの政治家ではなく、そうした性格も影響して、バイデン政権は穏当だが、弱い政権だといったイメージが最初からつきまとうことも考えられよう。こうしたイメージを覆す上で鍵となるのは、カマラ・ハリス副大統領であろう。女性、黒人、そしてインド系として初めての副大統領であり、初めて尽くしのハリス副大統領が民主党の多様性を印象付け、活躍する姿を見せれば、バイデン大統領の高齢問題を克服できるかもしれない。

いずれにせよ、バイデン政権を取り巻く客観状況には厳しいものがあるが、人々がトランプ疲れを感じていたことも事実であり、バイデン大統領の落ち着いた就任演説が癒しの効果を発揮し、好感を呼んでいる。また、バイデン大統領が新型コロナウイルス対策で目に見えた改善を図ることができれば、逆に大きな追い風が吹き、いい意味で大化けする可能性もあろう。

国際的な取り組みを阻む「内向きのアメリカ」

バイデン政権の外交政策については、大統領就任当日にパリ協定に復帰する手続きを取ったことからも明らかな通り、気候変動問題でアメリカが国際的な協調路線に回帰することは間違いなく、気候変動サミットの開催も視野にリーダーシップを取ることが予想される。

また、バイデン大統領はトランプ政権下で傷ついた同盟関係の修復を重視しており、特にヨーロッパ諸国との関係改善を目指していくと考えられる。トランプ大統領はＮＡＴＯへのコミットメントを再確認することを拒否し、ＮＡＴＯが脳死状態と言われるほどにその有効性が低下したが、バイデン新大統領はＮＡＴＯの信頼の回復に努め、トランプにより崩壊の危機に瀕した国際協調システムが蘇えるような雰囲気を作り出すかもしれない。

しかし、バイデン政権の対外政策で大きな制約要因となるのはアメリカ全体の内向きの姿勢である。トランプ大統領はアメリカ・ファーストの旗を掲げ、世界各地にアメリカ兵を派遣することに否定的であった。既に海外に展開していたイラク、アフガニスタンへの軍隊について撤退を実施に移し、ドイツに駐留するアメリカ軍についても削減することを表明した。こうした背景にはアメリカ国民のなかに、自国の問題に専念し、他国のことは他国に任せるべきという意見が五七％と高いことが影響していたと考えられる（ピュー・リサーチ・センター）。そしてオバマ大統領もアメリカは世界の警察官ではないと発言していた。バイデン大統領となっても、このようなアメリカ国内の内向きの姿勢が国際協調路線回帰への制約要因となることは間違いない。

バイデン大統領自身、アメリカの安全保障政策として、軍事力を使うのはあくまで最後の手段であり、外交こそが最も重要な手段だと強調している。そして、アフガニスタン戦争などアメリカ兵を犠牲にする「永遠の戦争」には関わるべきではないと明言しているのも、こうしたアメリカ国民の内向きの姿勢を反映したものと言えよう。

また、トランプ政権の四年間でアメリカの信頼が大きく低下しており、アメリカについて「好意的」と見るのが日本、英国で四一％、フランスは三一％、ドイツは二六％と極めて厳しくなっている（ピュー・リサーチ・センター）。このように悪化した国際的な評価を短期間に回復することは容易でないと考えられる。

多角的自由貿易体制についても、アメリカ国内の支持が高くなく、民主党の左派も基本的に否定的である。バイデン大統領も「貿易政策は全てのアメリカ国民に資するものでなくてはならず、アメリカの雇用を増大することを第一義に考える。新たな貿易取決めの取組みはアメリカの労働者の雇用が確保された後のことになる」と述べている。多角的自由貿易体制を核とする国際協調路線の回復には大きな試練が待ち受けており、TPPについても早期にアメリカが復帰することはないと考えられる。

バイデン政権の対中政策については次項の「米中の覇権をめぐる長い戦い」で詳しく見ていくことにするが、当面は中国に対して甘い顔は見せず、厳しい対立状況が続くと予想される。安全保障面で一つ大きな動きがあるとすれば、イランとの核合意への復帰であろう。イランとの核合意はオバマ大統領の外交上の業績であったが、トランプ大統領が離脱を決め、イランとの関係が悪化してきた。バイデン政権は、このイランとの核合意に復帰する意欲を持っていると考えられるが、この四年間にイランとイスラエル及びサウジアラビアとの関係が一段と緊張したものとなっており、中東情勢は大きな火種を抱えている。イラン国内では大統領選挙を控え強硬派が勢いを増しており、イランは濃縮ウランの濃度を二〇%に引き上げるなど強硬姿勢を示しつつ、バイデン新政権に対し制裁解除を強く求めていくと見られる。一方、サウジアラビアはイランがサウジ油田に対しミサイル攻撃を行なったことを大きな脅威と受け止めており、イスラエルと共に、アメリカの対イラン核合意復帰には強く反対すると考えられる。イランの核・ミサイル問題を含め、火種を抱えた中東情勢はバイデン政権にとって頭の痛い課題となる可能性がある。

同じ核問題でも、北朝鮮問題についてはバイデン政権が早期に解決に向けて取り組む余裕がなく、当面は様子見の対応を取ることが考えられる。そうなると、北朝鮮の方が痺れを切らし、冒険的な態度に出ることが懸念され、この北朝鮮問題については、日本が積極的にリーダーシップを取る必要がある。この北朝鮮問題への取り組みについては第九章で詳しく考察することにしたい。

今一つの核に関連する問題は、新戦略兵器削減条約（新ＳＴＲＡＴ）の取扱いを含め、ロシアとの関係である。まずはバイデン政権もロシアとの間で同条約の一年間の延長で合意をみたが、バイデン政権はロシアに対し、大統領選挙介入疑惑や人権問題などで厳しく対処する姿勢も見せており、今後プーチン大統領との鍔迫り合いは厳しいものとなることが予想される。

このように見てくると、バイデン大統領の下で、アメリカは同盟国との丁寧な対話に心がけ、ツイッター外交ではなく、本来の落ち着いた外交に戻ると期待されるが、バイデン政権がそれ以上に力強く、大胆なリーダーシップを発揮し、アメリカ主体の国際協調システムを回復するのは容易でないと考えざるを得ない。

なお、アメリカ社会の行方を展望すると、分断状況が続く中で、最高裁判所の保守化により、アメリカ社会の流れをリベラル路線から保守回帰に変えていくことが予想される。保守派にとり、トランプ政権の最大の功績は三人の最高裁判所判事を任命したことであり、この結果、アメリカの最高裁判所の保守化が相当長期間にわたって継続することになり、人工中絶問題をはじめ、社会の様々の分野で大きな影響が出てくると考えられる。

3　米中の覇権をめぐる長い戦い

オバマ政権の失敗

二〇二〇年に入って、米中関係は極端に悪化していった。この米中関係の対立は覇権をめぐる戦いであり、今後、長期にわたる対立が予想される。アメリカは、一九八〇年代に日本からの経済面での挑戦を受けた際、徹底して日本の競争力を削ぎ、アメリカの優位を確保する行動に出たが、今回の中国との対立は、経済面にとどまらず、軍事、安全保障面も包摂した全面的な戦いであり、アメリカと中国のいずれが覇権を握るか、その雌雄が決するまで本格的な対立が繰り広げられることになる。

米中の対立が本格化の様相を示し始めたのは、トランプ大統領の出現と期を同じくする時であった。二〇〇八年から二〇一六年までのオバマ時代にあっては、アメリカは中国との共存共栄を図ろうと考えていた。中国の経済的な飛躍は二〇〇〇年代に入ってから始まった。しかし、二〇〇〇年の段階では中国経済はアメリカの比ではなく（GDP中国一：アメリカ八・五）、アメリカを脅かす存在ではなかった。それが二〇〇八年になるとその差は大幅に縮まってきた（中国一：アメリカ三・二）。中国の台頭が世界政治の中でも大きな課題となり、中国の台頭が脅威か否かが議論されることとなったが、オバマ政権は中国の台頭をむしろ積極的に捉え、大国化する中国ときちんと向き合えば、中国も責任ある国家として国際社会で役割を果たすだろうと期待していた。それが軍事的にはヘッジしつつ、国際社会に関与させることで責任ある「利害関係国」とさせようとする関与政策であった。

特にオバマ大統領は、中国の関与なくして世界的な課題に向き合うことはできないとの考えに立ち、G7ではなく、中国を巻き込んだG20の枠組みを選択した。そしてオバマ大統領の本音はG2、米中二国間の協調を重視するものではなかったかと考えられる。

ところが、このオバマ政権の取り組み姿勢は完全に裏目に出てしまった。中国は経済的に大国化の道を歩みながら、国内は民主化の方向に進まず、独裁色を一層強め、対外関係においては、国際協調ではなく、国際ルールを無視した行動に走ったのである。とりわけ南シナ海における中国の傍若無人な振る舞いは酷いものであった。長年にわたり、南シナ海では中国のほか、フィリピン、ベトナム、マレイシアなどが小さな島の領有権をそれぞれに主張してきたが、中国は一方的に南シナ海全域が中国の海であると主張し、浅瀬を埋め立て、軍事基地化する行動に打って出たのである。

この動きに対し、二〇一四年、フィリピンは国際仲裁裁判所に仲裁を要請し、二〇一六年七月、国際仲裁裁判所が中国の主張は国際法上の根拠がなく、国際法に違反するとの判断を下した。ところが、中国政府はこの国際仲裁裁判所の判断を「紙屑」だと一蹴し、国際社会のルールを無視する態度に出たのだった。この南シナ海をめぐる動きはオバマ政権の中国への取り組み姿勢が完全に失敗だったことを世界に明確に示すものであった。

中国大国化の罠

中国がなぜに国際社会のルールを無視するような態度に出たのであろうか。私は中国の急激な経済発展が中国国民の間に成り上がり的な大国意識を芽生えさせたことに原因があると考えている。その分岐点となったのが二〇〇八年のリーマン・ショックであった。それ以前の中国は、「中国の経済発展は目覚しく、中国も経済発展に見合った行動をとるべきだ」と言われても、「いやいや、中国はいまだに貧しい国だ。一人当たりのＧＤＰは取るに足らないものなのだ」として、「貧しい国、中国」を強調し、国際的な責任回避に走ったものであった。ところがリーマン・ショックは中国人の考え方を一変させるものであった。リーマン・ショックでアメリカをはじめとした欧米諸国の経済が大きな打撃を受けたが、中国は巨大な内需喚起策により、打撃を最小限に食い止め、いち早く力強い経済発展路線に戻すことに成功した。このことが、「アメリカも、たいしたことはない」、「中国は今や大国となった」という意識を国民に大きく植え付け、とりわけ中国共産党指導者や人民解放軍幹部にその大国意識が強まったと考えられる。

そして、二〇一二年、習近平主席が登場し、中国の夢を高らかに掲げ、中国民族の偉大なる復興の実現に邁進する姿勢を示したのだった。中国国民の間に拡がった大国意識と習近平国家主席の偉大なる復興路線の下では、中国が西洋の決めた国際ルールに縛られ、アメリカに忠実に従うという選択肢はあり得なかった。この大国意識が南シナ海での国際ルールを無視した傍若無人な政策に反映され、また、人民解放軍の幹部が「太平洋の西半分は中国が支配する海だ」といった発言を平気で行うまでになっていった。

中国の戦狼外交

中国において大国意識が強まった結果、「戦狼外交」という名の「もの言う外交姿勢」が顕著になってきた。「戦狼外交」は鄧小平が強調した韜光養晦（才能を隠して、内に力を蓄える）路線の放棄であり、中国の大国化シンドロームともいうべき、対外強硬路線への転換を象徴するものであった。この「戦狼外交」は新型コロナウイルス感染症をめぐって一段と好戦的になり、世界の顰蹙を買う結果となっている。まさに大国化の罠というべき事態である。例えば、アメリカが「武漢発コロナウイルスだ」、「中国コロナウイルスだ」と対中批判を繰り返すと、中国外交部の趙立堅副報道官が「アメリカ軍が持ち込んだ可能性がある」と反撃し、中国国内で人気を博した。また、豪州のモリソン首相が新型コロナウイルスの起源を調べる独立調査を呼びかけたのに対しては、豪州に対し牛肉の輸入停止、ワインのダンピング調査、石炭の輸入停止など、尋常では考え難い経済的締め付けを行ない、豪州政府の強烈な怒りを買っている。

中国政府は、また、新型コロナウイルスの感染について情報開示が遅れたという世界からの批判をかわすため、マスクや医療機器等の国際的な支援を行なったが、このマスク外交においても、被援助国に対し文書での対中感謝表明を要求するといった高圧的姿勢を見せ、反発を買っている。

中国のこの対外強硬路線、「戦狼外交」は中国国内では支持を得ており、共産党指導部も容認して

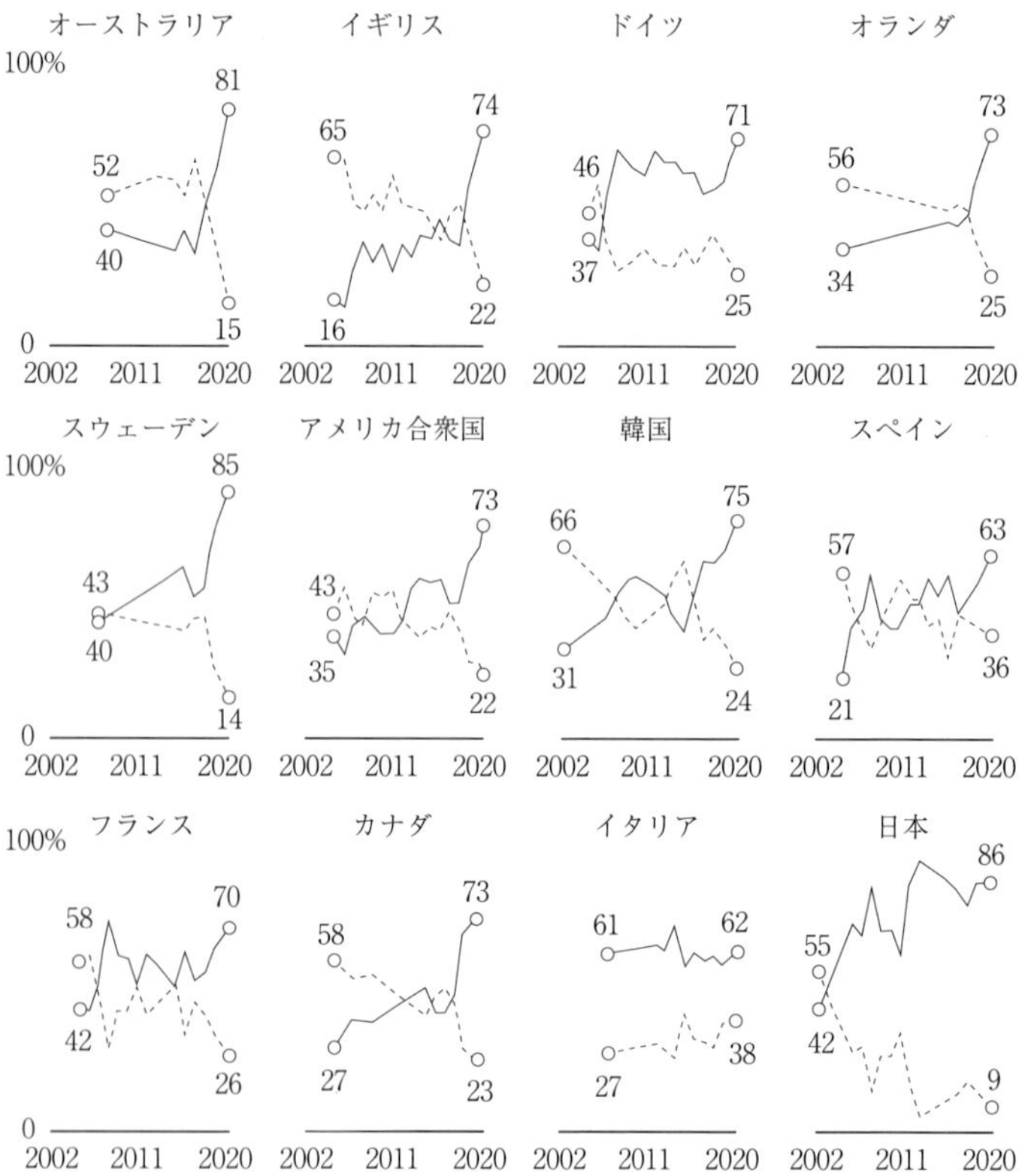

図 3　先進国において中国への否定的評価が増大

-----：好意的　　——：否定的

出典：ピュー・リサーチ・センター。

いるとみられる。しかし、この対外強硬路線は結果的に国際社会での中国の好感度を大幅に低下させ、今や、先進国の多くで中国を否定的に考える世論が七〇％を超える結果となっている。

トランプは習近平夫妻が大好き

トランプ氏は二〇一六年の大統領選挙の時から「巨額の対中貿易赤字は絶対に認められない」と繰り返し、対中批判のトーンを強めていた。このため、米中対立を悪化させたのはトランプ大統領だという見方が散見されるが、私の見るところ、実は、トランプはアメリカの中では比較的に中国に甘かった。トランプ大統領の頭の中には貿易赤字の問題しかなく、中国脅威論には与していなかった。したがって、中国のやり方如何では、米中の本格的対立は避けることが出来たかも知れなかった。

事実、二〇一七年一一月、トランプ大統領が国賓として中国を訪問した際は、「中国での滞在は最も素晴らしいものだった、習近平夫妻は素晴らしくもてなしてくれた」などと興奮気味にツイートしている。そして習近平国家主席が憲法を改正したことに対しても、「習近平主席は今や終身大統領だ、素晴らしいことだ」とまで述べていた。

中国が二〇一八年からのアメリカとの貿易交渉で早めにトランプ・習近平会談を設け、トランプに花を持たせる形で中国の輸入増大を柱とする合意を図っていれば、米中関係の対立激化は回避できる可能性があると私は見ていた。まさに、米朝首脳会談で金正恩委員長がとった行動である。ところが、中国はそのような行動を取らなかった。おそらく、中国の共産党官僚機構と大国の夢がそれを許さなかったに違いない。中国は習近平国家主席を交渉の矢面に立てることに躊躇し、中国の国家主席がアメリカの大統領に屈するような形は演出できなかったのであろう。

そこで閣僚レベルでの交渉を重ねたが、それでは解決を見ることはなかった。米中閣僚折衝ではいくら合意に達しても、米国内で批判が少しでも出ると、ホワイトハウスが閣僚合意を否定するといった事態となり、その間にアメリカ国内の対中強硬派から、「問題は単なる貿易赤字ではなく、中国がアメリカの先端技術を盗んでいることにある」という指摘が強まったのである。

中国がアメリカの技術を盗み、国を挙げて産業を保護育成し、アメリカを凌駕しようとしている、これはアメリカにとって国家安全保障を脅かすものであり、今こそ、中国の不正なやり方をストップしなくてはいけない、といった声がアメリカ議会で強まった。中国の「中国製造二〇二五」計画がアメリカを強く刺激したことは間違いなかった。

こうして、アメリカ国内では議会と関係省庁が先導役となって中国への厳しい対応が強化されていった。この間、トランプ大統領は事態の推移を見守るだけであり、議会が主導し、中国企業のアメリカ国内での活動を大幅に制限する法案が超党派で可決する事態に発展していった。このなかでは、「二〇一八年外国投資リスク審査近代化法」の中身は特に重要であり、中国からのハイテク分野での対米投資は厳格に審査されることになり、事実上、対米ハイテク投資はストップすることになった。二〇一六年、オバマ時代の最後の年に中国からアメリカへの投資額は四六〇億ドルに上ったが、このような規制強化により、二〇一八年には一〇分の一の四八億ドルにまで減少した。

中国のハイテク関係者についてビザも発給されなくなり、大学関係者や研究者の交流も大幅に制限される事態に発展していった。

本格化するデカップリング

米中対立の本格化はアメリカと中国の二分化、デカップリングを現実のものとしつつある。二〇一八年頃に米中関係の分断を意味する「デカップリング」という言葉がアメリカの専門家の間で出始めた時は、単なる政治的なキャッチフレーズだとみられていた。すでに経済分野で米中間の相互依存が大きく進み、アメリカ企業も中国市場なしでは成り立たない状況にあるとみられ、デカップリングなどは不可能と思われていた。アメリカの流通王手ウオールマートはアメリカ市場で販売する物の大半を中国で製造している。アメリカの誇る自動車メーカーGMは二〇一九年の中国市場での販売が三〇九万台でアメリカ市場での販売二八八万台より多くなっている。アップルにとって中国は iPhone の生産基地として不可欠であり、販売市場としても中国は二〇%近くを占め、巨大な存在である。こうしたビジネス上のデータから見ると、すでにアメリカと中国は不可分の経済関係にあり、とてもデカップリングなど出来るはずがなかった。少なくとも、二〇一八年の段階ではそのように見られていた。

しかし、アメリカと中国の関係は二〇一九年に入り悪化の一途を辿り、二〇二〇年になると、新型コロナウイルス感染症の拡大が一段と悪化のスピードを加速させ、今や米中デカップリングが現実のものとなり始めた。

このデカップリングの動きの象徴的案件となったのがファーウエイだった。第五世代の移動通信システム（五G）は中国のファーウエイが圧倒的優位に立っていたが、トランプ政権は、まず、アメリカ政府機関がファーウエイから通信機器などを調達することを禁止し、同盟国に対しても同様の対応を強く求めた。ついで二〇二〇年八月にはアメリカの半導体やソフトウエアをファーウエイに販売することを完全に禁止する措置に踏み切り、ついにファーウエイは五G関連通信基地局の事業継続が困難となるほどの事態に追い込まれた。

米中デカップリングの動きがどこまで進むかだが、現実の数字として、中国の対米投資は一〇分の一に減少し、特にハイテク関連投資は完全にストップしている。アメリカ企業の中国からの撤退は未だ顕在化はしていないが、今後大きく伸びることは想定されない状況となっている。こうした投資の流れとともに貿易関係でも減少傾向が出てきており、中国の対米輸出は二〇一八年に五三九〇億ドルだったのが、二〇二〇年には四三五〇億ドルと一千億ドル以上も減少している。中国に対する規制は超党派で行われてきており、今後ともこの減少傾向が続き、米中デカップリングが現実のものとなっていくことが十分に予想されよう。

トランプ政権発足当初、米中対立は主に貿易不均衡問題に集中していたが、今や、米中対立は単なる貿易摩擦の段階から安全保障分野を巻き込んだ全面対立の様相を示している。防衛面では、南シナ海での対立からサイバー戦争、宇宙での鍔迫り合いがあり、香港や新疆ウイグルをめぐる中国の強権的な動きも相まって、超党派で中国に厳しく当たるべしとの機運が強まっている。

こうしたアメリカの中国に対する厳しい姿勢の背景には、アメリカ国民の中国への見方が急激に悪化してきていることが指摘出来る。二〇一六年の段階では中国を否定的に見るアメリカ人は四七％、好意的に見る人が四四％とほぼ拮抗していたが、二〇一八年には六〇対二六、二〇二〇年にはついに七三対二二で、否定的に見る人の数が七三％にも達している。これを党派別で見ると、共和党支持者で八三対一五、民主党支持者で六八対二五であり、いずれも中国に厳しい数字となっている。この傾向が続く限り、アメリカの中国政策が好転することは容易には考えにくいと思われる。

表2　アメリカ人の対中意識悪化（％）

年	良い	悪い
2016	44	47
2017	38	47
2018	26	60
2019	26	66
2020	22	73

出典：ピュー・リサーチ・センター。

米国務省の執拗な中国攻撃

この米中対立は両国外交当局も参戦しての争いとなっている。本来は国内の強硬派を宥め、外交関係をマネージするのが外交当局の仕事だが、むしろ外交当局が対立を煽っている感があり、とりわけトランプ政権時代のポンペオ国務長官率いるアメリカ国務省の対中強硬姿勢は際立っていた。具体的に見ると、

二〇二〇年六月

米国務省、中国中央テレビ局（ＣＣＴＶ）、人民日報、中国新聞社、環球

時報を「外国の宣伝機関」と認定。外交官と同様に人員の数や身元を明らかにすることが求められる。
二〇二〇年七月二一日
米国務省、「アメリカの知的財産とアメリカ人の個人情報保護のために」七二時間以内にテキサス州ヒューストンの総領事館を閉鎖するよう命じた。これに対抗する形で、中国政府は七月二四日、四川省成都市のアメリカ総領事館の閉鎖を命じる。
二〇二〇年八月三日
米国務省、孔子学院について、「中国共産党による世界規模のプロパガンダ工作に使われている」と断定し、外国公館に指定した。
二〇二〇年九月三日
米国務省、中国の外交官に対し、地方公共団体の関係者と面接する際にアメリカ政府の許可取り付けを義務付ける。
二〇二一年一月一九日
ポンペオ国務長官、新疆ウイグル自治区での中国政府の強制収容を「ジェノサイド（民族集団虐殺）」と認定

これら一連の措置の多くは、大統領選挙を意識した要素もあったと考えられるが、同時にアメリカ国民の間に急速に広まった対中不信が背景にあることは間違いない。

中国が情報面で対米操作をし、選挙戦に影響を及ぼそうとしているという指摘も強まってきた。情報戦において中国企業が中国共産党の実質的な影響下にあり、アメリカで収集した情報がそのまま中国共産党に集まってしまう危険性がアメリカにおいて強く意識され始めている。これが五Gをめぐりファーウェイを規制する動きであり、また、TikTok 規制の動きでもあった。TikTok はアメリカの若者に大人気を博し、一億人近いユーザーがアメリカにいる。このため、トランプ政権も TikTok を排除することには踏み切れず、アメリカ企業の影響下に置こうとしたが、一方、中国側も中国が開発したアルゴリズムをアメリカに手放す考えはないとして対抗してきている。これは情報をめぐる戦いであり、そこに中国企業が独自で開発したアルゴリズムの技術の高さが絡んできており、技術戦争が単に中国がアメリカの技術を盗む時代から、中国自身の技術力向上により、より複雑な争いに発展していく前触れでもあろう。

米中対立を激化させたことの一因に中国による香港国家安全法の実施もあった。二〇二〇年六月、同法の実施に対し、ポンペオ国務長官は中国共産党当局者へのビザ制限措置を発表し、トランプ大統領も「中国は香港の自由を窒息させた」と批判した。トランプ大統領は、それまであまり民主化デモへの支持などは表明せず、人権や民主化運動には無関心で冷淡だったが、大統領選挙の年であり、あまりに目に余る中国の対応に対し、強い抗議の姿勢を示したのだった。

さらに米中間で深刻な対立となりうるのが台湾をめぐる動きである。二〇二〇年八月、アメリカのアレックス・アザー厚生長官が台湾を訪問し、蔡英文総統と会談、民主的な台湾に対するトランプ大統領の強い支持を伝えたと報じられた。アザー長官の訪問は一九七九年の断交以降で最高位の高官による台湾訪問である。さらに九月にはアメリカの国務次官が台湾を訪問し、蔡英文総統と会談した。

これに対し中国政府は「一つの中国の原則に著しく違反しており、中国への政治的な挑発だ。中国とアメリカの関係と台湾海峡の平和と安定を破壊するもので、断固反対し、強く非難する」と反発している。そして、二〇二〇年九月の米国務次官台湾訪問後に中国軍の爆撃機や戦闘機、哨戒機、延べ三五機が台湾の防空識別圏に侵入したと伝えられた。

トランプ政権は台湾軍強化につながる軍備装備の売却にも積極的だった。F－16最新型六六機の輸出を公表し、台湾にはF－16戦闘機の整備・修理・分解検査センターまでできている。トランプ大統領は二〇一六年末に大統領選挙に勝利した後、蔡英文総統との電話会談を行い、中国が強く反発すると、台湾は武器をたくさん買ってくれているのだ、と言い放った経緯もあった。中国はトランプ政権の台湾への出方に強く反発しつつも、正面切った反撃には出なかった。それはトランプを怒らせると何をしだすか分からない、という警戒感からであったと考えられる。

中国、ドイツを籠絡？

米中関係が厳しさを増し、国際的にも批判を招く外交を行なってきた中国だが、その一方で、経済力は侮れず、新型コロナウイルス感染症からもいち早く立ち直り、経済が回復してきている。その中国が狙いを定めたのがドイツだった。ドイツ経済の中核を占めている自動車産業は中国市場に大きく依存しており、フォルクスワーゲンの二〇一九年における中国での販売台数は四二二万台で同社全体の約四割を占めている。このような経済関係を背景にメルケル首相は首相在任中に一二回、中国を訪問し、中国との関係を重視してきた。

中国は、そのメルケル首相を味方として、二〇二〇年一二月三〇日、七年越しのEUとの投資協定実質合意に漕ぎつけたが、これは中国外交のひさびさの成果であった。欧州諸国の中でも中国の大国化した外交姿勢に批判的な世論が強まり、とりわけ香港での民主化運動弾圧や新疆ウイグル情勢には厳しい目が向けられていた。そうした国際環境の中で中国が状況を一変させるべく手を打ったのがEUとの投資協定交渉だった。七年越しの交渉であり、中国への見方が欧州諸国で厳しさを見せてきたことから、この交渉も頓挫すると見られていたが、中国がドイツに強力に働きかけ、二〇二〇年一二月末に交渉妥結に至ったのである。

この中・EU投資協定合意は、中国への投資について中国企業との合弁要件が撤廃されるなど経済面での意義も少なくないが、むしろ、国際政治における中国の反撃という意味合いがより大きいと言えよう。米中関係が悪化し、世界で中国に対する世論が厳しくなる中で、中国が欧州に狙いをつけて反撃に出た、ということである。アメリカのバイデン新政権は中国との関係を基本的に競争的関係と位置付け、先ずは同盟国、中でも欧州諸国と連携して中国と向き合う姿勢を示してきている。そして、この中・EU投資協定交渉に関連しても、バイデン政権の安全保障補佐官に就任予定のジェイク・サリバン氏が「バイデン政権は中国の経済政策に関し、共通する懸念を欧州のパートナーと早期に協議したいと考えている」とツイートし、中国との交渉を急ぐことのないよう働きかけていた。しかし、EUはこれを無視する形で中国との交渉妥結に踏み切ったのである。この中・EU投資協定合意は、中国の経済力を見せつけると共に、アメリカの影響力が国際的に低下してきていることを示す一つのエピソードであった。習近平主席がRCEP協定の妥結に続き、EUとの投資協定の合意に漕ぎつけ、さらにはTPP協定への参加の姿勢を示していることは、中国が国際経済の分野で開放的な姿勢を示し、中国こそ多角的な経済システムの支持者であると喧伝し、対中包囲網が議論される中で、中国が孤立していないことを示さんとする習近平政権の外交戦略であったと言えよう。

バイデン新大統領の対中戦略

さて、バイデン新政権の下で、この米中関係がどのように展開するかを具体的に考えていこう。「バイデンは中国に甘い」というのが、トランプのバイデン批判だったが、中国としては期待と不安が入り混じった複雑な思いでバイデン新政権の誕生を見守っていたはずである。トランプ大統領は何をしでかすかわからない不安感があったが、中国の強権的な国内運営については否定的ではなく、香港や新疆ウイグル問題についても中国に強く当たることは少なかった。それに比べると、民主党の大統領は、伝統的に人権や民主化についてより強い立場を取ることが多く、中国として不安材料であろう。

バイデン大統領は選挙期間中から、中国には厳しく向き合う姿勢を示してきたが、大統領就任後も、中国が外交安全保障上の最大の懸念相手国であり、かつ最大の競争相手であるとくり返し指摘している。具体的な中国との向き合い方としては、「アメリカの国際社会でのリーダーシップを取り戻し、同盟国やパートナーと協調し、中国ではなく、アメリカが国際的なルールや課題を設定する。中国の侵略を喰い止め、外交的、軍事的に同盟国を守る。同時に、中国とは関与し、気候変動や非核化などの分野での協力を行い、実際的な外交を展開する」考えだと述べている（「国家安全保障戦略ガイダンス」二〇二一年三月）。

このようなバイデン政権の姿勢はアメリカの国内世論が中国に極めて厳しいこと、および、議会における超党派での対中強硬意見を反映したものであり、にわかに米中関係が好転することはなく、覇権を争う米中関係の対立は二〇二一年以降も長く継続すると見るべきであろう。

具体的に、経済関係について展望すると、トランプ政権下で引き上げられた関税の多くは当面、引き下げられることはなく、維持されると考えられる。現在、二五〇〇億ドルの対中輸入に対し二五%の関税が課されており、さらに一二〇〇億ドルについて七・五%の関税が課されている。これらは引き続き維持され、今後、米中貿易交渉が再開されれば交渉の玉となるが、軽々に関税を引き下げると、「バイデン政権は中国に甘い」といった批判を招くこと必至であり、急な展開はないと見るべきであろう。

また、ハイテク分野での中国の対米投資は厳しく制限されているが、この制限は超党派による支持があり、バイデン政権においても緩和されることはないと考えられる。今後、米中間で本格化するのはハイテク技術の開発競争であろう。半導体の輸出を止め、「メイド・イン・アメリカ」を推進せんとするアメリカ、これに対し自前の技術開発を進める中国との競争は厳しさを増し、その行方が米中対立の帰趨を決する大きな要因となろう。なお、バイデン政権の通商代表となったキャサリン・タイ氏は貿易分野の実務家であり、米中間で話し合いは比較的早期に開始する可能性はありうるが、通商面で大きな政治的決断を伴う進展はないと見るべきであろう。

バイデン政権になり、米中関係で変化が見られるとすれば、気候変動分野での米中協力が進展し、それが引き金となって何らか米中対話モードが生まれる可能性であろう。

その一方で、香港や新疆ウイグル問題で中国が一段と締め付けを強化し、事態が深刻化すると、バイデン政権として中国批判を一段と強めることが予想される。この点については、中国側の出方が鍵となり、中国としても慎重に判断すると考えられる。

米中対立は覇権争いが根底にあり、長く続く対立と考えるべきであるが、厳しさを増す米中関係にあっても、米中双方ともに武力衝突にまで発展することは考えていないことは明らかである。まさに新冷戦と言われる所以である。米中対立は、軍事面では武力衝突ではなく、制空権と制海権をめぐる鍔迫り合いとなろう。しかし、台湾問題や南シナ海を巡り、お互いに引くに引けない事態も完全には排除できず、また、偶発的な衝突が大きな戦闘に発展する危険性も排除できない。その場合は、日本が直接に巻き込まれること必至であり、日本としての外交戦略を考える上でも、大きなポイントとなる。

中国をめぐる米欧の考え方が一枚岩でないことにも注意すべきである。バイデン大統領が二〇二一年二月一九日、ミュンヘン安全保障会議において、「アメリカは戻って来た。ＮＡＴＯへのコミットメントを再確認する」と欧州首脳に語りかけ、「中国との長期的な視点に立った戦略的競争に共に備えるべきだ。アメリカが欧州及びアジアの同盟国と力を合せ、インド太平洋での平和を維持し、共通の価値感を守っていく用意がある」と強調した。これに対し、メルケル首相が歓迎の意を表しつつ、「中国は競争相手だが、必要なパートナーでもある」として立場の違いを表明したのである。バイデン政権が共通の価値観を前面に打ち出し、中国と向き合おうとしても、西側諸国が一枚岩でないことが鮮明になった瞬間であった。

第九章　日本の針路を考える

1　日本の対米外交戦略

さて、このような国際情勢の大きな変化の中にあって、日本がいかなる外交戦略を展開すべきかについて、考えていきたい。

バイデン新政権での展開を探る

バイデン新政権の誕生に際しては、日本では「民主党政権は日本に厳しい」という見方が多く聞かれた。レーガン・中曽根のロンヤス時代や小泉・ブッシュの時代、そして安倍・トランプ関係と、共和党大統領との間では日米関係が良好で、民主党政権は日本に厳しかったという受け止め方があるようである。私は、トランプ再選となれば、日本が享受してきた国際協調システムが完全に崩壊すると考えて心配していたが、日本国内でトランプ再選を期待する向きが結構あったことには驚かされた。

さて、その民主党バイデン新政権の下で、日米関係はどのように展開していくのだろうか。バイデン新政権は同盟関係を重視する姿勢を示しており、重要な同盟国である日本との関係も基本的には良好に推移すると考えられる。とりわけ、米中両国が厳しく対立していく中で、在日米軍基地の役割が以前にも増して重要になってくると考えられる。二〇二一年三月、ブリンケン国務長官とオースティン国防長官が訪日し、2＋2会合を開催し、中国に対して厳しく向き合う姿勢を表明、さらにバイデン政権が最初に迎える外国首脳として日本の菅義偉総理を選んだのも日本重視の姿勢の現れである。

現行の日米安保条約は、二〇二〇年に六〇周年を迎え、日本国民の間に定着した感がある。外務省の調べでも、日米安全保障条約に基づく安保体制に関し、「評価できる」「どちらかと言えば評価できる」とした人は、計六八・九％であり、二七・五％の否定的な意見を大きく上回っている。

一方、アメリカにおいても、日米安保体制は肯定的評価を得ている。シカゴ・グローバル評議会の二〇一九年調査では、日本との関係がアメリカの安全保障の強化に役立っていると考える人は七八％に上り、これはドイツ七五％、韓国七〇％を上回り、高い数字となっている。また、在日米軍を維持、ないし増強すべきだと考える人が五七％であり、減少させるべき二三％、撤退すべき一七％、計四〇％を確実に上回っている。このような数字からも、日米関係が基本的には良好に推移していくと考えることが出来よう。

尖閣諸島を守るためには

二〇二〇年一一月一二日、大統領選挙後のバイデン・菅電話会談でバイデン氏の方から、日米安保条約五条の尖閣諸島への適用についてコミットする旨の表明があったが、このことは日本側を安堵させる結果となった。

しかし、気になる数字もある。シカゴ・グローバル評議会の二〇一九年調査であるが、「もし中国が日本と紛争のある島で日本に戦争を仕掛けた場合、米軍を参戦させることに賛成か、反対か」との問いに対し、賛成四三％、反対五五％となっている。これでも近年、賛成が増えてきており、二〇一五年の段階では賛成三三％、反対六四％であった。

アメリカの対日防衛義務は日米安保条約の根幹をなすものであり、そのコミットメントは揺るぎないものであるはずだが、アメリカ人の間には米軍が外国での戦争に関わることに慎重、ないし反対の意見が増えてきている。アメリカの中で日米安保体制が肯定的に評価されてきていることは、日本にとって心強いことではあるが、いざ日本が攻撃を受けた時に、アメリカが守ってくれるのかどうかとなると、心もとない数字が厳然として出されているわけである。尖閣諸島がアメリカで報じられる時には、「日本と中国との間で紛争のある島であり、しかも無人の島だ」という形容詞がつくことが多い。また、アメリカ政府は尖閣諸島が日本の施政の下にあることは認めているが、日本の領土だとは認めていない。しかも、日米安保条約五条の防衛義務は「武力攻撃」があった場合のことであり、仮に中国の漁船が大量に押しかけ、島に上陸、居座った場合、五条の武力攻撃に当たるのかどうかという問題もある。

ここで大事になるのは、日本がフェアーな対応をしてきているとアメリカ国民が受けとめることである。日本がフェアーに対応しているにもかかわらず、中国が理不尽に攻撃してきた、これは日本を守らなくてはならないとアメリカ国民が考えれば、尖閣諸島の場合でも日本防衛の声が高まる可能性がある。

尖閣諸島について、アメリカが日米安保条約の対象だと公言してきてくれていることは、日本の抑止力を強める上で大きな武器となっている。今後とも、日米政府間では、機会あるごとに公の場でこの確約を確認していくことが大事である。同時に日本としては、尖閣諸島が中国により攻撃されないように細心の注意を払い、しっかりとした備えをすることである。

二〇〇四年三月に中国人七人が尖閣諸島への上陸を試みた際には、海上保安庁の巡視船は二隻しか周辺におらず、上陸を阻止できなかった。この時は、中国人七人を逮捕、国外追放処分とすることで、日本が尖閣諸島を有効に支配していることを世界に示したが、反省材料は上陸を阻止できなかったことであり、海上保安庁の巡視船の増強が大きな課題であった。尖閣諸島は、沖縄本島からはもちろん、石垣島からも相当に離れた海域にあり、二四時間体制の警備は容易ではない。十分な人員の手当ても含め、海上保安庁の強化は日本の安全にとって不可欠である。

近年、海上保安庁の巡視船の増強が行われてきており、現在は、大型巡視船一四隻相当による尖閣諸島警備専従体制が取られ、常に七隻程度の巡視船が警備に当たっているとされている。しかし、中国が海警組織を強化し、海警局傘下の公船を質、量ともに増強し、公船や漁船の尖閣諸島水域への侵入を頻繁に試みてきている。このような厳しい状況に対処するためには、海上保安庁の巡視船及び人員を大幅に増強すべきであり、抜本的な海上保安庁の体制強化を図ることが日本の安全確保にとり決定的重要性を持っていると言えよう。現在、海上保安庁の予算は物件費及び人件費を合わせ、総額二二〇〇億円強であり、東京消防庁並みのレベルである。この体制で日本の周りの全ての海を守るわけである。私はこの規模を二倍にしても決しておかしくないと考えており、少なくとも尖閣諸島警備にあたっては、常に一〇隻程度の巡視船配備を二四時間体制で行うべきであり、そのための大型巡視船および人員の手当は政治主導で直ちに行うべきである。その際、重要なことは静かに行うことであり、いたずらに政争の具にすべきではなく、また、外国からの注目を集める形で行うべきではない。

他方、尖閣諸島の警備にあたり、自衛隊の関与を進めることは上策ではない。自衛隊を警備にあたらせることを一番待ち望んでいるのは中国である。その時には、直ちに人民解放軍の艦船が尖閣諸島に出撃することは間違いない。その際の中国側の主張は、「日本が攻撃的な行動をとった。中国は防御的な対応をとっているだけである」というものであろう。こうして、仮に日本と中国の艦船が衝突するような事態となれば、アメリカは、中国の宣伝工作により、「日本が仕掛けたのか?」と受け止め、日本防衛に二の足を踏む展開となる可能性が否定できない。ちょうど、二〇一二年、日本が尖閣諸島を国有化した時のシナリオを彷彿とさせる展開である。この国有化については、日本政府が中国との関係を悪化させないために、石原知事率いる東京都ではなく、日本政府が購入を決めたのだったが、中国側は「日本が冒険的な行動をとった」と喧伝し、アメリカの関係者も日本の行動を問題視したことがあった。

以上に鑑み、尖閣諸島の防衛については、日米間で「尖閣諸島は日米安保条約五条が適用される」ことを確認しつつ、日本として、海上保安庁の巡視船を防衛の中核とし、そのため海上保安庁の抜本的強化を静かに行うこと、そして自衛隊は、あくまで後方部隊として配備しておくのが日本のとるべき方策と考える。

在日米軍基地を考える上で大事なこと

在日米軍基地については、アメリカから費用分担での圧力が強まる可能性もある。しかし、米中対立が激化するにつれ、在日米軍基地の戦略的重要性が一段と高まることは間違いない。

アメリカの二〇一八年国防戦略では、中国を戦略的競争相手であり、インド太平洋地域において影響力を行使し、近い将来にアメリカを押しのけて地域覇権を追求する一番の脅威と位置付けている。また、同国防戦略は中国とロシアを戦後の国際秩序に挑戦し、アメリカの影響力を押し返そうとする修正主義勢力だとし、アメリカの国防体制の強化と同盟国との協調の重要性を強調している。また、二〇二〇年一二月に出された「海における優位」と題するアメリカ海軍・海兵隊・沿岸警備隊の報告書では、アメリカを海洋国家だと規定する一方、中国が海軍力を強化し、地域覇権を確立しようとしており、アメリカと同盟国が効果的に対応する前に領土を侵略することもあり得ると警鐘を鳴らしている。その上で、アメリカ自身の防衛力の強化と海洋パートナーとの強固なネットワークが競争相手に対する優位を確保する上で重要と指摘している。

このようなアメリカの国防戦略や近年アメリカが重視してきた空海統合戦闘構想に照らしても、インド太平洋において第七艦隊の母港である横須賀の基地と空軍の最重要基地である沖縄の嘉手納基地を円滑に運用することが何より重要なはずであり、したがって、在日米軍基地の費用負担面では、あまり無理押しはしてこないはずである。

「自由で開かれたインド太平洋構想」の見直し

日本は、インド太平洋を自由で開かれた海とするため、さまざまな取り組みを推進してきている。しかしその重点は、二〇二〇年一〇月に東京で開かれた日本、アメリカ、オーストラリア、インドの四カ国外相会合にみられるように四カ国の連携にあると見受けられる。この四カ国外相会合において、ポンペイオ米国務長官は、南シナ海、東シナ海、台湾海峡などを挙げて、「中国共産党の腐敗、搾取、威圧から人々を守らなければならない」と語ったと報じられた。さらに二〇二〇年一一月には、インド・ベンガル湾において軍事演習「マラバール二〇二〇」が実施され、インド海軍、アメリカ海軍、日本の海上自衛隊、オーストラリア海軍が参加した。四カ国外相会合と軍事演習「マラバール二〇二〇」が近接して実施されたこともあり、「自由で開かれたインド太平洋構想」の目的は、中国包囲網を構築することであり、この目的のため、日・米・豪・印の四カ国が連携し、軍事面に力点をおいた取り組みを展開するという印象を世界に与えた。

果たしてこうした構想の展開が実現可能であろうか。そして、日本政府は軍事面を重視し、中国を包囲するといった取り組みを本当に考えているのだろうか。日本政府が公表している「自由で開かれたインド太平洋」の説明文を見ると、「国際社会の基本原則の普及・定着・連結性を通じた経済的繁栄、平和と安定のための取組を包括的に推進し、ルールに基づく国際秩序を構築」することを目的とし、いかなる国も排除せず、ビジョンを共有するパートナーと広く協力すると書かれている。そしてＡＳＥＡＮ諸国やヨーロッパ諸国との連携も強調されている。

この説明文からは、軍事面に力点をおいた構想とは考えられず、中国包囲を目的としたものでもないようであり、上記の印象とは異なるものである。

バイデン新政権も「自由で開かれたインド太平洋」の実現には意欲を示し、二〇二一年三月、オンラインによる日・米・豪・印のクアッド・サミット（四ケ国サミット）を主催し、今後、対面でのサミット開催も進めることになったが、軍事色を強調することはせず、ワクチンのインドでの生産協力など非軍事色を前面に打出す工夫をしている。

日本としては、「インド太平洋を自由で開かれた海にしたい。そのために多くの国の参加を呼びかける、その際は日・米・豪・印の四カ国にとどまらず、ＡＳＥＡＮの参加も重要であり、大事なことは国際ルールが守られ、平和な海とすることだ」といった取り組み姿勢を明確にし、そのためのリーダーシップを取るべきだと考える。おそらく、そうした日本の取り組み姿勢については、バイデン政権も評価するのではないかと考えられる。

日本がバイデン新政権と向き合うにあたり、日米安保条約については日本の抑止力を高める上で引き続き大事であり、日米同盟関係の維持・強化が外交政策の基軸であることを明言する。その一方で、これまで見てきた通り、アメリカの内向きの世論があり、何事があってもアメリカを頼ればよいという時代ではなくなっていることも認識する必要がある。そこで日本としては、東アジアの平和を維持するため、自らの政策理念をもち、中国との向き合い方を含め、東アジアの様々な問題につきバイデン政権としっかりとした議論を行い、中身のある日米協調関係を維持強化していくことが肝要である。その際には、「日本はアメリカと中国のどちらの側につくのか」といった問いかけではなく、日本が触媒となって米中の安定的な関係を作り出すことに一定の役割を果たすくらいの試みも視野に入れるべきであろう。

2 日本の対中外交戦略

「大国病」とどう向き合い、けん制するか

二一世紀に入って中国がめざましい経済発展を遂げ、二〇一〇年には日本を追い抜き世界第二の経済大国となった。また、この時期にリーマンショックでアメリカ経済が減速する一方、中国が内需主導で成長を遂げたあたりから、中国の大国意識が大きく顔をもたげ始めたが、この中国の大国病は、日本との関係にも大きな影響をもたらしてきた。

二〇〇七年の段階で早くも中国の海軍幹部がハワイより西は中国海軍が管理するという案をアメリ

カに提示したと報じられ、二〇一七年、習近平国家主席がトランプ大統領に対し、「太平洋には中国と米国を受け入れる十分な空間がある」と発言しているのも、そうした考え方が中国国内で支配的になってきていることを示すものである。二〇一八年、私が参加した中国でのセミナーでも、中国の軍人が誇らしげに、アジア太平洋の新たな秩序について、「米中二大スーパーパワーが上位にあり、その下に日本やインドネシアなどが位置する」といった権力思考をむき出しにした発言があった。これに対しては、私から、「覇権に反対してきた国はどこだったのか。中国ではなかったのか。その中国が覇権国家のような主張をするのか、それは断じて受け入れられない」と反論したことがあった。

そして中国は南シナ海で国際ルールを無視する行動を取り、日本との関係でも尖閣諸島水域に公船を侵入させるなど挑発的な行動をとってきた。その中国が、アメリカとの対立関係が抜き差しならない状況になってきた二〇一七年以降、日本との関係改善を指向するようになってきた。習近平政権発足以降初めて、安倍総理との本格的な首脳会談が二〇一七年一一月、ハノイで開かれ、その後、安倍総理訪中、習近平主席の訪日と続いた。二〇一九年六月、G20サミットの機会に訪日した習近平国家主席と安倍総理の間で、二〇二〇年春には国賓としての訪日が事実上合意されたが、これは中国の対日外交では極めて異例のことだった。一年も前に中国国家主席が訪日を合意することは稀であり、日本が国賓としての受け入れを早々と合意するのも異例だった。これは、中国として日本との関係改善を図りたいとの強い意思表示であった。

二〇二〇年に入って、新型コロナウイルス感染症が発生し、習近平国家主席の訪日は延期されることになり、その後、香港での国家安全維持法の導入とデモの制圧という事態に直面し、日本国内では、習近平国家主席の国賓としての受け入れに反対する声が強まった。

私は、香港での国家安全維持法の導入とデモの制圧については、もっと明確に日本の反対姿勢を示すべきであると考えている。中国側が内政干渉と強く反対することは当然に予想されるが、周庭さんの日本への呼びかけに力強く答えるべきであった。これは内政干渉ではなく、五〇年間は香港の自治を約束した国際約束が守られていないことに対する日本の懸念と反対だとの理屈づけで反対すれば良いし、そのメッセージを強く打ち出すべきである。

「二〇〇八年東シナ海合意」を実現せよ

その一方で、私は中国との関係正常化に向けて日本も動き出せば良いと考えている。日本経済にとって、中国市場が最も重要な市場の一つとなっており、中国との関係正常化は日本の国益に資するものである。そして政治・安全保障の分野でも新たな展開が出てきている。第七章で指摘した通り、二〇一七年一一月以降、三回の日中首脳会談が開かれたが、そこでは、日本国内でほとんど注目されていない合意事項があった。それは東シナ海での「資源開発に関する『二〇〇八年合意』を推進・実施し、東シナ海を『平和・友好・協力の海』とするとの目標を実現する」というくだりである。この「二〇〇八年合意」は私が関係した交渉の一つだったが、条約交渉が進まず、反故にされるのではないかと強く心配していた。しかし、二〇一七年一一月の安倍総理との首脳会談で、習近平国家主席が

「二〇〇八年合意」を有効な合意と確認したのである。このことの持つ意味合いは極めて大きい。中国が南シナ海において、国際仲裁裁判所の裁定を無視し、全て中国の海だと主張していることと比較して考えると、東シナ海での中国の姿勢は大きな違いである。「二〇〇八年合意」の再確認は、日本とは共存し、東シナ海を二つに割り、東シナ海を安定的で協力する海にして行こうという中国側の意志の現れであった。

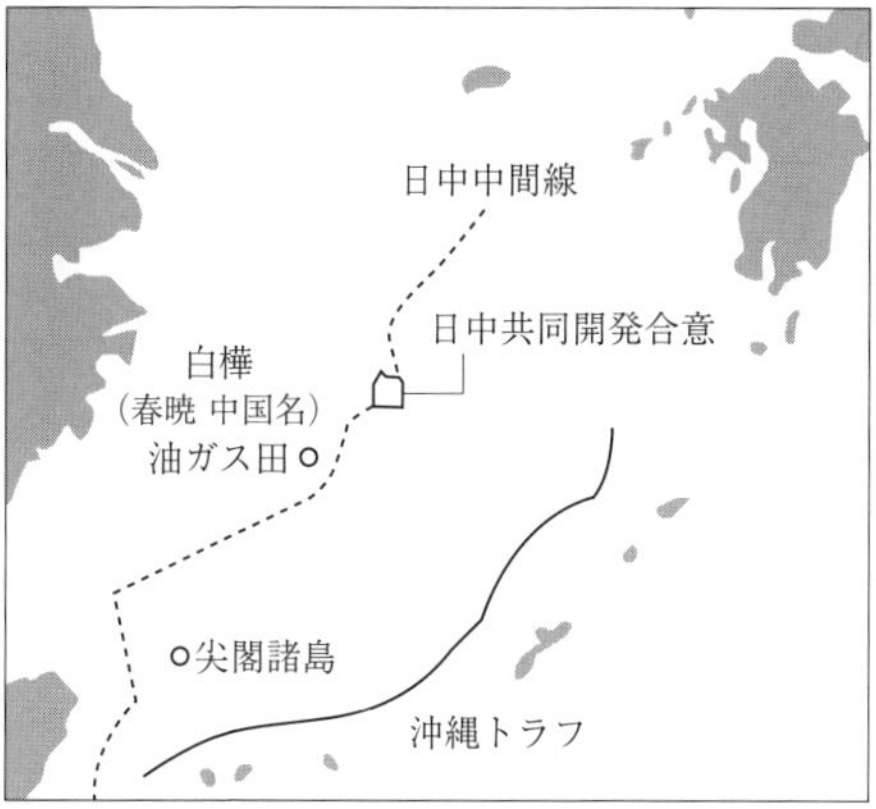

図4　2008年東シナ海油ガス田共同開発合意

出典：筆者作成。

日本国内では、中国と協力することへの生理的反発の故か、「二〇〇八年合意」の再確認について、ほとんど報道されず、全く関心が寄せられていない。国内での講演会などで「中国は信頼できますか、信頼できませんか」と問い掛けると、ほぼ一〇〇％の方から「信頼できない」という答えが返ってくる。そんな信頼できない相手と共同開発をするのか、という自然な反対もあろう。そして東シナ海に位置する尖閣諸島水域へ中国の公船が侵入してくるのを見ると、とても東シナ海が「平和・友好・協力の海」などと呼べるものではなく、日中共同開発などという考え方は、「甘すぎ」、真剣に考慮するに値しないという考え方もあろう。しかし、これは大きな間違いである。外交的に東シナ海を二つに割るというのは、大変に重要な合意である。国際的にも、多くの海洋法学者が、「二〇〇八年合意」は日本にとり極めて重要だとみている。日本は、尖閣の守りをしっかりと堅めつつ、この「二〇〇八年合意」を死守し、条約化に精力を注入すべきであり、今こそ日本は中国に対し平和攻勢をかけるべきである。

中国とはタフに、コレクトに付き合う

習近平国家主席の国賓訪日が議論された際に、政府部内の意見として、正式な文書は発出すべきではない、といった考え方があると報じられたこともあった（二〇二〇年一月一五日付朝日新聞）。日中関係を規律する文書として、中国は以下の四つの文書をあげ、その重要性を強調する。一つめは、一九七二年日中共同声明（国交正常化。中華人民共和国が中国の唯一正当な政府）、二つめは、一九七八年日中平和友好条約（反覇権を明記）、三つめは、一九九八年日中共同宣言（江沢民主席訪日時、最も大事な二国間関係の一つ）、四つ目は、二〇〇八年日中共同声明（胡錦濤主席訪日時、戦略的友好関係）である。そして第五の文書発出に中国側は意欲的だが、日本政府の中には消極的意見も根強いと報じられた。

第五の文書発出に消極的な意見があるとされたのは、日本国内にある対中不信感を意識してのことだと思われるが、これも外交的には下策である。中国が日本との関係を改善したいと動き出している時こそ、日本外交に取っては大きなチャンスである。そうした際に発出する文書の作成にあたっては、

日本が欲すること、書きたいことを挿入する大きなチャンスが巡ってきたと考えるべきである。もちろん、中国を相手にして、どこまで日本にとって有利な内容の文書が書けるかは外交手腕にかかっているが、チャンスであることには変わりがない。中国は何を書いても、信用できず、約束など破るに違いない、という対中不信感も分からないではないが、中国こそ四つの文書を極めて重視しており、習近平国家主席の名前が入った文書は、少なくとも習近平体制下では金科玉条の価値がある。

したがって、習近平国家主席の訪日が実現する際には、第五の文書を発出し、そこには日本として重視する原則や方策をできる限り反映するよう努力すべきである。そして「二〇〇八年合意」については、習近平国家主席の訪日までに条約化するよう最大限のエネルギーを注ぐ必要がある。

中国は歴史問題で色々と日本に難癖をつけてくるのではないかという不信感も日本では強いが、中国が批判めいたことを言うのは日本の総理大臣の靖国神社参拝だけであろう。この問題は、先にも述べたとおり、一九七二年日中国交回復の際、周恩来首相が中国国内で、「なぜ、多くの中国国民の命を奪った日本と国交を回復するのだ」と厳しい追及にあった時に遡るもので、「日本という国、あるいは日本人全てが悪いわけではない。戦争に導いた指導者が悪いのだ」と説明したことに起因している。そしてA級戦犯が戦争責任者であり、彼らが祀られている靖国神社への参拝だけは困る、というものである。中国の反対で日本の総理大臣が靖国神社に参拝できないのはおかしい、それは中国の国内の問題だろう、という指摘は正しい。しかし外交における現実の問題として靖国神社参拝の問題があり、対外関係を極端に悪化させるリスクを負ってまで総理が参拝するのかという政治判断の問題でもある。また、総理の靖国神社参拝は対中関係だけではなく、アメリカとの関係でも批判を受ける事態となったことも記憶しておくべきである。

以上に照らし、日本の中国への向き合い方を一言で言えば、中国とは「タフに、コレクトに付き合う」のが良いということになる。コレクト、というのは「べったり」、友好的ではなく、かといって、「ガチンコ」に対決的でもない、という意味である。節度をもって、相手にモノを言うべき時には、タフに、はっきりとモノをいう。しかし、協力するのが良い時には協力する、そんな姿勢である。香港や新疆ウィグルの問題ではモノを言う、南シナ海についてもモノを言う、そして東シナ海では日本の国益を守りつつ、平和攻勢をかけ、全体として中国に国際ルールを守るように仕向けていくのが日本のとるべき道である。

ASEANを大事にしよう

日本の外交上の資産はＡＳＥＡＮ諸国の対日信頼度が高いということである。しかし、ＡＳＥＡＮ諸国にとっても、政治、軍事、経済全ての面で中国が圧倒的な力を持っており、この巨大な中国とどう向き合うか、頭を悩ませている。そうした中で日本が中国と対立ばかりし、「日本と中国、どちらの側につくのか」と問いかけられてもＡＳＥＡＮは困るのである。「心は日本にある」、しかし、中国の力を見せつけられており、「日本です」とは素直に言えない、というのがＡＳＥＡＮの置かれた状況である。

ＡＳＥＡＮに関して、いくつかのデータがある。二〇一九年にシンガポールの東南アジア研究所が行った調査では、①経済面と政治・戦略面で最も影響力のあるのは中国だが、中国は信頼できないとの回答が六割に達している、②アメリカは東南アジアで影響力を失っている。東南アジアへの米国の関与は低下したと見られている、③日本が信頼できるという回答は六割を超えている。しかし、経済面で影響力のある国として中国が八割近いのに対し、日本は三・九％、政治、戦略面では、最も影響力のある国として、中国が五二・二％、米国が二六・七％であり、日本はわずか一・八％である、④米中対立でどちらを選択するかについては、米国が五三・六％、中国が四六・四％と米国がなお上回っているが、国別ではベトナム、フィリピン、シンガポールが米国と答え、あとの七カ国は中国と答えている。

日本の外務省が二〇一八年に行った調査では、ＡＳＥＡＮが最も信頼できる国一つを選ぶ調査で、日本が二五％、中国が一四％、アメリカが一三％と日本が一番信頼されている。

まさにこれらの調査結果は、ＡＳＥＡＮの置かれた立ち位置、ＡＳＥＡＮの考え方を明確に示しており、中国は信頼できないが圧倒的な影響力を持っている。日本は政治、経済面で影響力は小さくなってきているが、信頼度は高く、日本に一定の期待を寄せている、ということである。

日本はタフで、コレクトに中国と向き合うと共に、こうしたＡＳＥＡＮ諸国と連携し、中国を牽制し国際ルールを守るように仕向けていく外交を展開すべきである。

3　日本の対韓外交戦略

クールな対応を心がける

日本と韓国との関係は難しい。日本人の多くは、韓国がいつまでも過去にこだわり、何度も日本の謝罪を求め、理不尽な要求を繰り返すことに辟易している。この韓国との関係では、クールに対応することである。クールに対応し、国際的に共感を得られるやり方が鍵となる。慰安婦問題で河野談話の見直しを打ち出したことは、国際的に見て共感の得られるやり方ではなく、失敗だった。世界的に見て、女性への性犯罪に対しては非常に厳しい見方がされている時に、「軍による強制はなかった」と言ってみても、日本への共感が得られるはずはなかった。むしろ、アメリカ政府からも厳しい目が注がれ、結果的に安倍政権においては、二〇一五年に「当時の軍の関与の下に、多数の女性の名誉と尊厳を深く傷つけた問題である」として、安倍総理が心からのお詫びと反省の気持ちを表明し、日本政府の予算で資金を拠出することになってしまった。

徴用工問題については、一九六五年の日韓基本条約で処理済みの問題だと主張することは国際的にみて合理的な主張であり、この線で一貫して対応すれば良い。ただし、その際に輸出管理の問題を絡めるのは賢明ではなく、輸出管理については日韓政府間で話し合いを加速し、韓国政府がしっかりとした輸出管理体制を築くのを見届けて、従来の輸出管理手続きに戻すのが正しい姿である。

その上で、一九九八年、小渕総理と金大中大統領が発出した日韓共同声明の線に立ち戻り、二一世紀のパートナーとして協力していくのが合理的な外交政策である。往々にして、韓国では日本の一挙手一投足に関心が集まり、過剰に反応することがある。これに対して日本はクールに国際標準の対応をすれば良い。ところが日本においても、こと韓国のこととなると、ワイドショー的な関心を持ち、韓国批判に走ることが多くみられる。

国民性の違いは歴史が作り上げた違い

二つの仏像、京都太秦広隆寺の弥勒菩薩半跏思惟像と韓国国立中央博物館にある国宝八三号仏像、まさにこの二つの仏像はうり二つといって良い。お顔の作り、繊細な指先、細い胴と脚の組み方、さらには裳の作り、全てがそっくりである。いずれも三韓時代の新羅に由来するものである。ところが、形は同じでありながら、心に感じるものが全く違った。広隆寺の半跏思惟像は、どこまでも清しく、澄み切った心象がある。ところが韓国国宝八三号の方はどこまでも重く、深い悩みを抱えているように見えた。もちろん、材質の違いがある。広隆寺の仏像はアカマツ、韓国の仏像は金銅製である。その材質の違いが異なる表情を醸し出していることは容易に理解できるが、それよりも私には日本と韓国の国民性が仏像に現れているように感じた。広隆寺の半跏思惟像は、日本での一四〇〇年の歳月、風雪をくぐり抜ける中で、日本の風土が産んだ美であり、清しさのように見受けられる。一方の国宝八三号像は、韓国が歩んできた苦難の道を体現するような重さがあった。

冒頭でも触れたが、日本人には、「水に流す」という特性がある。自然と共生し、災害にあっても誰を恨むわけでもなく、自然の恐ろしさをそのままに受け止める。戦争で敗れても、アメリカに憎悪の火を燃やすわけでもなかった。過ぎたことは水に流し、過去に執着しない日本人の特性である。他方、韓国の人はどこまでも過去の出来事にこだわる。「水に流す」という気質は存在しない。この二つの国民性の違いがどこからくるのか、水田の日本と畑作の韓国、とか諸説あろうが、やはり歩んできた歴史の違いが大きい。日本は島国で外敵からの侵略に怯えることはなかった。それに対し、韓国は常に外からの侵略に怯え、過酷な歴史を歩んできた。そうした環境の中ではさらりと「水に流す」などといった気質が生まれるわけがない。

この気質の違い、どちらが良い、悪いという話ではない。歴史が作り上げた違いなのである。二つの半跏思惟像は、日本と韓国がいがみ合ってばかりいるのをご覧になって、なんとも困ったものだ、と思っておられるように見受けられた。ここは一つ、クールな対応を心がけたいものである。

4　日本の対北朝鮮外交戦略

核廃棄実現に向け一層の外交努力を

北朝鮮も今の日本にとって大きな課題である。日朝間には安倍政権でも最大の政治課題とされ続け、解決を見なかった拉致問題がある。拉致問題は、私自身、深く関わり、これまで解決を見ていないことに大きな責任を感じている。

そして核・ミサイル問題である。北朝鮮は、「アメリカが敵視するから核開発をせざるを得ないのだ」と言ってきたが、今や六度の核実験を行い、数百発のミサイルを保持するに至っている。この北朝鮮の核・ミサイルで一番脅威を受ける国は日本である。北朝鮮の核問題について六者会合を行ったが、この関係国のなかでアメリカ、ロシアは圧倒的な核戦力を保有しており、北朝鮮がこの両国に核攻撃を行うことは自殺行為である。同様に中国についても北朝鮮が攻撃を加えることは考えられない。北朝鮮からの攻撃の脅威に直面する国は韓国と日本であり、韓国については通常兵器でソウルを火の海に出来るとかねてより喧伝されてきた。まさに日本こそ北朝鮮の核・ミサイルの脅威に一番直面している。そのことがどこまで日本国民の間で理解されているか、疑問なことも多い。六者会合では、拉致問題を取り上げるかどうかがメディアの最大の関心事だった。トランプ政権下、米朝間で北朝鮮の核・ミサイル問題が話し合われたが、日本は蚊帳の外に置かれた状態であるにもかかわらず、それほどの焦りも感じられなかった。

日本とアメリカでは北朝鮮の核・ミサイル問題が引き起こす脅威について、基本的な認識の違いがある。アメリカにとっては、北朝鮮がアメリカ本土まで射程に入れる大陸間弾道ミサイル（ＩＣＢＭ）を成功裏に開発するか否かが最大の関心事である。このため、二〇一八年六月のシンガポールにおける米朝首脳会談において、北朝鮮がＩＣＢＭのテストをしないことと、アメリカが金正恩の首をとるとした斬首作戦を行わず、体制を保証することがディールの肝であった。そしてトランプ大統領は、その翌日に「北朝鮮の核の脅威はなくなった」とツイートしたのである。ところが、日本はそれでは困るのである。北朝鮮の数百発におよぶミサイルは日本を射程に入れており、日本海に向けて新たなミサイル発射も行っている。アメリカはＩＣＢＭのテストさえしなければ問題にしないが、日本にとっては日本海へ向けたミサイル発射も大問題である。とても、日米が同じ立場だ、などと言っておれる状況にはないのである。

日本としては、北朝鮮の核・ミサイル問題の解決のために、より主体的な取り組みをする必要がある。アメリカだけに任せていては、日本に対する脅威はなくならない。日本が主導し、核廃棄に向けたシナリオを書き、具体的なロードマップを作るなど、外交努力を強化する必要がある。

ところが、日本で突如起こったことは、そうした外交面での対応ではなく、敵基地攻撃能力の保有議論だった。日本は、北朝鮮からのミサイル攻撃を念頭にイージス艦を中心としたミサイル防衛を進めてきたが、二〇一七年末に、新たに地上配備型イージスの導入を決定した。配備費用として四五〇〇億円が見込まれ、すでに一八〇〇億円の契約を終えているが、二〇二〇年六月に突如、その配備計画が撤回された。そして、にわかに浮上したのが敵基地攻撃能力の保持という構想だった。地上型イージスの配備撤回に伴い、防衛の空白を埋めるため、というのが理由だった。私が驚いたのは、「飛んできたミサイルを撃ち落とすのは難しく、それよりも、相手の基地を叩きに行く方が正確で、コスト的にも安上がりだ」といった荒っぽい議論とその報道ぶりだった。

いくらなんでも、北朝鮮のミサイル基地を攻撃するというのが極めて重大な問題を内包し、実行が難しく、危ういことだというのは、北朝鮮の核・ミサイル問題を少しでも知るものであれば、常識だろうと思っていたが、そうした解説は、当初の報道では皆無だった。ことは北朝鮮に関わる問題だ、ということであろうか、国民の中でも支持が多く、ＮＨＫの世論調査では四三％賛成、四四％反対と伝えられ、その後、「敵基地攻撃能力」ではなく「領域内阻止能力を持つべき」と表現が改められたこともあり、「持つべきだ」五〇％、「持つべきでない」二七％との結果が出ている。

しかし、冷静に考えてみれば、北朝鮮の核・ミサイルの脅威に対し、敵基地攻撃能力を保持するという構想がいかに非現実的なものであるかが簡単に分かるはずである。日本が北朝鮮のミサイル基地を攻撃することに関し、一九五六年の鳩山内閣の「座して自滅を待つべしというのが憲法の趣旨とは考えられない」という答弁を引き出し、合憲との説明を行っている。しかし、具体的な問題となると、どういった状況になれば、敵基地攻撃を実施に移すかが鍵となり、相手が日本に向かってミサイルを撃つ状況を事前に把握することが必要となる。そうした状況がなく、ただ、北朝鮮がミサイル開発を行っていて危険だ、といった理由で日本が敵基地を攻撃することは、さすがに考えられていないはずである。これでは先制攻撃となり、国際的にも許容されず、日本の専守防衛政策とは真っ向から矛盾することになる。

さて、それではいかなる状況が出てくれば、北朝鮮がミサイル発射に着手したと判断され、日本の防衛のためにミサイル基地を攻撃することが認められるのだろうか。これが二〇〇三年の段階であれば、まだ可能だったかもしれない。当時は、北朝鮮がミサイル発射の準備を開始したという動きが衛星で探知されたものである。それはミサイルの燃料注入の作業を行うため、多くのトラックや貨車などの動きがあったためである。ところが、今の北朝鮮では、ミサイルの燃料は固体燃料となり、事前の動きを察知することは困難になった。しかもミサイル発射基地が複数あり、移動式のものや、潜水艦からの発射もある。こうなると、事前に北朝鮮がミサイル発射に着手したと判断することは現実には無理な状況になっている。事実、近年の北朝鮮によるミサイル発射については、いずれも、発射後に「発射された模様」と報じられている。

しかも、北朝鮮は数百発のミサイルを保有しており、日本が敵基地攻撃を行っても、北朝鮮の核・ミサイル能力を壊滅させることは不可能であり、かならず北朝鮮が反撃に出てくることが予想され、日本全土が危険に直面することになる。

こうした初歩的な知識だけでも、北朝鮮のミサイルの脅威に対し、敵基地攻撃能力を保持しようとする構想がいかに非現実的なことかは容易に分かるはずである。敵基地攻撃能力という言葉は消えて、相手領域内での阻止能力という表現に変わっても、本質は同じである。

北朝鮮の核・ミサイル問題については、核廃棄に向けた外交努力を行うことこそ、日本が取るべき第一歩である。それを行わないまま、非現実的な対応を行うのは理解できない。その上で、総合的な安全保障政策を検討し、抑止力という視点から何が必要かを含め、本格的な議論を行うことは当然である。

求められるアメリカへの積極的な働きかけ

さて、バイデン政権になって、この北朝鮮問題にアメリカがどう対処するかだが、トランプ大統領の行った米朝首脳会談のやり方を踏襲することはないであろう。北朝鮮の金正恩委員長もバイデン政権との向き合い方に頭を悩ませていることだと思われる。バイデン政権は、これまでも述べてきた通り、国内対策が優先課題であり、外交面でも北朝鮮問題の優先度は決して高くないと考えられる。北朝鮮政策について、人的体制を整え、本格的に取り組むまでにはかなりの時間を要しよう。その場合、北朝鮮にとっては、経済制裁が継続したままであり、何も起きないことはマイナスでしかない。このため、事態を動かすために、北朝鮮が冒険的な行動に出る可能性がある。その場合、日本海へのミサイル発射以上のものに踏み切る可能性が考えられ、日本として警戒しておく必要があるのは言うまでもない。

他方、アメリカの国際政治の専門家の間では、北朝鮮の全面的な核廃棄は現実的ではなく、ある程度、北朝鮮が核能力を保持することはやむを得ない、むしろ、「北朝鮮が暴発しないようにマネージする方途を検討すべきだ」といった考えが出始めている。これは日本にとって受け入れられないシナリオである。そこで日本としては、日本がリードする形で北朝鮮の核・ミサイル問題への対処についてバイデン政権に積極的に働きかける必要がある。バイデン政権も同盟国や関係国との協調を重視する姿勢を示しており、日本が核廃棄の具体的なロードマップを書き、まずはアメリカと話し合い、その上で中国や韓国とも意見交換し、対応を練っていくべきである。その際、北朝鮮が二〇一九年二月のハノイでの米朝首脳会談において、寧辺の全ての核施設の廃棄を考えていたと伝えられたが、それは核廃棄に向けての交渉の第一歩となりうるものであろう。日本は、また、北朝鮮とも直接に話し合うことが重要になる。その中で拉致問題の解決のため積極的な働きかけを行う必要がある。

核兵器禁止条約と日本

二〇二一年一月二二日、核兵器禁止条約が発効した。日本は北朝鮮の核脅威に現実に直面しており、中国、ロシアと核保有国に囲まれていることもあり、日本の安全を確保するためにはアメリカの核抑止力が必要な事は言うまでもない。この関係で、核兵器禁止条約が、核兵器の開発・保有・使用を違法と規定しており、アメリカの核抑止力に頼る日本が核兵器禁止条約に加盟するのは困難だというのは理にかなった議論である。

他方、唯一の被爆国である日本は、国際社会の中で先頭に立って核廃絶に努力すべき立場にあり、核兵器の非人道性に着目して、これを禁止しようとする条約が発効したにもかかわらず、これに賛同できないという事態は、極めて遺憾なことである。日本政府は核廃絶を求める国連決議を毎年提出してきているが、残念ながらこの国連決議は核兵器廃絶に向けて実効性のある結果をもたらしていない。

日本政府は、核兵器禁止条約について、どの核保有国も参加しておらず、核廃絶に向けての実効性が期待できないことから、同条約には参加せず、核保有国と非核兵器国との橋渡しを行うのだとしている。しかし、「橋渡し」としていかなる努力がなされ、どのような成果をあげようとしているのかが具体的に見えてこない。本来、核保有国は核拡散防止条約（ＮＰＴ）により、核軍縮を義務付けられているが、その義務が全く履行されていないのが現実であり、中国などは核軍縮ではなく、逆に核兵器増強の方向に進んでいる。このような状況が非核兵器保有国の怒りを買い、核廃絶への具体的な道筋が見えてこないことへの大きな失望が核兵器禁止条約に結実したと言えよう。

日本が核兵器禁止条約に参加すれば、アメリカの核の傘を期待できなくなるという指摘が聞かれるが、私は日米同盟関係がそれほど柔なものではないと信じている。しかしながら、北朝鮮の核・ミサイル開発など、現下の日本を取り巻く厳しい安全保障環境に鑑みれば、日本国民の安全に責任を有する日本政府が、ある程度の危険を覚悟して核兵器禁止条約に参加するという選択を取り得ないことは十分に理解できるところである。同時に、日本は核兵器廃絶を実現するため、各国の先頭に立ち、汗をかかなくてはいけない立場にあるはずであり、条約としての欠陥をあげつらい、核兵器禁止条約に反対するような姿勢をとっていいはずはない。

そこで日本としては、日本国民の核廃絶についての強い思いを踏まえ、バイデン政権と十分な意見交換を行った上で、直ちに核兵器禁止条約に参加することはしないが、条約加盟国の協議にオブザーバー参加する道を選択しても良いのではないか。このオブザーバー参加により、核兵器禁止条約参加国にも寄り添い、核廃絶に向けて少しでも実効性のある議論に貢献するのが日本の責務ではないかと考える次第である。この関連では核軍拡を推進したトランプ政権とは異なり、バイデン政権との間では核軍縮に関して合理的な議論をすることが可能なはずであり、今こそ、日本は核なき世界の実現を目指して真剣に努力すべきであると考える。

5　日本の外交針路を問う

第三の柱の構築を

以上の諸点を踏まえ、日本外交の進むべき針路として、「日本力」を中心とした三本柱からなる外交戦略の展開を提案したい。

三本柱の一つはアメリカとの安全保障条約を基本とした同盟関係の維持である。アメリカが今後とも相当長い期間にわたって世界最強国家であり続けることは間違いなく、そのアメリカとの間で同盟関係を維持することは、日本の抑止力を高めることになる。日本としては、アメリカとの友好協力関係の維持につとめ、アメリカ国民の間に日本は守るに値する国だと思わせなくてはいけない。

同時に、アメリカにだけ依存して、日本の安全を確保できる時代は終わったと考えるべきである。今日の世界では、パワーバランスの変化が確実に起きており、アメリカが経済力、軍事力で圧倒的に優勢な時代は終焉を迎えつつある。また、アメリカ世論も世界のことにあまり関わりたくないという内向きの声が大きくなっており、このような厳しい現実を直視する必要がある。

今一つの柱は、アジアとの共生であり、なかでも中国との共生が大きな課題である。中国が大国化するのは不可避の状況であり、信用できない相手であっても、一定の協力関係を維持し、その一方で中国をチェックするという困難な仕事が日本外交に待ち受けている。外交は、好き嫌いの感情で展開するものであってはならない。中国は嫌いだ、中国に負けてなるものか、そういった個人的感情が日本外交の行方を左右することがあってはならない。

日本人が中国との関係を冷静に見つめるのは容易なことではない。二〇〇〇年、つい二〇年前の時代において、日本のＧＤＰは中国の三倍であった。年配の人々の間には、「日本が中国より上だった」といった意識が根強く残っているかもしれない。一八九五年、日本が日清戦争に勝利して以降、日本は中国よりも国力が上だったという歴史的な記憶が、そうした意識の底に潜んでいる。いずれ、中国共産党支配が崩壊し、中国の経済発展も頓挫するだろう、といった希望的な観測を描く人達も少なくない。

しかし、国際社会で起きていることは、中国の大国化であり、世界の多くの国が、中国はアメリカと並ぶ経済大国になると考えている現実がある。日本はこの現実を直視し、いかにして日本の国益を守るために最良の選択をするのか、見極めなくてはならない時に来ている。中国市場は日本企業にとって、最も重要な市場の一つとなっており、中国との間で、一定の協力関係を築くことは日本の国益に資することである。

同時に中国が大きな矛盾と問題を抱えていることも事実である。共産党支配の社会にあって、凄まじい貧富の格差が進行しており、国内政治を安定的に運営することは容易なことではない。習近平政権が、偉大な国家の建設という中国の夢を国民の前に示しつつ、同時に腐敗退治を政権の優先課題としていることに中国の矛盾が象徴的に現れていると言えよう。また、中国の急速な発展が国民に「成り上がり的な大国意識」を植え付け、世界から顰蹙を買う結果を招いている。さらには中国政府が、南シナ海で見られるように国際ルールを無視した行動を取り、多くの国において中国が信頼されず、嫌われている状況も現出している。

このような国際情勢を冷徹に分析すると、中国の大国化は避け難く、与件として受け入れる必要がある、同時に中国は国際社会で国際ルールを無視しがちな、信頼できない国として認識されている、という姿が浮かび上がってくる。こうした国際情勢を踏まえ、日本は国益を最大限に確保するためのしたたかな戦略を展開する必要がある。具体的にはアジアとの共生であり、中国とも一定の協力関係を築いていく、同時にＡＳＥＡＮ諸国と共に、中国が国際ルールを守るような働きかけを模索し、平和攻勢をかけていくという複合的なアプローチである。

アメリカとの同盟関係の維持とアジアとの共生、その二つの柱の中心に、日本外交は第三の柱を構築する必要がある。それを、あえて「日本力」と名付けたい。この「日本力」は、三本柱の中心をなすものであり、いわば、心柱ともいうべきものである。

日本のその先を信じて

アメリカにだけ頼ることができない時代になった、と言うと、「そう、確かにアメリカに頼るわけにはいかなくなった。今こそ、日本が独自で自分を守る時代がきた。そのためには、軍事力を大幅に強化する必要がある」と、勇ましい反応に出くわすことが少なくない。しかし、私がここで言う「日本力」とは軍事力の強化ではない。もちろん、一定の防衛力の整備は必要だが、日本の強みとなるのは、これまでに培ってきた日本の信頼力であり、経済、技術、文化といった総合的な力である。ASEAN諸国は、「日本、中国、アメリカ、どの国を一番信頼するか?」という問いかけに対して、日本を一番信頼してくれている。

この日本の信頼力は、これまで日本外交が培ってきた「徳を積む外交」に起因している。戦後の日本は、経済発展を遂げても大きな軍隊を持たず、核兵器を持たず、平和外交に徹してきた。そして、日本は開発途上国の国作りを手伝ってきた。日本から派遣された専門家や海外青年協力隊の若者は、東南アジアはもちろん、アフリカや中東諸国でも現地の人々と共に汗をかき、苦労を共にしてきた。例えば、アフリカのマラウイという国に、これまで七九一人の若者が海外青年協力隊の一員として滞在し、今日でも二九人がマラウイの人々に農業や医療の技術を教えている。

このような地道な努力の積み重ねが世界各地で評価され、日本への信頼を高めてきている。日本としては、これまでに築き上げてきた信頼力の上に立って、世界の平和に貢献するのだ、という強いメッセージを打ち出すべきである。

世界が混沌とし、自国中心で排他的なムードが漂っている今日である。そしてアメリカの信頼力が低下する一方、中国についても世界のリーダーとはとても言えない振る舞いをし、世界の顰蹙を買っている。そうした時代にあって、日本が国際協調の流れを引き戻すために汗をかくことはまさに時宜にかなったことである。そして、東アジアの平和を維持するために先頭に立つべきである。

ここで大事なことは、日本が発出するメッセージである。日本として、いかなる世界を構築するために貢献しようとしているのか、明快で、力強いメッセージが必要である。これまで日本の発信力は弱く、ともすれば、「日本はいい国で、信頼もできるが、世界の平和とか安全保障といった問題になれば、アメリカの言いなりだろう」と世界から見られることが多かった。そうした固定観念を打ち破るメッセージが必要となる。

日本が信奉するのは、「自由で、開かれた世界の構築であり、国際ルールの尊重と国際協調だ」という旗印を掲げ、外交のイニシァテイブをとるべきである。この関係では、「自由で開かれたインド太平洋」についてもＡＳＥＡＮ諸国を中核メンバーとして組み入れ、大事なことは国際ルールに則り、平和な海にすることだと呼びかけていく。

さらには、ＴＰＰや東アジア地域包括的経済連携（ＲＣＥＰ）の推進と日中韓三カ国自由貿易協定の交渉にも積極的に取り組む姿勢を示し、東アジア地域では日本が平和と発展のためにリーダーシップをとっていると印象づけることが大事である。今日、中国がＴＰＰへの参加に関心を表明し始めたが、これも、中国に乗っとられるといった受け身、消極的な対応ではなく、日本が自信を持って中国と交渉し、十分な開放を行うのであれば受け入れて良い、といった姿勢で臨むべきである。

また、世界の貧しい国々の国造りを助けるためには開発援助（ＯＤＡ）が不可欠である。ＯＤＡについては国内でも、その有効性について批判があり、大幅に減少した。一九九〇年代において、日本はODAの分野で世界のリーダーだったが、二〇〇〇年代においてODAが四〇%も減額されてしまった。しかし、日本が自国の平和を守り、世界の平和に貢献していくためには、ODAの果たす役割は大きい。これまで日本が培ってきた「徳を積む外交」、「信頼力の増進」においても、ODAが果たしてきた役割は大きかった。また、ODAについては、世界で信頼を勝ち取り、友人を増やすことで日本の安全保障を確かなものとする側面があり、ODAを安全保障のコストとして考えることも出来よう。

外交の世界では、必ずしも大国がリーダーシップを取るとは限らない。とりわけ大国が対立しているような時には、中小の国であってもリーダーシップを取ることが可能である。人口五四〇万人の小国、ノルウエイが外交の世界では紛争の調停や和平交渉などで重要な役割を演じ、平和外交の分野でのリーダーである。日本は、政治の分野では、法の支配、自由で民主主義の国家であり、経済面では高度な技術力を誇り、高い文化を持つ国家である。日本は立派なスマート・パワーを保持している国であり、その日本が明確なメッセージを持ち、世界の平和に貢献する姿勢を示せば、かなりの力を発揮することが可能である。その際には、仲間と共に平和の声を上げることも有用であり、ASEAN諸国や豪州、インド、そして主な欧州諸国が自然なパートナーであろう。

日本の針路として、三本柱からなる外交戦略を論じてきたが、もちろん、そうした道は平坦ではなく、大きな障害が待ち受けているに違いない。しかし、日本のその先に可能性は開けていると信じ、外交を展開していくべきである。

終　章　四〇年間の外務省生活を振り返って

1　外交交渉で大事なこと

交渉の要諦とは

二〇一〇年八月、四〇年におよぶ外務省生活を終えて退官し、一〇年が経過したが、今、この回顧録を書きながら、非常に楽しく、恵まれた外務省生活だったと、しみじみ感じており、多くの方々への感謝の気持ちでいっぱいである。

私は、その四〇年間、交渉ごとばかりを担当してきた。前半は日米間の貿易交渉やウルグアイ・ラウンド交渉、後半は北朝鮮の核開発問題や日中間の諸問題など、主にアジアを相手とした交渉だった。頭を使うというよりは、体力、気力の勝負でもあった。そうした交渉ごとを通して実地に学んだ交渉の要諦をこれからの若者へのアドバイスとして、少しまとめておきたい。

言い訳はＮＧ

交渉に当たって、言い訳、なぜ出来ないかを相手方にくどくどと言うのは、百害あって一利なしである。この事は、とりわけアメリカとの交渉で痛いほどに実感した。日米の農業交渉の現場、ここでは、日本側から、「日本の土地は狭小で、アメリカのようにはいかない。そんな日本だから、農産品の自由化など出来ないのだ。そうした状況、日本の特殊性をどうか理解して欲しい」といった説明というか、訴えがしばしば日本の政治家や経済官僚からアメリカに対して行われた。

しかし、こうした訴えかけは、自由化を迫るアメリカの交渉者の胸に響くものではなかった。日本は自動車などで巨額の利益を上げているのに、少しのコメの輸入でも「ＮＯ」と言う、全く話にならない、といった反発しか招かなかった。

あるいは、湾岸戦争の時のこと、アメリカが自衛隊の派遣を含め、日本の人的貢献を求めて来たが、これに対し、日本側が「自衛隊の海外派遣は、日本の憲法上の規定からも出来ないものだ。どうかそうした事情は理解して欲しい」と繰り返し説明した。これに対してアメリカ側は、「なぜ、日本は何も出来ないのだ。憲法上の制約といっても、何か工夫をすれば出来ることがあるのではないか」と迫り、それでも「ＮＯ」と言う日本に対し怒りを露わにしたのだった。

この日米間のやりとりの後、日本が一三〇億ドルという巨額の財政負担（湾岸戦争に要した戦費の三分の一と言われている）をコミットすることになったが、アメリカからは「小切手外交か」と蔑まれ、日本も「申し訳ないが、これで何とか納得して欲しい」とお願いすることになってしまった。一三〇億ドルは日本人の支払った税金である。アメリカでも「納税者のお金」として評価されるべき貢献のはずだが、言い訳から始まった日本の説明はアメリカの居丈高の反応を招き、結果的に「謝りながら巨額のお金を支出する」という最悪の結果となってしまった。

この二つの例からも明らかなことは、交渉に当たって、言い訳は百害あって一利なしである。

「NO」だけの対応は高くつく

「言い訳はだめ」と重なることもあるが、交渉の初めの段階では、相手からの要求に対して、「NO」で応じることがよくある。しかし、単に「NO」ばかりではおよそ交渉が成り立たず、その後の交渉で雰囲気が悪化し、相手との信頼関係も築けない。結果として、相手側の要求がより厳しくなり、高くつくことが多い。

まさに日米経済交渉でよく見られたことである。例えば、関西空港建設問題での当初の対応は、アメリカ企業の参入など認められないと「NO」の対応だった。また、電電公社の通信機器調達問題やオレンジの輸入などの要求についても、頭から「NO」と否定する態度に出た。こうした初期対応がアメリカ側の戦闘意欲をより高め、結果としてとても高くつくこととなった。

結果論だが、初期対応において、もう少し幅を持たせ、相手の要求に耳を傾ける姿勢を見せていれば、日本側の譲歩というか、出し分が少なく済んだのではないかと思われる。

主張は目一杯に、攻撃も大事

逆に日本側の要求項目については、交渉初期段階において目一杯の主張をすべきである。もちろん、筋の通った主張でなくてはいけないが、筋が通っていれば、目一杯主張すべきである。外務省の人間が首席交渉官を務めている場合などでは、特に大事なことであり、そうすることで経済官庁との信頼関係を築いていくことが出来る。

往々にして、日本側ではあまりに過大な要求はすべきでないと考えがちである。日本人の慎ましやかな国民性が影響しているのかもしれないが、そうした姿勢は対外交渉では無用であるばかりか、有害なことがある。相手側も国内調整が必要なことが多く、日本がこんな要求をしてきていると一応国内で説明し、その上である程度割引いた妥協案を模索するはずである。ところが、日本側が少し遠慮した要求を行い、交渉過程で満額解答に近い対応を求めれば、先方も困ってしまうのだ。

また、相手側のおかしな制度などについては、批判し、攻撃することも大事である。日米構造協議の際にアメリカの財政赤字を攻撃し、一定の効果はあったが、日本人は一般に相手を攻撃することが不得手である。しかし、対外交渉では、「攻撃こそ最大の防御」が当てはまることが少なくない。

相手側の要求に対して、提案型、プロポーズ対応を

相手側からの要求に対して、日本としては、こうした対応は可能だとプロポーズするやり方は有効なことが多い。「提案型対応」である。

アメリカからの建設市場参入要求や自動車電話問題での対応は提案型対応の好例だった。特に建設市場参入問題では、日本市場への参入に不慣れな外国企業に対して、「特例として一定のプロジェクトについて外国での工事実績を考慮しよう」という提案を行なった。この提案型対応が功を奏して、アメリカからは、「自分たちも談合に加われというのか」などと言われながらも、概ね日本の提案に沿った形での決着が図られ、日本が重視した指名入札制度が維持できたのだった。

湾岸戦争の時の「NO」という日本の対応と対照的だったのが二〇〇八年のアフガニスタン支援だった。アメリカから自衛隊のヘリコプターを出して欲しいと要求されたのに対し、「NO」というのではなく、日本としてできることをやる、学校を作り、クリニックを作る、そうした形で日本はアフガンスタンを支援すると提案し、アメリカもこの対応を高く評価する結果となった。

こうした提案型対応は日韓漁業協定交渉でも行い、竹島については、お互いに排他的経済水域は主張しないこととし、日韓双方が操業可能とする水域を作ろうと提案した。この提案が受け入れられ、竹島について国際法上の立場を損なうことなく、日本側の漁民の要望が実現することが出来た。

一方、フィリピンとの介護士受け入れ問題でも、日本側は提案型対応を行なったが、その提案内容が悪く、結果として失敗例となった。提案型対応も提案の内容がまともなものでなくてはいけないのは言うまでもない。

交渉相手との信頼関係を築くこと

相手との信頼関係を築くことは、交渉をまとめる上で不可欠なことである。交渉の第一段階こそ、お互いに目一杯の主張を行うが、双方一〇〇％を要求し続けると交渉はまとまらない。どこかで妥協点を模索することが必要になる。交渉者は交渉テーブルを挟んで向き合い、やり合うが、お互いに国内の利害関係者を背中に背負っている。交渉の半分はそうした国内の利害関係との調整であり、その際には交渉相手の立場を国内で代弁することになり、なぜ、ある程度は譲歩せざるを得ないかと国内の説得にかかることになる。

先の日韓の漁業交渉に関して、竹島について排他的経済水域はお互いに主張しないようにしようと交渉者が話し合ったが、その後、双方が国内の関係者を説得することは大変だった。しかし、これしか合意する方途はないと確信した二人は、その後、お互いに国内で関係者を説得にかかった。この時、二人は同志的な関係にあると感じたものである。

インドネシアとの経済連携交渉では、交渉をまとめることが日本とインドネシア両国の関係にとって大事だという共通の思いが首席交渉官の間で共有されており、交渉者の信頼関係が確かであったため、比較的スムーズに交渉妥結を図ることが出来た。

また、交渉相手との信頼関係を築く上で大切なことは、嘘をつかないことである。交渉を進めるなかで、ハッタリというか、嘘をつく誘惑にかられることも少なくないが、嘘をつけば相手との信頼関係を築くことが出来ず、結果的に良い交渉結果を得ることが出来ないものである。

2　外務省で働いてみて

「省益」は考えたことがなかった

外交交渉で、常に頭においていたことはただ一つ、「日本という国にとって良い結果を作り出す」ということだった。このように書くと、「なんだ、当たり前の話ではないか」とか、あるいは、「きれいごとを言っている」と聞こえるかもしれない。しかし、ここで「日本にとって」という意味は、もちろん、自分の成果、といったことではなく、また、外務省の省益のためでもないということである。実は、ある財界の方から、「どうせ、皆さんは省益のために働いているのでしょう」と言われたことがあった。「いや、省益などを考えて外交の仕事をしたことはないですよ」と反論しても、「そんなことはない。自分の会社でも、課長は課のこと、部長は部のことを第一に考えて仕事をする。何もそれが悪いと言っているのではない。しかし、国のことを考えて外交をやる、というのではなく、皆さんは、外務省のこと、省益を第一に考えて仕事をしているはずだ」。

これは思ってもいないことだったが、外部の人々からは、そのように見られているのかと愕然としたことがあった。

外務省は、大体において省益という概念に鈍感である。他の省庁なら、法律を通し、予算を獲得するというのが一番の仕事である。そして、役所の外に外郭団体や関連の団体があり、そうした団体との関係を強化し、省員の退官後の面倒もみる仕組みが出来上がっていることが多い。外務省は、そうしたことに、まるで淡白であり、霞ヶ関でも珍しい役所である。

外交の仕事をする上で大事なことは、今、述べたように、「日本という国のために良いことをする」に尽きると考えている。また、私が若い外務省員に常々言ったことは、「外交のプロ」としての誇りを持ち、「プロとしての仕事をしろ」ということだった。

私自身は、四〇年間の外務省生活の中で、一度も上司から「これをしろ」と指示されて仕事をしたことがなかった。いわゆる「指示待ち人間」という言葉があるが、それとは正反対の性格だった。「誰かから言われてやる」などといったことは性に合わない性格で、上司にとっては扱いにくい性格だったかもしれない。その時々に、自分が置かれた部署では一定の決まった仕事がある。当然にその仕事をこなすわけだが、その際でも、「さ、どうするか」と考え、「自分ならこうする」、「こんなことをしてみたい」といった思いで仕事に取り組む四〇年だった。

「君は何のために外務省で仕事をしているのか」

近年、政治主導という言葉が強く叫ばれ、官僚は政治主導に従うべしという風潮が強まっているように見受けられる。官邸の意向が強くなり、役所は官邸の意向に従うものだ、というのが当たり前のように受け止められている。

たしかに官僚が既得権益にがんじがらめになり、動きが取れないことがあろう。また、官僚が自己の保身、自分の役所の利益を優先し、新しい政策を打ち出せない、打ち出そうとしないこともあろう。そうした時こそ、政治主導で新たな取り組みを断行すべきである。そのような政治主導は大歓迎である。そして官僚は政治主導の下でしっかりと実務をこなすのがあるべき姿であろう。

問題は、政治主導の風潮が強まるあまり、官僚が自ら政策立案をする力が弱まり、指示待ち人間になることである。そうした風潮がさらに進むと、役人がもっぱら官邸の意向におもね、忖度するようになる。もし、こうしたことが現実に霞が関の各役所で行われているとすれば、由々しき事態である。それは日本の不幸である。

政治主導は大事なことである。外交の世界でも一九六〇年代、佐藤総理が沖縄返還交渉において「本土並み返還」を有言実行したのは、まさに政治主導であった。外務省の中でも、アメリカはベトナム戦争で厳しい状況にあり、沖縄にある米軍基地はその重要性を増している、そうした時に沖縄にある核施設の撤去を求め、「本土並み返還」を要求することは無理だ、という受け止め方が多かった。その時に、あくまで「本土並み返還」にこだわり、これを実現したのは佐藤総理の執念であり、政治主導と呼ぶのにふさわしい例である。一九七二年、田中総理が訪中し、日中国交正常化を実現したのも政治主導である。

政治主導というのは、国家の重要課題に取り組むにあたって、政治の側において大きな政策判断を行い、官僚を束ね、政策を実現することだと私は考えている。もちろん、その際に大きな責任がついて回ることは言うまでもない。こうしたあるべき政治主導ではなく、それほど政治的に重要な問題ではない案件にまで政治が直接に関わり、細かく官僚を指示するのが政治主導だとは思わない。そして、官僚の側においても、官邸など政務に対し、その道のプロとして正しいと思う政策を具申する必要がある。

私が外務省に勤めていた時にも、政治主導の重要性が指摘されはじめていた。その時の「政治」、ないし「政務」という時には、官邸及び役所の中の大臣、副大臣、政務官を指すのが普通だった。私自身は、外交のプロとして政策を立案し、大臣や官邸の了承を取り付けるのがわれわれの任務だと考えていた。ところが、特定の難しい懸案について次官室で議論しているときに、「政務がどう考えるかですが」と言った局長がいた。こうなると、私は「瞬間湯沸かし器」になってしまっていた。「君は、何のために外務省で仕事をしているのか」、「外交のプロとしての誇りはないのか」といった思いが瞬時に頭を駆け巡り、次に出てくる言葉、そして表情が、おっかないものとなっていたようだった。難しい懸案であっても、解決策なり対処方針を考え、それを「政務」に相談し、理解を得るように努めるのが外交のプロの責務だと私は考えていた。それを、安易に「政務が」というのが許せなかった。

外務省の次官にはキャリアの次官秘書官がついている。彼は、「あ、次官が怒りだす」というのがよくわかるようで、会議の後は、しょんぼりと肩を落として出てくる局長に「大丈夫ですよ、次官は根にもたない人ですから」と慰め役をやってくれていたようだった。

こういった性格だったものだから、「薮中さん、よかったですよ。今の時代なら、とても持たなかったですね」と言われたことがある。安倍一強時代である。ちょうど、この回顧録を書いていた時に、衝撃的な事件として、安倍総理の辞任劇が起こった。七年八ヶ月続いた第二次安倍政権、この政権下では官邸の力が極めて大きくなり、私が役所にいた時代と様変わりだと聞かされたものだった。たしかに、メディアなどを通じて見えてくる姿は、官邸の意向が全て、というものだった。どこまで官僚が誇りと信念を持って官邸と向き合い、仕事ができているのか、おかしなことは、おかしい、間違っていると言えるのかどうか、それよりも、官僚のイニシァテイブ、発案で政策を推進できているのか。財務省や法務省、人事院などの幹部が無様な答弁を国会でしているのを見ていて、なんとも情けなく思ったものである。

安倍総理ご自身が外交には格別の関心を持っていて、外交に強い安倍政権、というのがメディアの決まり文句だった。そして私の時代にはなかった国家安全保障会議も創設された。安倍総理の外務省への信頼感は高いと確信していたが、問題は、総理の考えと異なる時に、外交上、この政策の方がよい、と進言出来るかどうか、さらには、本来、外交のプロとして外交政策を企画立案し、外務省の事務方の方から安倍外交をリード出来ていたかどうかだった。私は外務省の仲間がプロとしての誇りを持ち、仕事をしてきてくれていると信じているが、少し時間を経たところで、苦労話をじっくりと聞いてみたいと思っている。

切磋琢磨するのは良いことである。官邸が大きな外交政策を考えるのは自然なことである。事務方がこれを支え、さらには外交のプロとして日本が進むべき針路を示し、外交政策を立案する、その間に関係者で大いに闊達に議論を戦わし、より良い政策を導いていく、そうした望ましい姿が今後、展開していくことを切に願っている。逆に、官邸の意向を慮り、忖度する、などといったことがあれば、とんでもないことである。何しろ、官邸が人事権を握ってしまい、それをこれみよがしに使い、官僚を萎縮させているといった報道を見ると、心配にもなってくる。そうしたことが行われないことを強く、強く願うものである。

3　若い人たちへの思い

大学での講義

外務省を退官し、立命館大学で教え始めて、すでに一〇年が過ぎた。大学で教え始めたのは、これから世界に旅立つ若者に外交の現場とはどういうものかを具体的に説明し、外交交渉で身につけた経験を分かち合いたいという思いからだった。お飾り的な役職はどうにも性に合わず、自分が責任を持って何かしたい、という私の性格的なことも関係していたと思う。

立命館大学の国際関係学部での授業は、当初、週に三コマ受け持ち、今は二コマである。一コマが九〇分で、春、秋のセメスターで各一五回の授業があるから、実際にやってみると、結構、大変だった。そのうち一コマは英語での授業である。これは主に外国からの留学生が多かった。役人時代は、できるだけ短く、要領よく話すことが求められた。次官が総理ブリーフを行う時も、一回が三〇分足らずのことが多く、そこでいかにポイントをついた話をするかが勝負だった。ところが大学の授業では、いかに長く、体系だって話をするかが求められる。これは新鮮なチャレンジだった。

「日本外交」の授業では、先ずは学生に日本外交の歩んできた道のり、その全体像を理解してもらおうと考え、ペリー来航からの日本外交の歴史を概観することから始めている。その主な点を列挙してみよう。

①一八五三年のペリー来航。そもそもペリーはアメリカのどの港を出港し、どういった航路で日本にやってきたか、といった問いかけを学生に行う。彼らに考えさせた上で、今の時代であれば、カリフォルニアから太平洋を渡ってやってくる、というのが渡航経路だと思うだろうが、実際は、ペリー提督はバージニア州ノーフォークを出港し、大西洋からケープタウンを経て、インド洋に入り、シンガポール、香港を経て日本にやってきた。日本は遠い国だった。そして、来日の目的は中国との貿易や捕鯨船の補給基地としての港を確保したいというものであった。ペリーに領土的な野心はなく、大統領からは「決して日本と争わないこと」という訓令までもらっていた。そうした情報を事前に徳川幕府が得ていれば、何も慌てることはなかった、と解説していく。

つまり、外交上、情報収集と国際情勢の把握がいかに大事かということである。しかし、悲しいかな、鎖国が長く続いた日本は、世界の動向に無知であり、慌てふためき、挙げ句の果てに不平等条約を結ばされてしまった、という歴史的事実を学ばせることにしている。

②明治維新の時代になると、日本の指導者の優れた点として、岩倉使節団の派遣を紹介する。明治政府の主だった面々、大久保利通、木戸孝允、伊藤博文などが二年近くも日本を離れ、世界情勢の把

握に努めている。そして不平等条約の是正のためには欧州列強から列強の一員と認められなければならず、そのためには富国強兵と憲法、国会など制度構築が不可欠と判断し、征韓論などを排した姿が浮かび上がってくる。

③近代の外交史の中で、今日の外交課題と直結している事項については、詳しく見ていくことにしている。例えば、日韓関係、今日でも韓国との関係は難しいが、日韓関係の歴史を知る人は意外に少ないし、ましてや学生はそうした歴史に疎い。そこで朝鮮半島と日本の関わり合いについて、日清戦争、日露戦争を外交の観点から振り返っていく。そこでは、日本が列強の一員となる過程で、常に朝鮮半島が舞台であったことが明らかになってくる。そして、日韓の外交関係で決定的に大きな事件は一九〇五年、第二次日韓協約であり、伊藤博文が現地に乗り込み、韓国側の大臣五人に判を押させ、韓国を保護国化したことだ、ということを歴史的事実として強調する。韓国では、この五人の大臣は五賊と呼ばれ、二一世紀に入ってもなおその責任が問われ、二〇〇五年に親日であった者の財産を国家に帰属させる法律が出来ているくらいである。その後一九一〇年に日韓併合条約締結に進むが、この時にはすでに日本が保護国化していたという事実がある。そして日本の統治が始まるが、一九四五年までの期間を韓国では「日帝三六年」と呼び、植民地化された時代を屈辱の歴史と受け止めていることを教えていく。このような歴史について、日本側の知識というか、理解が極めて低いことが学生の反応から伝わってくる。

④そうかと思えば、日露関係について概観する時に、無鄰菴会議を紹介する。これは一九〇三年四

月、京都東山にある元老山縣有朋の別邸、無鄰菴に伊藤博文（政友会総裁）、桂太郎首相、小村寿太郎外務大臣が集まり、対露戦略を論じ、実質的に日露戦争に進んでゆく決定がなされた会議であり、学生には、生きた外交の場が目の前にあるので、ぜひ見に行くよう勧めたりしている。

⑤小村寿太郎が出てきたところで、外交と世論の難しさについても指摘していく。小村寿太郎は一九〇五年、日露戦争の講和条約締結のため、ポーツマス講和会議に全権代表として参加し、戦争を終結し、朝鮮半島での優越権を確保し、南樺太を割譲させ、さらには満州鉄道の租借権を獲得するなど立派な交渉結果を残したが、帰国後は賠償金を取れなかったことに不満を抱いた国民から激しく弾劾されたこと、一方、一九三三年、満州事変が勃発し、国際連盟でリットン調査団報告書の審議がされることになり、日本代表として参加した松岡洋右は各国の理解と支持を取り付けることが出来ず、国際連盟脱退のスピーチをしただけで失意の内に帰国するが、日本では「わが代表、堂々と退場す」といった見出しで、英雄として迎えられるという皮肉な結果が起きたことを説明する。

⑥その後、満州事変から日中戦争、さらには日米開戦に至る経緯を説明するが、真珠湾攻撃について国際法に照らして何が問題であったか、開戦通告の遅れなどを詳しく説明することにしている。

⑦戦後については、東京裁判の問題点とサンフランシスコ講和条約を概観し、一九五六年の日ソ共同宣言がなぜ浮上したのかという点を外交交渉の視点から詳しく説明していく。具体的には、鳩山政権が自主防衛、自主外交を標榜したのを見て、ソ連が日本にアプローチし、日本とアメリカとの離間を図ろうとして歯舞、色丹二島の引き渡しを持ち出したこと、アメリカがこれはまずいと慌て、二島

返還でソ連と手を打つのなら、沖縄返還はないと横やりを入れてきたこと、その後アメリカは日本が要求していた日米安保条約の改定に応じてきたことなどを解説する。

⑧戦後の外交としては、国際社会への復帰のため、サンフランシスコ講和条約に続いて一九六〇年の日米安全保障条約改定、一九六五年の日韓基本条約、一九七二年の日中共同声明と一九七八年の日中平和友好条約締結の流れを説明していき、条約締結交渉が戦後の日本外交の中核をなしていたことを解説する。

⑨一九七〇年代からは、G7サミットの時代が始まり、日本が世界経済の運営で大きな役割を果たすようになったこと、またASEANとの緊密な外交が始まり、一九八〇年代に入ると日米経済摩擦の時代になったことを概観していく。今の学生は日本が経済大国としてアメリカを脅かすような存在だったことを知らないことに驚くことがある。

⑩こうして、日本外交の歴史を大きな視点から捉えた上で、現在、日本外交が直面している外交案件として、日米関係、日中関係、北朝鮮問題、日韓関係、日露関係などを取り上げ、その問題点と今後の進むべき道を議論していくことにしている。

こうした授業は、若い学生の反応も見ながら進めていくが、なかなかに楽しいものである。大人数のクラスではこちらが一方的に話す形にならざるを得ないが、それでも、出来る限り学生の反応を汲み取り、話しかけ、意見を聞くようにしている。小人数のクラスでは、学生に自分の考えを持ち、しっかりと発言することを促すようにしている。

自分の考えを持ち、しっかりと発言する、というのは簡単に聞こえるが、日本人の学生には、とても大きな試練である。学生というより、往々にして多くの日本人に言えることだが、「自分はこう考える」と発言することが苦手である。むしろ、そんなやり方は日本人らしくなく、敬遠されがちである。しかし、グローバルな世界で戦っていくには、不可欠な要素である。そのことを何度も強調し、学生に迫っていく。留学生の多いクラスでは、留学生がドシドシ発言する。英語でのクラスをとる日本人学生は、基本的に言葉の問題がないはずである。それでも、日本的奥ゆかしさが出てしまい、なかなか発言しない。例えば、「憲法改正について、どう考えるか？」と聞くと、モゾモゾと「それは微妙ですね」などと言いだす始末である。「いや、微妙などと言っている時ではない、君がどう考えるかを聞いているのだ。賛成でも、反対でもいい。なぜ、そう考えるかを含めて、話してほしい」と迫り続ける。

大阪大学の国際公共政策のクラスでも英語で教え始めた。ここでも留学生が幅をきかせるが、日本人の学生にハッパをかけ、積極的に発言するように仕向けている。

グローバル寺子屋・薮中塾

そうしている内に、自然発生的に出来上がってきたのが、「グローバル寺子屋・薮中塾」だった。私の周りに、最初は立命館大学で教えている学生が集まってきて、「先生、外交交渉のプロなら、そうした経験をもっと教えてください」などと言ってきた。そうして、まさに寺子屋的に小さな場が出

2019年８月、グローバル寺子屋・薮中塾の塾生と一緒に訪れた高野山にて

来上がって行った。初めは数人の学生だったが、友人を連れてきたりして、人数が増えて行った。そして一年が経つ頃、「先生、もっと体形だった塾を作りませんか。関西方面の学生を集めてやってもらえませんか」と提案され、名前も「グローバル寺子屋・薮中塾」と命名、毎年二〇名くらいの学生を公募し、原則一年間、塾生が議論する場が出来上がって行ったのだった。

現在、この寺子屋が七年目に入った。すでに卒塾したＯＢ、ＯＧを入れると一二〇名になっている。そして東京に出て行った塾生が多く、東京会の集まりも盛んである。

一年間、毎月一度の勉強会を土曜日に京都で開いている。午後一時から六時までの勉強会、その後の懇親会は夜九時ごろまで続くことが多い。この寺子屋の運営は塾生主体であり、勉強会のトピックも塾生で決めていく。北朝鮮問題といった外交問題の時もあるが、憲法問題、福祉問題、難民問題などからゲノム編集効果やＡＩといった理科系のトピックもある。塾生二〇名の内訳は、男女半々で、理科系の塾生が三割程度いる。初めは関西在住がほとんどだったが、東京からの塾生も毎年、二、三名は来るようになり、最近では島根で農業を勉強している学生とか、福井や金沢で医学を勉強している学生なども入ってくるようになった。また、社会人も何人か加わるようになった。

塾生主体で運営しており、一年間の勉強の成果を見せたいという塾生の思いから、毎年二月に公開イベントを行っている。これは新規塾生募集の機会でもある。とにかく、塾生は熱心で、毎回の勉強会のために、ずいぶんと事前準備を行っている。四月の入塾から始まり、八月には夏合宿がある。主に京都の寺で合宿していたが、高野山でやったこともある。さらには冬合宿も始まり、結構、忙しい。塾生たちは就職活動や卒論などを抱えながら、勉強会には欠かさずやってくる。勉強会の場所の確保も大変だが、塾生が京都の施設の申し込みを行ってくれている。

私は、塾生の活動を見守るだけである。とにかく藪中塾の目指すモットー、「Speak out with Logic（ロジックを大切に、発言せよ）」と旗振りをするだけで、あとは、塾生の議論をじっと見守っている。そして、時には、「おー、なかなか良いな」と褒め、そうかと思うと「もっと、はっきり自分の考えを堂々と発言しなくてはダメだ」と活を入れる。塾生同士、普段はそうした真面目で真剣なやりとりをする場が少ないようで、お互いに刺激を受けあっている。一年を通じて、成長していく姿を見るのは楽しいものである。四月、五月のスタート段階では、もともと議論に慣れている特定の塾生がリードし、その他の塾生は少し受け身に回り、うまく発言できないでいる。そして初対面の仲間に遠慮気味の人もいる。それが八月の合宿あたりから、お互いをよく知り合い、発言することにも慣れてきて、見違えるように活発になっていく。こうして一年があっという間に過ぎて行き、二月の公開イベントを迎える。そこでは、舞台に立ち、「日中関係はどうあるべきか」といったテーマについて、塾生同士がさまざまに工夫して観衆に訴えかける。なかなかに見応えがある。

一年を通した活動、そして毎回の懇親会や合宿などを通じて、家族のような気持ちが出来上がってくる。毎年、メンバーが違い、各期の性格も違い、雰囲気も違うが、共通しているのは家族のような付き合いである。一年で卒塾していくが、合宿などには多くのＯＢ、ＯＧも参加してくる。塾生の多様性、個性が違い、専門分野が違うが、それも塾生間のネットワーク作りにプラスのようである。

薮中塾を巣立っていった塾生の中には世界各地で勉学に励む者も多い。こちらが驚くような行動力を今の若者は持っている。東京から通ってきていた当時二〇歳の女子学生は、コロナ禍の中でもノルウエイの大学院に行き、平和構築・紛争処理を勉強している。東大の大学院に進んだ塾生や、外務省に入った者もかなりいるが、自衛隊に入ったのも二人いる。そうかと思うと、外資系企業でコンサルの仕事をしている人も少なくない。多士済々で彼らの未来を想像すると楽しくなってくる。

二〇二〇年は新型コロナウイルス感染症拡大の影響でリモートが主体となってしまった。塾生たちの工夫で、活発な議論が行われ、週に何度もＺＯＯＭ会議を開いている。その努力は素晴らしいが、私などは、やはり一日も早く、実際に顔を合わせ、懇親会もできるようになることを願っている。

日本の針路を述べてきたが、積極的な日本外交を推進するためには指導者の強いリーダーシップと共に、国民のなかで積極的に世界と交わり、日本の考え方を上手に伝えることが出来る人材の育成が不可欠だと考えている。私自身は、そうした思いで、若者と向き合っており、真の意味でのグローバル人材が日本各地で育っていくことを期待している。こうして若者と向き合う日々が私にとって何よりも幸せな時間となっており、体力が続く限り、「グローバル寺子屋・薮中塾」は続けていきたいと思っている。

おわりに

今回、このような回顧録を書かせて頂くことになったのは、ひとえにミネルヴァ書房の杉田啓三社長が根気よく勧めて下さったおかげであり、深く感謝している。また、同社の水野安奈さんには編集の過程で大変にお世話になり、改めて感謝申し上げたい。

本書を書き進めるなかで、これから世界に羽ばたこうとする若者を強く意識するようになり、外務省生活四〇年を振り返るだけでなく、日本外交のこれからについて、私なりに熱い思いを綴らせて頂いた。いわば、次代の日本を背負う若者へのメッセージであり、本書が若者への励みとなり、何らかの指針を示すことができれば、これに勝る喜びはない。

なお、本文中に登場する人物の肩書は、全て当時のものである。

二〇二一年四月

藪中三十二

索　引

欧　文

あ　行

か　行

さ 行

た 行

な　行

は　行

《著者紹介》

薮中三十二（やぶなか・みとじ）

1948年、大阪府生まれ。1969年、大阪大学法学部中退、外務省入省。シカゴ総領事やアジア大洋州局長などを歴任し、2008年、外務事務次官就任。2010年、退官。現在、立命館大学客員教授、大阪大学大学院国際公共政策研究科（OSIPP）特任教授、グローバル寺子屋・薮中塾主宰。

主著に、『世界基準の交渉術――グローバル人財に必要な５つの条件』（宝島社、2019年）、『トランプ時代の日米新ルール』（PHP 新書、2017年）、『世界に負けない日本』（PHP 新書、2016年）、『日本の針路』（岩波書店、2015年）、『国家の命運』（新潮新書、2010年）ほか。

外交交渉四〇年　薮中三十二回顧録

2021年７月１日　初版第１刷発行　〈検印省略〉
2022年11月20日　初版第２刷発行

定価はカバーに
表示しています

著　者　薮中三十二
発行者　杉田啓三
印刷者　坂本喜杏

発行所　株式会社　ミネルヴァ書房
607-8494　京都市山科区日ノ岡堤谷町１
電話代表（075）581-5191
振替口座 01020-0-8076

冨山房インターナショナル・新生製本

ISBN 978-4-623-09210-9

Printed in Japan